遺言と任意後見の実務

遠藤常二郎　冨永忠祐　編著

三協法規出版

はしがき

　高齢者の財産管理に関する実務書の多くは、任意後見制度、成年後見制度を中心に解説されており、これらの財産管理とは別個に遺言に関する実務書が刊行されているのが一般的である。しかし、高齢者の財産管理は、高齢者のための老後の財産管理を適切に行うことによって高齢者の老後の生活を安定させるとともに、最終的には高齢者の財産を次世代に承継させる役割を担うものである。したがって、高齢者は、弁護士に対し、自己の財産管理を依頼する場合は、判断能力が衰えた際に、自己の信頼できる人間に財産を適切に管理してもらい、相続発生時には、その財産をしかるべき相続人等に承継させることを希望している。

　したがって、遺言書作成も任意後見契約も自己の財産に関する自己決定権の発露という意味では共通である。遺言書の作成と任意後見契約やそれに関連する財産管理契約、死後事務契約は、高齢者の財産管理としてそれぞれ連動している。弁護士が高齢者から財産管理を依頼された場合は、任意後見契約、財産管理契約、死後事務契約を検討するとともに、相続時における財産の承継について遺言書の作成も助言することになるし、逆に、遺言書の作成を依頼された場合は、判断能力が衰えた時点における財産管理をどのようにするか助言することになり、そのツールとして財産管理契約、任意後見契約、死後事務契約を勧めることになる。

　本書は、かかる観点から、遺言実務と任意後見制度等を高齢者の財産管理の重要なツールとして位置づけ、両者を合体した実務書を発刊するに至ったものである。

　本書の前半部分を遺言の実務の解説に割き、後半部分は任意後見契約等の解説に充てている。いわば遺言実務と任意後見制度の二部構成ともいうべき構成となっている。

　前半部分の遺言実務は、「改訂版遺言実務入門（三協法規）」の内容をコンパクトにまとめ、平成30年相続法改正に合わせてリニューアルした内容となっている。配偶者居住権の新設、遺留分減殺請求権の債権

化、特定財産承継遺言に関する規定など、現在の遺言実務に少なからぬ影響を与えるものもあり、文例等も改正相続法に従って追記修正した。

　後半部分の任意後見制度については、任意後見契約を中心に実務的な観点から詳細に解説し、初めて任意後見契約に関与する弁護士にとっても直ちに実用書として活用できるよう書式を盛り込むなどして、分かりやすい解説を試みている。そのほか高齢者の財産管理の重要なツールとして財産管理契約や死後事務契約についても理論面と実務面の両方から理解できるよう各章に分けて解説した。

　本書は、ベテラン弁護士から新進気鋭の弁護士まで複数の弁護士が、自らの実務体験に基づき、知恵を絞りながら執筆を担当したものであり、本書が今後の高齢者の財産管理の実務書として読者の方々に活用して頂ければ、幸いである。

令和2年7月吉日

編　者　遠藤常二郎

冨永　忠祐

目　次

■書 式 等

・遺言の実務

■法令略称

遺言保管	法務局における遺言書の保管等に関する法律
一般法人	一般社団法人及び一般財団法人に関する法律
家事手続	家事事件手続法
家事手続規	家事事件手続規則
後見登記	後見登記等に関する法律
後見登記政令	後見登記等に関する政令
後見登記省令	後見登記等に関する省令
戸	戸籍法
公証	公証人法
公証施規	公証人法施行規則
信託	信託法
相税	相続税法
租特	租税特別措置法
任意後見	任意後見契約に関する法律
民	民法

総　　説

高齢者の財産管理のツール

　人は誰でも、年齢を重ねるに従って、身体能力や判断能力が低下する。それゆえ、高齢者は、自分の財産を適切に管理することが難しくなることがある。たとえば、歩行が困難になると、銀行や郵便局に行くことができないので、お金の引出しができない。記憶力が低下すると、現金や通帳の置き場所を忘れてしまい、紛失してしまう。お金がないと、買物ができず、水道光熱費も滞納する。

　また、判断能力の衰えた高齢者を狙った詐欺や悪徳商法の被害は、後を絶たない[1]。特に高齢者は、長年の間における蓄財や、定年退職時に受給した退職金等によって多額の預貯金を有している者が多いので、若年層が被害に遭った場合と比べると、被害額が高額になる傾向がある。

　そこで、身体能力や判断能力が低下した高齢者が適切に財産を管理することができるように、必要に応じて第三者が支援することが重要である。

　さらに、生前における財産管理は、死後の財産承継に連結する。生前における財産管理が不適切であったがために財産が消失してしまえば、家族等に承継される財産はない。反対に、適切な財産管理によって遺された自宅不動産や預貯金などの財産は、相続の開始に伴い、遺産に姿を変えて家族等に受け継がれていく。この財産承継は、法定相続による場合もあるが、被相続人の意思や想いを実現するためには、遺言を作成することが望ましい。遺言によって、例えば、自宅不動産は配偶者に相続させ、預貯金は子らに均等に相続させることができる。いわば、遺言によって、死後の財産管理の道筋をつけるのである。

　本書では、こうした高齢者の財産管理の有用性に着目して、主として、次の4つのツールを取り上げる。

1）独立行政法人国民生活センターが発表した「2017年度のPIO－NETにみる消費生活相談の概要」によると、2017年度における契約当事者の年代の割合で最も多いのが70歳以上であり（20.2％）、50歳代、60歳代は近年増加しているが、20歳未満、20歳代、30歳代、40歳代は減少している。

1―任意後見契約（第3章）

　まだ判断能力が十分あるうちに、将来における判断能力の低下に備えて、信頼できる者との間で、財産管理等の事務に関して契約を締結するものである。現実に判断能力が低下した場合には、任意後見契約が発効して、任意後見人による財産管理等の事務が行われる。

2―財産管理契約

　すでに高齢者自身による財産管理に支障があったり、不安を抱えている場合に、信頼できる者との間で委任契約を締結して、財産管理等の事務を委ねるものである。

3―死後事務委任契約　（第2章）

　任意後見契約や財産管理契約は、生前における財産管理等を念頭に置いている。しかし、死後においても、各種の支払や金銭の受領等の事務を要することが多い。そこで、任意後見契約や財産管理契約に加えて、こうした死後の事務についても、信頼できる者に委ねておくことが望ましい。

4―遺言　（第1章）

　前述のとおり、遺言によって、被相続人の意思や想いに沿った財産承継が実現される。

第1章　遺言の実務

弁護士が遺言書の作成を依頼された場合、どのような点に留意すべきか。本章では初めて遺言書の作成を受任する弁護士が見落としがちな幾つかの注意点を指摘したい。

■遺言書作成の一般的な流れ

　弁護士が遺言書作成の依頼を受けてから、遺言書を完成させるまでの一般的な流れは次のとおりである。

・依頼者との初回相談において、依頼者がどのような内容の遺言を希望しているのか、具体的には自己の遺産を誰に、どのように分けたいのか、依頼者の真意を聴き取らなければならない。

↓

・依頼者と協議してどのような方式（自筆証書遺言、公正証書遺言、秘密証書遺言のいずれか）の遺言書を作成するか決定する。

↓

・依頼者の相続関係や財産に関する資料を収集し、その資料に基づき、相続人関係説明図と財産目録を作成する。

↓

・依頼者の意向に従って、遺言書の文案を作成する。

↓

・依頼者と再度打合せを行い、遺言書案が依頼者の最終意思と合致しているか詰めの作業を行う。

↓

・依頼者との協議の末、遺言書案が完成した後は、選択した遺言の方式に従って遺言書を作成する。

　たとえば、公正証書遺言の方式によるときは、事前に公証人に遺言書案を送付し、遺言書の文言の最終的な検討を行い、遺言書の作成期日に依頼者と２名の証人を同伴し、公証人役場で公正証書遺言を作成する。

　自筆証書遺言の方式によるときは、依頼者本人に、遺言書案に基づき、遺言書を手書きしてもらう。弁護士は、完成した遺言書が、方式を具備しているか

最終チェックし、問題がないと判断したときは、依頼者に、面前で遺言書を封印させ、遺言書保管所に保管させる（本章2**3**(1)参照）。

　以上が遺言書作成の一般的な流れといえる。もちろん、個々の弁護士でその手法は千差万別であろう。しかし、どのような手法によるとしても、大切なことは、依頼者との入念な打合せによって、依頼者の真意を余すところなく遺言書に反映させるという点にある。

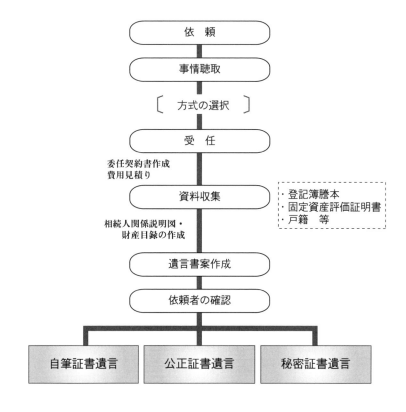

1 遺言書作成を受任する際の注意点

▮ 事情聴取

遺言書の作成は、依頼者からの事情聴取により、依頼者の意向を確認することからスタートする。以下、事情聴取にあたって留意すべき点を挙げる。

❶ 事情聴取の相手は依頼者であり、相続人ではない

遺言書の作成は、通常、遺言者である本人その人から依頼される。これが原則的な依頼の形態である。しかし、遺言書作成の現場では、弁護士のもとに、遺言者本人のほかに、同居している親族などの相続人が同伴する例が多い。また相続人と弁護士がもともと知り合いである場合も多い。このような場合は、その親族に遺産の多くが分け与えられることが多く、ときとして、その者が遺言者よりも遺言書作成に主導的な役割を果たしている。

弁護士は、親族と信頼関係を築きやすく、ついつい親族が依頼者であるかのような錯覚に陥りやすい。しかし、留意すべき点は、弁護人の依頼者は遺言者であって親族や受遺者ではないということである。弁護士の中には親族と一定の距離を保つことができず、後日、相続人間の紛争に捲き込まれ、懲戒の落とし穴にはまってしまう者もいる。

弁護士は、遺言者の真意を確認する上で、家族に席を外してもらうか、別途、日時を指定して遺言者1人から事情を聴き取るなどの配慮をする必要がある。あくまでも、事情聴取の相手は遺言者その人であり、相続人ではないのである。

❷ 事情聴取に先立ち、あらかじめ聴取事項を決めておく

事情聴取の事項は、多岐にわたる。弁護士は、限られた時間内で、効率よく、またもれなく必要事項を聴き取らなければならない。そのためには、初回の打合せに際して、あらかじめ、依頼者に対し、聴取すべき事項を記入してもらうなどの工夫が必要がある。最初の打合せ時において、遺言者の相続関係や資産について、おおよその概略を把握すれば足り、詳細については後日資料を取り寄せ補充すればよい。

・あなたの家族関係を教えてください。
　　□親
　　□配偶者
　　□子供（　　　名）
　　□兄弟（　　　名）
・資産の総額はどのくらいですか。
　　□1000万円以内（　　　　　円）
　　□1000万円超1億円未満（　　　　　円）
　　□1億円超3億円未満（　　　　　円）
　　□3億円超（　　　　　円）
・不動産
　　□自宅（土地建物）
　　　（所在　　　　　　　　　　）
　　　（坪数又は面積　　　　　　　　）
　　　（おおよその価格　　　　　　　）
　　□その他の不動産
　　　（所在　　　　　　　　　　）
　　　（坪数又は面積　　　　　　　　）
　　　（おおよその価格　　　　　　　）
　　□預貯金
　　　（　　　銀行　　　支店　他　　　行）
　　　（預金額　　　　円）
　　□その他の金融資産
　　　（　　　　　　　　　　）
　　□生命保険
　　　（　　　　　　　　　　）
　　　（受取人　　　　　　）
　　□絵画、骨董品
　　　（　　　　　　　　　　）
　　　（価格　　　　　　　）
・負債
　　□ある　　　□ない
　　　（負債額　　　　　　　）
　　　（債権者名　　　　　　　　　　）
・過去に家族または家族以外の方に生前贈与を行ったことがありますか。
　　□ある　　　□ない

・誰にどのような生前贈与をされましたか。
（　　　　　　　　　　　　　　）
・家族の中に財産の増殖、維持に寄与したものがいますか。
　□いる　　　□いない
・誰がどの程度貢献されたと思いますか。
（　　　　　　　　　　　　　　）
・今回、遺産の分配をどのようにお考えですか。
（
　
　
　
　
　　　　　　　　　　　　　　　　　　　　　）
　その理由は何ですか。
（
　
　
　　　　　　　　　　　　　　　　　　　　　）
・現在の健康状態はどうですか。
　□良い　　□普通　　□やや悪い　　□悪い
・祭祀継承者を指定しますか
　□指定する　　　　　　□指定しない
（　　　　　　　　　　を指定する）
・葬儀のやり方等、死後の事務処理に関する希望はありますか。
　□ある　□ない
（　　　　　　　　　　　　　　　　　）
・家族に対するメッセージはありますか。
（
　
　　　　　　　　　　　　　　　　　　　　　）
・その他
（
　　　　　　　　　　　　　　　　　　　　　）

❷　依頼者に対する説明

❶　遺言方式の説明と選択

　遺言書の作成の依頼を受けた弁護士は、依頼者に対し、各種遺言方式のメリットとデメリットを説明すべきである（本章2❷(1)参照）。依頼者と協議の上で、どのような遺言の方式を選択するか検討しなければならない。

　一般に、弁護士が作成に関与する場合は、公正証書遺言の方式を選択する例

が多いように思われる。これは、公正証書遺言が公証人の関与のもとに作成される遺言であり、将来遺言の無効を主張される割合が少なく、自筆証書遺言より、安全であると考えられているからであろう。しかし、公正証書遺言といえども、遺言能力、口述の要件を欠いているとして無効とされる裁判例も多く、必ずしも安心できるわけではない。

逆に、自筆証書遺言については、平成30年相続法改正により、全文自書の要件が緩和されたとともに（本章8(2)参照）、自筆証書遺言の保管に関する法律制度も創設された（令和2年（2020年）7月10日から施行（本章2**3**(1)**6**参照））。したがって、弁護士が依頼者に対して自筆遺言書の作成につき的確なアドバイスをすることができれば、方式違背により無効となるリスクを避けることができ、自筆証書遺言を活用することができる。

弁護士は、依頼者と十分な打合せをした上で、遺言の内容、遺言書作成の契機、依頼者の性格や能力、遺言書の書換えの可能性など、種々の状況を総合的に考慮して、依頼者のニーズに最も適う方式を柔軟に選択すべきである（本章2**2**(1)参照）。

❷　弁護士費用、実費の説明

弁護士報酬については（旧）日本弁護士連合会報酬等基準が撤廃されているので、各弁護士が設定している弁護士報酬基準の範囲で決めることとなる。

しかし、弁護士報酬を定めるにあたっては（旧）日本弁護士連合会報酬等基準が参考となるので、旧報酬基準に従って報酬を決める例が多いようである。

実費で注意しなければならないのは公正証書遺言の作成に伴う手数料等についての説明である。公正証書遺言の手数料は、各相続人、受遺者が相続または遺贈を受けた額に対して手数料が計算され、その各人ごとの手数料の合計額が作成の手数料となる。したがって、遺言の内容がある程度確定した段階で、手数料の金額が明らかになるので、初回相談においては事前に公証人の作成手数料の概要について説明し、おおよその費用の目安だけでも告げておくことが望ましい。また、不動産が多数あり、相続人も多数存在するときは、登記簿謄本や戸籍謄本の取寄せに要する費用も多額となるおそれがあるので、あらかじめ概算を説明しておくべきである。最終的には、公証人と遺言書の文案をすり合わせる際に、公証人役場に費用を確認し、その金額を依頼者に伝え、遺言書作成時に準備させることになる。なお、最近は、公証人と遺言書案について協議

をするに際して、公証人役場か公証人のメールアドレスにデータを送付して、文案のすり合わせを行うことが多い。

1-1-2　公正証書遺言の料金表

目的財産の価額	手数料の額
100万円まで	5000円
200万円まで	7000円
500万円まで	1万1000円
1000万円まで	1万7000円
3000万円まで	2万3000円
5000万円まで	2万9000円
1億円まで	4万3000円
1億円を超える分については、下記の額がそれぞれ加算される。	
1億円を超え3億円まで	5000万円ごとに　1万3000円
3億円を超え10億円まで	5000万円ごとに　1万1000円
10億円を超える場合	5000万円ごとに　　8000円

　具体的な手数料の算出方法は、下記のとおりである。

　①遺言公正証書の作成手数料は、遺言により相続させまたは遺贈する財産の価額を目的価額として計算する。遺言は、相続人・受遺者ごとに別個の法律行為とされるので、各相続人・各受遺者ごとに、相続させまたは遺贈する財産の価額により目的価額を算出し、それぞれの手数料を算定し、その合計額がその証書の手数料の額となる。したがって、受益相続人や受遺者の数が多くなればなるほど費用が増加する。

　②全体の財産が1億円以下のときは、遺言加算として、上記表によって算出された手数料額に、1万1000円が加算される。

　③祭祀の主宰者の指定は、相続または遺贈とは別個の法律行為であり、かつ、目的価格が算定できないので、その手数料は1万1000円とされる。

　④遺言者が病気等で公証役場に出向くことができず、公証人が出張して遺言公正証書を作成する場合は、手数料は、遺言加算を除いた目的価額による手数料額の1.5倍が基本手数料となり、これに、遺言加算手数料を加える。このほかに、旅費（実費）、日当（1日2万円、4時間まで1万円）が必要となる。

⑤秘密証書による遺言方式に関する記載についての手数料は、定額で1万1000円である。

❸ スケジュールの説明と日程調整等

　初回の打合せの際に、依頼者から大方の事情聴取を終えていれば、その後は、戸籍謄本や登記簿謄本等の資料を取り寄せて、遺言書案を完成させることになる。公正証書遺言を作成する場合は、公証人との遺言書のすり合わせや証人の選定などある程度準備期間を要するため、初回相談時に、依頼者に対し、今後のスケジュールを説明し、公証人役場で公正証書を作成する日程を調整しておくべきである。日程が決まったら、公証人役場に連絡して直ちに予約を取るのが望ましい。公正証書遺言書の作成に要する所要時間はおおむね30分前後である。なお公証人役場は事務所の最寄りの公証人役場か、遺言者の便宜を考慮して遺言者の住所の最寄りの公証人役場を選ぶことが多いであろう。遺言者には当日持参すべきものを指示しておく。たとえば、実印、印鑑証明書、その他免許証等本人確認を証するもの、手続手数料などである。

❹ 遺留分の説明

　依頼者の希望する遺言内容が明らかに法定相続人の遺留分を侵害している場合がある。依頼者が遺留分制度について理解していない場合、弁護士としては、依頼者に対し、遺留分制度の趣旨を説明し、できれば遺留分を侵害しない内容の遺言を勧めることが望ましい。依頼者が、遺留分制度を理解した上で、あえて、遺留分を侵害する内容の遺言書の作成を希望する場合は、弁護士は依頼者の意向に従って遺言書を作成するほかない。

　遺留分を侵害する遺言も、相続人から遺留分侵害額請求がなされてはじめて、遺留分を侵害する限度で遺留分侵害額相当分の金銭債務を負担することになるにすぎないからである（民1046条1項）。

　ただし、将来、相続人間の紛争をできる限り回避するためにも、依頼者が特定の相続人に対し多くの財産を分け与える動機や遺留分権利者に遺留分侵害額請求権を行使しないよう希望する旨を、遺言書の付言事項として記載することを提案したほうがよい。また、将来、相続人から遺留分侵害額請求がなされることが確実に予測される場合は、遺言書の中に、遺留分侵害額の請求の割合（民1047条1項2号）を定めておくことも必要である（本章8(3)❹参照）。

❺　相続税に関するアドバイス

　遺言が効力を生じれば、受益相続人や受遺者に対し、相続税等の税金が課税される可能性がある。ところで、相続税の負担は、誰がどのような遺産を相続するかによって、負担する相続税額が大きく異なることがある。たとえば、配偶者であれば、配偶者の税額軽減の措置を受けることができるし（相税19条の2第1項）、小規模宅地等の減額の特例（租特69条の4第3項）が適用されれば、相続税の負担は大幅に軽減されることになる。また、遺贈の遺言を作成する場合も、受遺者が個人の場合と法人の場合とで、課税される税金が異なる。しかし、遺言者のほとんどが、相続税の負担を考慮せずに、分配案を弁護士に依頼する。

　弁護士としては、税法の専門家ではないが、依頼者が税額軽減の特例を受けることができる機会を失わせないよう、的確なアドバイスができるように相続税の最低限の知識を有しておくべきである。遺言者の意思を尊重して遺言書を作成したところ、後日、思いもよらないほど高額な相続税が課せられてしまったという事態は避けるべきである。遺言書の文案を作成した段階で、税理士に検討してもらうのが望ましい[1]。

❻　委任契約書の作成

　遺言書の作成を受任するに際して、弁護士は、依頼者に対し、一般民事事件と同様、弁護士報酬および費用について、適切な説明を行った上で（弁護士職務基本規程29条1項）、委任契約書を作成しなければならない（同規程30条1項）。遺言は、委任契約書を不要とする「簡易な書面の作成」（同条2項）にはあたらない。

　また、契約書を締結する際、受任する法律事務の範囲も明確にすべきである（弁護士の報酬に関する規程5条4項）。弁護士が遺言書の作成のほか、遺言書の保管や遺言の執行まで受任する場合は、委任事項として遺言書の保管や遺言執行についても明記し、これらの具体的な弁護士費報酬も定めておくべきである。なお、契約書で遺言執行者の指定、費用を定めても、それ自体として直ちに法的効力を発生させるものではないが、後日、相続人に対する理解を得やすくなるという効用がある。

1) 遠藤常二郎編「弁護士の業務に役立つ相続税〔改訂2版〕」（三協法規出版、2019年）156頁以下参照。

❸ 相続人関係説明図、財産目録の作成

(1) 資料の説明と準備

　遺言書を作成するにあたっては、後日、遺言を執行する際に紛争とならないよう、相続人や財産に関する資料を十分に備えた上で、遺言書の作成に着手することが安全である。たとえば、依頼者と相続人との続柄を示す戸籍謄本、不動産の登記簿謄本、固定資産評価証明、相続人以外の受遺者の住民票などである。

1-1-3　遺言書作成の必要書類リスト

調　査　対　象		資　料	入手先／入手方法
【相続人に関する事項】			
相続人の範囲の特定		□ ＊戸籍謄本	市町村役場
		□ ＊除籍謄本	
		□　改正原戸籍謄本	
【相続財産に関する事項】			
不動産	土地建物の権利内容	□ ＊登記簿謄本	法務局
		□　賃貸借契約書	
	土地の区画・形状等	□　公図・第14条地図	法務局
		□　地積測量図	法務局
	不動産の評価	□ ＊固定資産評価証明書	市区町村（東京23区は各都税事務所）
		□　路線価	国税庁 http://www.rosenka.nta.go.jp/
動　産	動産	□　貸金庫契約書	
	預貯金	□　預貯金通帳の写し	
		□　残高証明書	金融機関
	自動車	□　登録事項証明書	
		□　車検証	
	宝石、美術品	□　鑑定書	
有価証券	株式	□　発行会社の事業報告書・配当通知等	発行会社・信託銀行等
	ゴルフ会員権	□　会員証	

保　険	各種保険	□　保険証書	
		□　保険会社からの契約状況お知らせ等	保険会社
祭祀財産	墓地・霊園	□　契約書・使用許可証等	
債　務（借金等）		□　消費貸借契約書 □　返済予定表等	金融機関
【上記以外の資料で公正証書遺言に必要な資料】			
		□＊遺言者の印鑑登録証明書 □＊相続人以外の受遺者の住民票	市町村役場

＊は遺言書作成にあたって最低限準備すべき資料

　公正証書遺言を作成する場合は、公証人からこれらの資料を要求されるため資料を準備せずに遺言書を作成するということはありえない。しかし、自筆証書遺言を作成する場合は、必ずしも、これらの資料は必要とされていないので、ともすれば、戸籍謄本や登記簿謄本を準備せずに、依頼者からの話だけから、安易に遺言書を作成しがちである。しかし、自筆証書遺言といえども、法律家がその作成に関与する場合は、公正証書遺言と分け隔てなく、相続関係や財産を裏付ける資料を準備した上で作成すべきである。

(2)　相続人関係説明図、財産目録を作成する

　遺言書を作成する際には、相続人関係説明図や財産目録を作成したほうがよい。これらの書面は、法律上、遺言書の作成に必要とされているわけではない。しかし、これらの書類を作成しておけば、遺言書作成にあたり、他の相続人の遺留分を侵害していないか、また主要な財産を遺言書の記載から漏らしていないかチェックすることができる。さらに、作成に関与した弁護士がそのまま遺言執行者となる場合には、遺言の効力発生後、相続人らに対する通知や、相続財産目録の作成を速やかに行うことができる。

1-1-4　相続人関係説明図

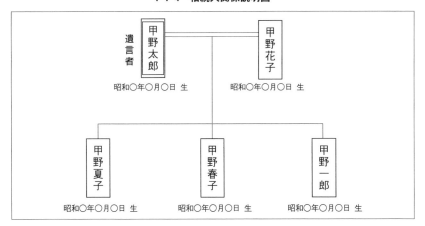

1-1-5　財産目録

財 産 目 録

令和〇〇年〇〇月〇〇日現在

1　不動産

(1)土　地

番号	所　　在	地　番		地目	面　積	備　考
					㎡	固定資産評価額
1	〇県〇〇市〇〇町	△番	〇	宅地	〇〇	〇〇	〇〇円
2	〇県〇〇市〇〇町	△番	〇	畑	〇〇	〇〇	

(2)建　物

番号	所　　在	家屋記号	種類	構　造	床面積		備考
					㎡		
1	〇〇県〇〇市〇〇町△△番地〇	△番〇	居宅	〇〇〇〇	1階〇〇 2階〇〇	〇 〇	
2	〇〇県〇〇市〇〇字△△番地〇	△番〇	居宅	〇〇〇〇	〇〇	〇	

2 動 産

(1)現金・預貯金

番号	金融機関	数量（金額）	備考
1	○○銀行○○支店 普通預金 （番号○○○○）	○○○○円	
2	○○銀行○○支店 定期預金 （番号○○○○）	○○○○円	
3	○○信用金庫○○支店 定期預金 （番号○○○○）	○○○○円	
4	現金	○○○○円	

(2)有価証券・債権

番号	品目・銘柄	種類	数量（金額）	備考
1	○○株式会社	普通株式	○○○○株	
2	貸付金		○○円	債務者　○○○○
3	○○カントリー会員権	出資金	○○○○円	
4	○○ファンド	投資信託	○○口	預り口座 ○○証券株式会社 ○○支店 口座番号　○○○○

(3)自動車

番号	車名	型式	登録番号・車両番号	備考
1	○○	○○	○○　○○－○○	保管場所：○○

(4)その他動産

番号	品目	数量	種類	備考
1	絵画	○点	○○　作	保管場所：○○ 時価　○○円
2	家財道具	一式		保管場所：自宅

3　債務等　※消極財産を記載する場合

番号	債務者名	種類	金額	備　考
1	○○銀行	住宅ローン	○○円	
2	○○信用金庫	短期借入	○○円	

＊財産目録を作成する上で、土地の所在・地番・地目・地積、建物の所在・家屋
番号・種類・構造・床面積など登記簿謄本に記載されている事項、銀行預金につ
いては銀行名、支店名、預貯金の種類、口座番号、株式についてはその銘柄や
株式数などそれぞれの資産を特定できる詳細な情報が必要である。
また、不動産の価額（路線価、固定資産評価額、実勢価格）をはじめとして、
財産全体の価値もある程度まで把握できるようにする。

　公正証書遺言を作成する場合は、財産の特定を正確に行わなければならない。土地であれば、その所在・地番・地目・地積、家屋であれば、家屋番号・種類・構造・床面積、預金であれば銀行名・支店名・口座番号、有価証券であればその銘柄・数量を記載する。預金額などは、常に変動する可能性があるので記載しないほうがよい。

　自筆証書遺言の作成を指導する場合でも、上記の特定方法が望ましいが、財産が多数に及ぶ時は、作成にかなりの労力を要するし、記載ミスも起こしやすい。そこで、自筆証書遺言の場合は、登記や遺言執行が可能な限度で、特定させれば足りるし、そのほうが望ましい。たとえば「私の自宅の土地、建物（東京都杉並区○○丁目○番○号所在）」「私の不動産すべてを」「私の預貯金すべてを」「私の全財産を」などが考えられる。

　遺言能力を後日争われそうな老齢者や病人による遺言の場合も、遺産の特定は簡略化したほうが望ましい。

　また、不動産の価額（路線価、固定資産評価額、実勢価格）をはじめとして、財産全体の価値もある程度まで把握できるようにする。

4　遺言書案を作成する

　弁護士が依頼者から事情を聴き取り、財産や相続人に関する資料等を収集できた段階で、依頼者の意向に基づき、遺言書案を作成する。依頼者に対し、遺言書案を示して、再度打合せを重ね、遺言書案を完成させる。遺言書案につき依頼者の了解を得られた後は、選択した遺言の方式に従って遺言書の作成を進

める。公正証書遺言であれば、事前に遺言書案を公証人宛に送付し、公証人との間で文言の詰めを行う。

　自筆証書遺言の場合は、依頼者に、遺言書案を清書させる。遺言書案に基づき、自筆証書遺言を作成させることにより、遺言者の負担を軽減させることができるし、加除訂正部分も最少にとどめることができる。また後日、遺言書の意味内容をめぐって相続人間で疑義が生ずることも避けられる。

　なお、自筆証書遺言の遺言書案は、分量が多すぎてもいけないし、また表現も法律家による専門的な文章でもいけない。本人の目線に立って、平易な遺言書案にするよう心がけたい。

1-1-6　公正証書遺言の典型的なケース

令和〇〇年第〇〇〇号

遺言公正証書

　本公証人は、遺言者甲野太郎の嘱託により、証人丙山良一、同丁川秋子の立会いのもとに、遺言者の口述を筆記してこの証書を作成する。

　遺言者は、次のとおり遺言する。

第1条　遺言者は、遺言者の所有する次の不動産を遺言者の長男甲野一郎（昭和〇年〇月〇日生）に相続させる。

　　1　所　在　　東京都〇〇市〇〇町△丁目
　　　　地　番　　△番〇
　　　　地　目　　宅　地
　　　　地　積　　〇〇．〇〇平方メートル
　　2　所　在　　東京都〇〇市〇〇町△丁目△△番地
　　　　家屋番号　△△番
　　　　構　造　　木造瓦葺2階建
　　　　床面積　　1階〇〇．〇〇平方メートル
　　　　　　　　　2階〇〇．〇〇平方メートル

第2条　遺言者は、遺言者の有する株式全部を遺言者の二男甲野二郎（昭和〇年〇月〇日生）に相続させる。

第3条　遺言者は、遺言者の有する次の定期預金を遺言者の甥である戊原五郎（昭和〇年〇月〇日生、東京都〇〇市〇〇町△丁目△番△号）に遺贈する。

　　　　〇〇銀行〇〇支店　定期預金　口座番号　0000000

第4条　遺言者は、第1条から第3条までに記載した財産を除く遺言者の有するその余の不動産、預貯金債権その他一切の財産を遺言者の妻甲野花子に相続させる。

第5条　遺言者は、祖先の祭祀を主宰すべきものとして、遺言者の長男甲野一郎を指定する。祭具及び墳墓に関する権利は、同人に承継させる。

第6条　遺言者は本遺言の遺言執行者として、次の者を指定する。
　　　　東京都〇〇区〇〇　△丁目△番△号　〇〇ビル〇階
　　　　弁護士　丙山良一
　　　　昭和〇年〇月〇日生
2　遺言執行者に対する報酬は、遺言者と弁護士丙山良一との報酬約定書に定める額による。
3　遺言執行者は、不動産についての所有権移転登記手続をする権限、預貯金について単独での名義変更、解約及び払い戻しをする権限、〇〇銀行〇〇支店の遺言者名義の貸金庫の単独での開披、名義変更及び解約の権限、その他遺言執行のための一切の権限を有する。　　　　　　　　　　　　　　　　　　　　　　　　　以上

本旨外要件

　　　　　　住　　所　　東京都〇〇市〇〇町△丁目△番△号
　　　　　　職　　業　　会社役員
　　　　　　遺言者　　　　　　　　　　　　　　　　甲　野　太　郎
　　　　　　　　　　　　　　　　　　　　　　　　　昭和〇年〇月〇日生
上記は、印鑑証明書の提出により、人違いでないことを証明させた。
　　　　　　住　　所　　東京都〇〇区〇〇　△丁目△番△号　〇〇ビル〇階
　　　　　　　　　　　　丙山法律事務所
　　　　　　職　　業　　弁護士
　　　　　　証　　人　　　　　　　　　　　　　　　丙　山　良　一
　　　　　　　　　　　　　　　　　　　　　　　　　昭和〇年〇月〇日生
　　　　　　住　　所　　東京都〇〇区〇〇　△丁目△番△号　〇〇ビル〇階
　　　　　　　　　　　　丙山法律事務所
　　　　　　職　　業　　法律事務所職員
　　　　　　証　　人　　　　　　　　　　　　　　　丁　川　秋　子
　　　　　　　　　　　　　　　　　　　　　　　　　昭和〇年〇月〇日生
　以上のとおり読み聞かせたところ、一同その記載に誤りがないことを承認し、次に署名押印する。
　　　　　　　　　　　　　　　　遺言者　　甲野　太郎　（署名）　㊞
　　　　　　　　　　　　　　　　証　人　　丙山　良一　（署名）　㊞
　　　　　　　　　　　　　　　　証　人　　丁川　秋子　（署名）　㊞
　この証書は、令和〇〇年〇〇月〇〇日、本職役場において、民法969条第1号から第4号に定める方式に従って作成し、同条第5号に基づき、本職次に署名押印する。
　東京都〇〇市〇〇町△丁目△番△号
　〇〇（地方）法務局所属
　　　　　　　　　　　　　　　　公証人　　乙川　二郎　（署名）　印

1-1-7　自筆証書遺言の典型的なケース

遺　言　書

　私は、この春、脳梗塞を患い、自分の健康に不安を覚えるようになった。そこで、私の死後に家族が、私の財産をめぐって争うことのないように、遺言を書き残すことにした。妻の花子には長年大変世話になった。また、3人のすばらしい子供たちに恵まれ、私は幸せな人生を送らせてもらったと思う。心から、みんなに感謝したい。私の亡き後は、私の意思をよく理解して、遺言通りの執行をしてもらいたい。

第1条　私は、長男一郎に対し私の所有する土地、建物を相続させる。ただし、長男一郎は、私の死後、妻花子と同居して老後の生活と介護等を含む一切の世話するものとする。

第2条　私は、長女春子および二女夏子に対し、私の所有する預貯金の中から、それぞれ現金1000万円を相続させる。

第3条　私は、妻花子に対し、第1条及び第2条に記載した財産以外の預貯金、有価証券、その他一切の財産を相続させる。

第4条　私は、私および祖先の祭祀を主宰すべき者として、長男一郎を指定する。

第5条　私は、この遺言執行者として長男一郎を指定する。

　　令和〇〇年〇〇月〇〇日

　　　　住所　〇〇市〇〇町△丁目△番△号

　　　　　　　　　　　　　　　　　甲　野　太　郎　　㊞

❗ 受任弁護士が遺言執行者の指名を受ける場合は慎重に

　弁護士が遺言書の作成を受任する場合、遺言執行者を指定することが必要かどうか、指定が必要な場合に誰を遺言執行者と指定すべきか検討しなければならない。

　弁護士が遺言書の作成の依頼を受ける場合、受任弁護士が遺言執行者として指名されることが多い。しかし、遺言の内容が相続人の遺留分を侵害するような場合は、遺言書の作成に関与した弁護士が遺言執行者となれば、相続人から、遺言執行者としての中立性、公正さを疑われることになる。

　また、受益相続人や受遺者が他の相続人から遺留分侵害額請求を受けた場合、受任弁護士は、受益相続人らから事件を相談される可能性があり、この場合、仮に遺言執行者が受益相続人の代理人として事件を受任すれば、弁護士として「品位を失うべき非行」に該当するとして懲戒事由となる。弁護士が遺言執行者の指名を受けるかどうかについては、遺言内容に照らして慎重に判断しなければならない。

❗ 遺言能力の確認と証拠化

　遺言書作成の実際において、弁護士は、入院中の患者の家族から連絡を受け、遺言書の作成を依頼されるケースがある。この場合、弁護士は、病院に出張し、遺言者と面談し、遺言者から事情を聞くことになる。入院患者の多くは、死期が間近に迫っており、中には、正常な判断能力が十分に備わっているかどうか疑わしいケースもある。弁護士は、遺言書の作成を受任するにあたって、本人や担当医師から十分に事情を尋ね、依頼者の遺言能力の存否を確認し、遺言能力がないと判断した場合は遺言書の作成を受任してはならない。また遺言能力があると判断した場合でも、作成時には、医師の立会いを求めるべきである（民973条参照）。そのほか、将来、遺言能力が争いになった場合を想定して遺言能力を基礎付ける証拠を保全しておく必要がある。

　弁護士は、将来の紛争が予想されるような場合、遺言書を作成する段階で、遺言の効力を裏付ける証拠を保全しておくべきである。たとえば、前述したとおり、遺言能力を争われそうな場合は医師の診断書等を準備しておくべきであり、また自筆証書遺言において自署を争われそうな場合は遺言者の筆跡を対照する文書（遺言作成時に近接した時に作成された文書で、かつ遺言書と同一字句の含まれた文書）を保全しておくべきである。

　遺言の効力に争いが予想されない場合も、死後に遺言者の真意を相続に人に伝えるため、遺言書作成にあたり、遺言者が遺言書を作成した経緯や心情について、ビデオ等に録画して保存するなどの工夫も有益である。このような遺言者の生の声を収録しておけば、このビデオ映像を見た相続人らは、たとえ自己に不利益な内容の遺言であっても、事実上、納得することも多く、相続人間の紛争を回避することができよう。

2 各種遺言の方式～遺言の種類の決定～

1 遺言の方式

　民法の定める遺言の方式には、普通方式の遺言と特別方式の遺言がある（民967条）。普通方式の遺言として、自筆証書遺言（民968条）、公正証書遺言（民969条、969条の2）、秘密証書遺言（民970条、971条、972条）の3種がある。

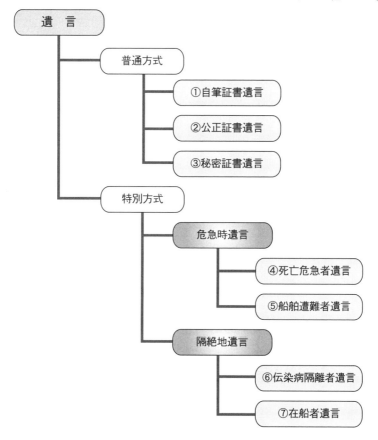

特別方式の遺言としては、死亡危急者遺言（民976条）、伝染病隔離者遺言（民977条）、在船者遺言（民978条）、船舶遭難者遺言（民979条）の4種がある。

　各定義や要件については後述**2**・**3**を参照されたい。

　実務で利用されている遺言のほとんどが普通方式の遺言であり、平成30年度に全国の公証人役場で作成された公正証書遺言が11万471件（日本公証人連合会統計による）、平成30年度に全国の裁判所で受理された自筆証書遺言の検認事件の新受件数は1万7487件（平成30年度司法統計）とされている。

　近時、一般市民の間で、遺言の役割が理解され始め、遺言が一般市民に身近な存在となる中で、公正証書遺言や自筆証書遺言の作成件数が増加していることが明らかである。裁判所の検認手続に現れていない暗数は、公正証書遺言の数を上回っている可能性さえある。

　また平成30年相続法改正により、自筆証書遺言の全文自書の要件が緩和され（平成31年1月13日施行）、「法務局における遺言書の保管等に関する法律」の制定（令和2年（2020年）7月10日施行）によって遺言書保管制度が創設されたことなどにより、自筆証書遺言の活用が促進することに伴い、弁護士が自筆証書遺言の作成に関与する機会が多くなることが予想される。弁護士としては、自筆証書遺言の作成に関し、依頼者に的確な助言と指導をすることが求められるようになる。

2　方式の選択

(1)　各方式のメリット、デメリット

　弁護士が、依頼者から遺言書の作成を依頼された場合、どのような方式の遺言を選択すべきか決定しなければならない。普通方式による場合に、公正証書遺言とすべきか、自筆証書遺言とすべきか、秘密証書遺言としたほうがよいのか、選択肢は3つある。従前は、弁護士が遺言書の作成に関与する場合、公正証書遺言の方式によることが多かった。しかし、公正証書遺言以外の2つの方式もそれなりに利点がある。弁護士は、遺言の内容、遺言書作成の動機、依頼者の性格や能力、遺言書の書換えの可能性など様々な事情を考慮して、それぞれの方式のメリット、デメリットを検討しつつ、状況に応じ柔軟に、公正証書遺言のほかに、自筆証書遺言ないし秘密証書遺言の方式を適宜、選択すること

も考慮すべきである。

公正証書遺言、自筆証書遺言、秘密証書遺言のメリット、デメリットとして以下の点が挙げられる。

❶　公正証書遺言

公正証書遺言は、遺言者が遺言の趣旨を公証人に口述し、公証人がこれを筆記し、公正証書による遺言書を作成する方式の遺言である。

　　——メリット

①法律の専門家である公証人が関与するので、方式の不備、内容の不備による無効を回避できる。

②遺言書が公証人役場に保管されるので、偽造改ざんのおそれがない。

③遺言者の死後、遺言書の検索が容易である。

④家庭裁判所の検認手続が不要である。

⑤自書能力がなくても作成可能である。

　　——デメリット

①遺言書作成に費用がかかる（本章1❷❷参照）。

②公証人の関与が必要であり、手続が厳格であり、証人2名の立会いを要する（民969条）。

③遺言書の存在と内容の秘密を確保できない。

❷　自筆証書遺言

自筆証書遺言は、遺言者が遺言の全文、日付および氏名を自書し、押印して作成する方式の遺言である（民968条）。

　　——メリット

①遺言書作成に費用がかからない。

②作成手続が面倒でなく自分ひとりで容易に作成できる。

③遺言書の内容を秘密にできる。

　　——デメリット

①要件が厳格で（民968条）、方式不備で無効となるおそれが高い。

②遺言者の死後、遺言書が発見されず、または一部相続人により、隠匿、改ざんされるおそれがある。

③遺言書の内容に法律的な疑義が発生するおそれがある。

④家庭裁判所の検認手続が必要である（民1004条）。

⑤視覚障害者にとって利用しづらい。

　自筆証書遺言でデメリットとされている点の多くは、遺言者が法律の専門家のチェックを受けないままに、ひとりで遺言書を作成したことによって生ずるものである。弁護士が遺言書作成の際、適切なアドバイスを行い、弁護士が遺言書を保管できれば、上記のデメリット①～③の問題は解消できる。また、新たに創設された遺言書保管制度を利用すれば、遺言者の死後に隠匿、改ざんされるおそれはなく、家庭裁判所の検認手続も不要となり（遺言保管11条）、遺言者の死後の検索も容易となり（遺言保管9条）、上記②、④の問題は解消されることになる。

❸　秘密証書遺言

　秘密証書遺言は、遺言者が遺言内容を秘密にした上で遺言書を封じ、封じられたままで公証人により公証される方式の遺言である（民970条）。

　　——メリット

①自書能力がなくとも遺言書を作成できる。

②遺言の存在を明らかにできるため、死後に遺言が発見されないとか、隠匿・廃棄される危険性が少ない。

③遺言書の内容を秘密にしておくことができる。

　　——デメリット

①公証人が関与するため、手続が厳格で、証人2名が必要である。

②公正証書遺言ほどではないが作成に費用がかかる。

③加除訂正については自筆証書遺言の規定が準用される（民970条2項、968条3項）

④家庭裁判所の検認手続が必要である（民1004条）。

(2)　方式選択の実際

　弁護士が、どのような遺言の方式を選択するかは、依頼者と相談して決定すべきである。

　依頼者が、遺言書作成に費用と時間をかけたくないということであれば、自筆証書遺言を勧めてよい。また、定期的に遺言書を書き換えたいという依頼者にも自筆証書遺言の方式によるほうが経済的である。遺言者が、遺産の処理よりも、自己の死後の葬儀や死後事務的なこと、家族へのメッセージを重視し

ている場合がある。この場合も自筆証書遺言の方式を選択する例が多いであろう。また、余命幾ばくもなく死期が差し迫っており、公正証書遺言の方式では時間的に間に合わないおそれがあるという場合など、とりあえず、自筆証書遺言を作成しておくなどのケースも考えられる。

　遺言者が高齢であり、遺言能力の存否について、将来相続人間で紛争が生じるおそれが高い場合は、公証人の関与の下で公正証書遺言を作成したほうが比較的安心である（もちろん公正証書遺言であっても無効となる裁判例が多いことは前述のとおりである）。また、遺産が多数あり、遺言の内容も複雑な場合は、本人の自筆による遺言書の作成よりも公正証書遺言によるほうが、本人の負担は少ない。ただし平成30年相続法改正（同31年1月13日施行）により、自筆証書遺言に添付される財産目録は必ずしも自書によることまで要しなくなったことから（民968条2項）、自筆証書遺言の活用も期待される。さらに、遺言の内容が明らかに遺留分を侵害する場合などは、検認手続が終了するまで遺言を執行することができない自筆証書遺言よりは、速やかに遺言執行に着手できる公正証書遺言によるほうがいい。もっとも、新たに創設された遺言書保管制度を利用した場合は、検認手続が不要とされることに留意すべきである。

　また、遺言書の作成に費用をかけたくないが、自筆による遺言書の作成が困難であるというような場合は、比較的費用の安い秘密証書遺言を勧めることも考えられるであろう。

　結局、方式の選択の基準というものはなく、個別的な事情を考慮して、依頼者と相談の上、弁護士が依頼者のニーズに合った方式を選択するほかないように思われる。

❸　各種遺言の方式

(1)　自筆証書遺言

　平成30年相続法改正において、自筆証書遺言に目録を添付する場合は、その目録が自書によらなくともよいことになり、この点、自筆証書遺言における全文自書の要件が緩和された。また、同改正により、新たな制度として、自筆証書遺言を法務局に保管する制度が創設され、相続開始後、関係相続人等の遺言書情報証明書等の交付等の請求が求められるようになり、さらに遺言書保管

制度を利用した場合、裁判所での検認手続も不要となった。

　これらの改正により、自筆証書遺言の活用が従前にもまして促進されること
が期待されることになった。とはいえ、自筆証書遺言の方式は公正証書遺言
等に比して厳格であるため、方式違背により遺言が無効とされるリスクはこれ
までと変わるところがない。弁護士としては、依頼者に対し、自筆証書遺言が
無効とならないように細心の注意をもって的確な助言と指導を行うことが望ま
しい。また、相続開始後、自筆証書遺言が発見され、その効力の判定が問題と
なったとき、弁護士は、その効力につき、判例等の考え方を踏まえ、的確な判
断を示さなければならない。

　自筆証書遺言は、遺言者が、その全文、日付および氏名を自書し、これに押
印することによって成立する（民968条1項）。

- ・**要件1**　全文の自書
- ・**要件2**　日付
- ・**要件3**　氏名の自書
- ・**要件4**　押印
- ・**要件5**　加除・訂正の方式

❶ 全文の自書（要件1）

　全文とは、遺言事項を書き記した部分、すなわち本文のことをいう。全文の
自書が要件とされるのは、自書であれば筆跡によって本人が書いたものである
ことが判定でき、それによって遺言がその者の真意に基づくものであると判断
できるためである。

　自書とは、遺言者が自らの手で書くことをいう。手が不自由である場合に、
足や口で書いた場合にも自書といえる。これに対し、他人による代筆は、遺言
者の口述をいかに正確に筆記したとしても自書とは認められない。

　自書といえるためには、自書能力、すなわち文字を知り、かつこれを自らの
意思に従って筆記する能力が必要である。本来読み書きのできた者が、病気そ
の他の原因により、筆記について他人の補助を要するようになっても自書能力
は失われるものではない（最判昭和62年10月8日判時1258号64頁・判タ654号
128頁）。

　他人の添え手による補助を受けて書いた遺言の効力については、前掲最判昭
和62年10月8日が、他人の添え手による補助を受けた遺言は原則として無効

であることを前提に、例外的に有効となるための3要件として、①遺言者本人が自書能力を有し、②他人の添え手が、始筆もしくは改行にあたり、もしくは字の間配りや行間を整えるため遺言者の手を用紙の正しい位置に導くにとどまるか、または遺言者の手の動きが遺言者の望みにまかされており、単に筆記を容易にするための支えを借りただけであり、かつ③添え手をした他人の意思が介入した形跡のないことが筆跡の上で判定できる場合は、例外的に自書の要件をみたすとした。この判決に従えば、他人の補助は、遺言者の手を文頭等の適切な場所に導く、または軽く支える程度にとどめるべきこととなる。

　ワープロやパソコン、点字機等の機械を使用した場合には、自書とはいえない。テープやビデオなどにより音声を録音する形でした遺言も、自書の要件をみたさない。なお判例は、カーボン紙を用いた複写の方法で記載した場合は、自書の要件をみたすとされている（最判平成5年10月19日判時1477号52頁・判タ832号78頁）。

　この点、平成30年相続法改正において、全文自書の方式を一部緩和し、遺言に財産目録を添付する場合に限り、財産目録を自書する必要がなくなり、ワープロ、パソコン等によって作成された財産目録の各頁に遺言者が署名、押印することで足りるとされるようになった（民968条2項）。また財産目録は特定の方式が規定されていないため、預金通帳の写しや登記事項証明書等に署名押印することで財産目録とすることも可能となった。財産目録を添付する場合、各頁の契印は必要とされず、また押印も同一でなくてもよいとされている。ただし、弁護士としては依頼者に対し、後日、遺言の一体性につき無用の紛争が起きることを防止するためにも、遺言書本文と財産目録に契印をすることを勧めるべきであろうし、また印鑑も同一の印鑑を押印するようアドバイスすべきである。

　相続法改正によって、財産目録を自書する必要はなくなったが、財産目録の一部に署名押印を欠いた場合、署名押印を欠いた部分が無効となるほか、場合によっては遺言全体が無効となるおそれがある。

　弁護士は、署名押印の有無を入念にチェックする必要がある。

❷　日付（要件2）

　日付が要件とされているのは、遺言の成立時期を明確にするためである。

　すなわち、遺言書作成時における遺言者の遺言能力の有無についての判断

や、複数の遺言書が存在する場合の各遺言作成時期の前後の確定などのため、遺言の成立時期は明確にされていなければならない。

　日付の記載は、上記のように、遺言の成立時期を明確にするために要求されるものであるから、年月日を明らかにして暦上の特定の日を表示するものといえるように記載をする必要がある。なお、日付も「自書」が必要であることから、日付印等を使用した場合には、遺言は無効となることに注意を要する。

　日付の記載が要求される趣旨が上記のようなものであることから、年月の記載はあるが、日の記載のない遺言は無効とされる（最判昭和52年11月29日金融・商事判例539号16頁）。また、「昭和42年7月吉日」と記載された、いわゆる吉日遺言については、特定の日を表示したものとみることができないことから、日付の記載を欠くものとして無効とされている（最判昭和54年5月31日判時930号64頁）。

　これに対して、具体的な日付を客観的に特定することが可能であれば、日付を記載する趣旨は全うされるから、暦上の日ではなく、遺言者自身の「80歳の誕生日」、「平成元年11月末」等という記載であっても、日付の記載として有効であると考えられている。

　また、「26　3　19日」（縦書き）と元号を欠いた日付の記載を「昭和26年3月19日」の日付と認めて、遺言を有効にした裁判例もある（福岡高判昭和27年2月27日高民集5巻2号70頁）。

　日付の記載場所については特に定めがない。

　遺言書本体に日付を記載せず、これを封筒に入れた上で、その封筒に日付を自書した事案でも、遺言は有効とされた例がある（前掲福岡高判昭和27年2月27日）。ただし、封筒はすりかえられる可能性があること、あるいは少なくとも遺言者の死後にその旨の主張がなされる可能性を考慮すれば、遺言書本体の冒頭ないし末尾に記載することが原則であるといえよう。氏名の記載、押印の場所についても同じことがいえる。

　日付とは、遺言成立の日付であるから、原則として、遺言が成立する遺言書の全文を記載した日付を記載すべきである。

　後日の紛争を防止するという観点から、実務上は、遺言書の作成には2日以上かけず、1日で行って、その日付を記載することを心がけるべきである。

　遺言書が複数枚にわたる場合でも、その遺言書が1通の遺言書として作成さ

れているときは、日付の自書はそのうちの1枚についてされていれば足り、必ずしも1枚ごとにする必要はない。後述のとおり、遺言者の署名および押印についても同様である（京都地判平成16年8月9日判タ1170号283頁）。

　故意に真実の作成日と異なる日付を記載した場合、その遺言は無効である（東京高判平成5年3月23日判タ854号265頁）。

　これに対して、錯誤により誤った日付を記載した場合、遺言書の作成経緯などに照らして、記載された日付が単なる誤記であることおよび真実の作成日付が容易に判明する場合には、遺言が有効とされることもある（最判昭和52年11月21日金融法務事情851号45頁、東京地判平成3年9月13日判時1426号105頁、大阪地判平成18年8月29日判タ1235号282頁）。

❸　氏名の自書（要件3）

　氏名は自書によらなければならない。

　氏名の自書が要求されるのは、遺言者が誰であるのかを明らかにし、その筆跡から遺言が遺言者の意思に基づくものであることを確認するためである。

　氏名は戸籍上の氏名でなくともよく、遺言者が誰であるかについて疑いのない程度の表示があれば足り、ペンネーム等の通称でもよい（大阪高判昭和60年12月11日判時1185号115頁）。さらに、氏または名のいずれかのみの自書であっても、遺言者と他人との混同を生じない場合には有効であると考えられている（大判大正4年7月3日民録21輯1176頁）。

　氏名の記載場所については、制限はない。

　遺言書が複数枚にわたる場合でも、氏名の自書はそのうちの1枚についてされていれば足り、必ずしも1枚ごとにする必要はない（前掲京都地判平成16年8月9日）。ただし、自書によらない財産目録を添付する場合は、財産目録の各頁に署名しなければならないことは前述のとおりである。

❹　押印（要件4）

　自筆証書の方式として押印が必要とされている。

　その趣旨は、わが国において、重要な文書に署名ないし記名の後に押印するのが通常であることに鑑み、全文の自書等と同様、遺言者の同一性および真意を確保するとともに、これにより文書が完結したことを担保するための要件とされたのである（後掲最判平成元年2月16日判時1306号3頁参照）。

　判例上、遺言の全文、日付、氏名の自書があり、証拠上遺言者の真意に沿う

ことが認められる場合には押印を欠く遺言書も無効ではないとした例（熊本地八代支判昭和34年12月8日家月13巻2号174頁）、日常的にサインの習慣しかない帰化した白系ロシア人が作成した、押印を欠く遺言書を有効とした例（最判昭和49年12月24日判時766号42頁）がある。しかし、前者の裁判例は、民法上の明文規定の解釈の域を超えており、押印の欠如が許されるのは、後者のようなきわめて特殊な事情がある場合に限られるといえよう。

　遺言の押印に用いる印は、実印である必要はなく、いわゆる認印でもよい。また、拇印ないし指印でもよいとされている（最判平成元年2月16日判時1306号3頁）。最判平成元年6月23日（判時1318号51頁）は、指印が遺言者本人のものであることの立証は、必ずしも遺言者本人の指印の印影との対照による必要はなく、証人の証言、遺言書の体裁、その作成、保管の状況等によることもできるとしている。もっとも、拇印ないし指印については、遺言者の死亡後には対照すべき印影がないのが通常であるから、紛争防止の観点からは、極力これを避けるべきである。同様に、印鑑を用いる場合でも、対照可能な印影が存在する実印や金融機関届出印等を使用することが望ましい。

　押印の場所について民法上規定はないが、遺言書本体に署名した上で、その横ないし下に押印するのが原則であろう。

　押印に関しても、遺言書本体に押印がなく、封筒のみに押印した場合の遺言の効力が問題とされる。封筒のすりかえの可能性があることを考慮すれば、遺言書本体と封筒の一体性が認められなければ、封筒のみへの押印では遺言は有効とならないと考えるべきであろう（東京高判平成18年10月25日判時1955号41頁）。遺言書の効力を確かにするためには、遺言書本文を記載した文書に署名してその横ないし下に押印するのが確実である。

　また押印は遺言者本人がするのが原則である。

　他人に押印させた場合でも、遺言者自身が押印したのと同視できるような特別の事情があれば、例外的に有効とされているケースもあるが（大判昭和6年7月10日民集10巻736頁、東京地判昭和61年9月26日判時1214号116頁）、遺言者本人が押印することが確実であることは言うまでもない。

❺　**加除訂正の方式（要件5）**

　遺言書の加除その他の変更の方式は、①遺言者自身によりなされること、②変更の場所を指示して訂正した旨を付記すること、③付記部分に署名するこ

と、かつ④変更の場所に押印することである（民968条3項）。

　文書の訂正方法としては、訂正箇所に押印し、訂正した旨を欄外に記載するというのが通常である。民法が、遺言については訂正箇所への署名まで要求するという厳格な方法を採用したのは、他人による遺言書の改ざんを防止するためである。

　なお、平成30年相続法改正により、自書によらない財産目録を添付している遺言の財産目録を訂正する場合は、自書によらない修正された財産目録を用いることができるようになったが、加除訂正の方式は従前の規律に従うことになる。したがって、遺言者は、修正される前の財産目録に新たな財産目録に変更する旨の文言を自書した上で、遺言者が署名・押印し、新たな財産目録のすべての頁に遺言者が署名押印することが必要である。

　所定の方式に従わないでした加除訂正は、無効であり、その加除訂正はなされなかったものとして扱われる。したがって、加除訂正に方式違背があるだけで、当該遺言書全体が当然に無効となるわけではない。

　加除訂正がなされなかったとして扱われる結果、訂正前の記載が判読可能であれば、訂正前の文言が記載された遺言として扱われることとなる。

　他方、方式違背の加除訂正により、もとの記載が判読不能である場合には、そもそもその部分は一切記載されていないものとして扱われることになる。この場合、当該記載が遺言に必須のものである場合には、遺言全体が無効とされることがある（仙台地判昭和50年2月27日判時804号78頁）。加除訂正に方式違背がある場合に、遺言書全体が無効となるか否かは、当該加除訂正の内容、およびその部分の重要性にかかっているといえよう。

　遺言書の記載自体からみて明らかな誤記を訂正した場合は、方式違背の訂正があっても遺言者の意思を確認することについて支障がないので、遺言の効力には影響を及ぼさないとされている（最判昭和56年12月18日判時1030号36頁）。

　遺言書の加除訂正方法に関する方式の定めは厳格であり、方式自体も複雑である。そこで、依頼者から相談を受けた弁護士としては、誤記であることが明らかである場合などを除いて、遺言を訂正するのであれば、改めて遺言を作成し直すようにアドバイスすべきであろう。

1-2-1 財産目録等を添付した自筆証書遺言

遺言書

一　長男一郎に対して、別紙一の不動産及び別紙二の預金を相続させる。

二　長女春子に別紙三の不動産を相続させる。

三　甥の戌原五郎に別紙四の不動産を遺贈する。

令和元年四月一日

　　　　　　甲野　太郎　㊞

別紙一

一　所　　在　　東京都杉並区南荻窪〇丁目
　　地　　番　　〇番〇
　　地　　目　　宅地
　　地　　積　　〇〇.〇〇平方メートル
　　　　　　　　　　　　南荻窪　㊞
二　所　　在　　東京都杉並区荻窪〇丁目〇〇番地
　　家屋番号　　〇〇番
　　構　　造　　木造瓦葺2階建
　　床面積　　　1階〇〇.〇〇平方メートル
　　　　　　　　2階〇〇.〇〇平方メートル

　　　　　　　　　　　　　　　　甲　野　太　郎　㊞

　　　上記二中、二字削除三字追加
　　　　　　　　甲野太郎　㊞

別紙二
　＊通帳のコピー

　　　普通預金通帳　　　　　　〇〇銀行
　　　　　　支店　　　普通預金口座番号
　　　〇〇〇　　　　　〇〇〇〇〇〇〇
　　　　　　　　　　甲　野　太　郎　　様

　　　　　　　　　　甲　野　太　郎　㊞

```
別紙三
  ＊登記簿謄本のコピー（略）

                               甲　野　太　郎　㊞
```

```
別紙四
  ＊登記簿謄本のコピー（略）

                               甲　野　太　郎　㊞
```

❻　自筆証書遺言書の保管制度の概要

　平成30年7月に「法務局における遺言書の保管に関する法律」（遺言保管法）
が成立し、同法は、令和2年（2020年）7月10日から施行された。この法律は、
自筆証書遺言の紛失、隠避、変造を可能な限り回避し、自筆証書遺言をめぐる
紛争を防止することをねらいとしている。

　遺言書の保管申請は、遺言者が、遺言者の住所地もしくは本籍地または遺言
者が所有する不動産の所在地を管轄する遺言書保管所の遺言書保管官に対して
行う（遺言保管4条3項）。遺言書保管所とは、法務大臣が指定した法務局をい
う（遺言保管2条1項）。

　遺言保管申請がなされた遺言書は、遺言書保管所で保管され（遺言保管6条
1項）、遺言書保管官は、遺言書に関する情報を電子データとして管理する（遺
言保管7条1項・2項）。

　遺言者は、遺言書保管官に対し、いつでも遺言書の閲覧を請求することがで
き（遺言保管6条2項）、またいつでも、遺言書の保管の申請の撤回をすること
ができる（遺言保管8条1項）。

　相続が開始された後に、遺言者の相続人、受遺者など、遺言保管法9条に規
定されている関係相続人等は、遺言保管ファイルに記録されている事項を証
明した遺言書情報証明書の交付を請求できる。この交付請求は、関係相続人等
は、当該遺言書を実際に保管している遺言書保管所以外の遺言書保管所の遺言
書保管官に対し行うことができる（遺言保管9条2項）。また、関係相続人等は、
当該遺言書を実際に保管している遺言書保管所の遺言書保管官に対し、遺言書
の閲覧を請求することができる（遺言保管9条3項）。

　相続開始後は、何人も、遺言書保管者に対し、自己が関係相続人に該当する

遺言書が保管されているかどうか、遺言書作成の年月日ならびに遺言書が保管されている遺言書保管所の名称および番号が記載された遺言書保管事実証明書の交付を請求することができる（遺言保管10条1項）。

なお、遺言書保管制度を利用し、遺言書保管所に保管されている遺言については、検認手続（民1004条）を行わなくてもよいとされる（遺言保管11条）。遺言の検認手続は、遺言の形状、日付、署名など検認日時点の遺言の状態を明らかにしてその後の遺言の偽造等を防止するためのものであり、自筆証書遺言を法務局に保管している場合は、遺言書が画像データに保存されており、あらためて遺言の状態を明らかにする必要がないからである。

同制度が新設されることにより、弁護士が依頼者から自筆証書遺言の作成の相談を受けた場合は、同制度による遺言書の保管を勧めることになる。また相続問題につき相談を受けた場合は、相続人に対し、公証人役場に対し、公正証書遺言の有無を照会するほか、遺言書保管所に対し、遺言書保管事実の証明書の交付請求を行い、自筆証書遺言書の保管が明らかになった場合は、遺言書情報証明書の交付請求または遺言書の閲覧請求を行う必要があることを助言しなければならない。

(2) 公正証書遺言

「公正証書遺言」とは、公正証書によってする遺言である（民969条）。

遺言者は、公証人の前で、遺言の内容を口授し、公証人がその内容を文書にまとめ、公正証書遺言として作成する。

公正証書は、公証人が作成する公文書である。公証人は、裁判官や検察官などを務めた法律実務家が任命されており、その公証人が、作成者の意思を確認しながら作成する公正証書は、信用性が高い。したがって、この方式による遺言も一般的に信用性の高いものと言われている。ただし、遺言の有効性が争いになり、裁判所で遺言無効の判断がなされた遺言の中には公正証書遺言も多数存在することに留意しなければならない（97頁参照）。

公正証書遺言を作成する場所は、原則として公証役場であるが、入院中であったり、病気のため外出が困難である等の理由で公証役場まで行けないときには、公証人が出張してくれる。

　公正証書遺言の作成にあたっては、以下の方式に従わなければならない（民969条）。

- ・**要件1**　証人2人以上の立会いがあること
- ・**要件2**　遺言者が遺言の趣旨を公証人に口授すること
- ・**要件3**　公証人が遺言者の口授を筆記し、これを遺言者と証人に読み聞かせ、または閲覧させること
- ・**要件4**　遺言者と証人が、筆記が正確であることを承認したうえ、各自これに署名押印すること
- ・**要件5**　公証人が、その証書が適式な方式に従って作成されたものである旨を付記して、これに署名押印すること

❶　証人の立会い（要件1）

　公正証書遺言を作成する際には、証人2人以上の立会いがあることが必要で

ある（民法969条1号）。

　証人の任務は、遺言者が本人であること、遺言者が自己の意思に基づいて口授をしたこと、公証人による筆記が正確であること（民969条4号）等を確認することである[1]。

　公正証書遺言を作成する場合には、作成手続の初めから終わりまで、証人2人以上が立ち会っていなければならない。証人の1人が、手続の途中で作成の場を離れたり、手続の途中から立ち会ったりした場合には、原則として遺言は無効であると考えられている。最判昭和52年6月1日（家月30巻1号69頁）も、証人の1人が、遺言の筆記が終わった段階から立ち会った事案について、当該遺言を無効としている。裁判例では、①口授および筆記の段階では証人1人を立ち会わせただけで、他の1人は別室で弁護士夫人と歓談しており、読み聞かせの段階になってはじめて別室の証人を立ち会わせたという事案（東京地判昭和55年3月24日判時980号92頁）、②口授および筆記の段階では、証人2人は、公証人席から約5メートル離れた、公証人席での話し声が聞き取れない場所におり、読み聞かせの段階で初めて公証人席に呼ばれたという事案（横浜地判昭和56年5月25日判時1018号109頁）、③証人2人が、口授が始まってから公証人役場に着き、遺言者が公証人に口授しているのを、約7メートル離れた場所で、十分聞き取れないまま「傍観者的に」耳にしていたという事案（広島地呉支判平成元年8月31日判時1349号110頁）において、いずれも証人の立会いを欠くものとして遺言の効力が否定されている。

　遺言の内容に利害関係を有していて、遺言者に不当な影響を与えるおそれがある者は、証人となることができない。そこで、民法974条は、遺言の内容に直接利害関係を有する推定相続人および受遺者ならびにこれらの配偶者および直系血族を証人欠格者としている。また、一般に判断能力が十分でないと考えられる未成年者も欠格者とされている。

　欠格者を証人として作成された遺言は、当然に無効である。もっとも、適格のある証人が2人以上立ち会っていれば、欠格者が同席していたとしても、この者によって遺言の内容が左右されるなど特段の事情がない限り、遺言は無効とならないとされている（最判平成13年3月27日判時1745号92頁）。

1）島津一郎＝松川正毅編『基本法コンメンタール相続　第5版』（日本評論社、2007年）164頁。

実務上は、欠格者を同席させないことが望ましいが、遺言者が日常的に介助を要する場合などにおいては、遺言者が弁護士に対して、配偶者等の同席を求めることもありえよう。その場合には、後に、同席者が遺言の内容を左右したなどの上記特段の事情が認められることのないよう、その者の発言を極力控えさせるなどの配慮が必要といえる。

　なお、自筆証書遺言を除く遺言においては、各遺言の方式に応じて一定数の証人または立会人の存在が必要とされており、それぞれに民法974条が適用される。

❷　遺言者の公証人に対する口授（要件2）

ア　口授の意義

　遺言者は、遺言の趣旨を公証人に口授しなければならない（民969条3号）。

　口授とは、言語をもって申述すること、つまり、口頭で述べることである[2]。したがって、手話のような言語を用いない手段をもって遺言の趣旨を伝えても、969条3号の口授があったとはいえない。ただし、後述のとおり、平成11年の改正により、聴覚・言語機能障害者は、手話等によって口授に代えることができるものとされている（民969条の2）。

　以上のように、口授は言語をもって伝えることを言い、動作によって伝えることは許されないことから、病気等の理由により発話が困難になった遺言者の遺言に関し、口授の有無がしばしば問題とされている。この点に関しては、まず、大判大正7年3月9日（刑録24輯197頁）が、公証人の問いに対しわずかに挙動をもって首肯しまたは首を左右に振る程度であったような場合には、口授があったとは認められないとし、最判昭和51年1月16日（家月28巻7号25頁）も、大審院判例を踏襲して、遺言者が「公証人の質問に対し言語をもって陳述することなく単に肯定または否定の挙動を示したにすぎないとき」は、口授があったとはいえないとしている。裁判例でもこの点が争われた例は多く、近時のものとしては、遺言者が公証人と手を握り、公証人による読み聞かせに対し手を握り返したにすぎない事案（東京地判平成20年11月13日判時2032号87頁）、遺言者が遺言の内容を公証人に説明したことがなく、遺言書作成時も公証人の問いかけに声を出してうなずくのみであった事案（宇都宮地判平成22

2）中川善之助=加藤永一編『新版　注釈民法〈28〉相続(3)補訂版』（有斐閣、2002年）109頁。

年3月1日金融法務事情1904号136頁）で、いずれも口授の存在が否定されている。

　なお、使用する言語については定めがないので、外国語でもよいとされている。もっとも、公正証書は日本語で作成されなければならず、日本語を解さない遺言者が外国語を用いるときは通事を立ち会わせなければならない（公証人法29条）。

イ　口授の程度・方法

　口授の際、遺言の内容について一語一句をすべて口頭で伝える必要はないとされている。

　大審院時代の判例は、遺言者が遺贈物件を特定できる程度の口授をして、遺贈物件の詳細に関しては、あらかじめ作成しておいた覚書を公証人に提出することで口授に代えることができるとしている（大判大正8年7月8日民録25輯1287頁）。したがって、遺産の中に複数の不動産がある等の理由で口授の内容が複雑・煩雑になる場合には、地目・地番等の詳細については書面を作成しておいて、これを公証人に提出することにより口授を補完することも許されると考えてよいだろう。

　実務上、弁護士が公正証書遺言の作成を依頼された場合には、事前に弁護士が遺言者の意思を聴取して、遺言書の原稿を作成し、それをあらかじめ公証人に渡してあることも多いと考えられる。このような場合、あらかじめ作成された原稿やメモをもとに公証人が証書を作成しておいて、その後に遺言者の口授を受けてそれが証書の内容と一致することを確認して読み聞かせる、あるいは作成した証書を読み聞かせた後で遺言者がそれを承認する形で口授を行うことも許されるとされている（大判昭和6年11月27日民集10巻1125頁、最判昭和43年12月20日判時546号66頁）。いずれの場合も、口授→筆記→読み聞かせという民法に定められた順序が変更されているが、判例上は、これらの順序の変更があっても、全体として所定の方式が踏まれている場合には遺言は有効と考えられているのである[3]。

　もっとも、遺言書のもととなった原稿の作成に当該遺言に利害関係の深い者の関与があったとして遺言の効力が否定された例があることには注意を要する

3）前掲注1）163頁。

（東京地判昭和62年9月25日判タ663号153頁）。

❸ 公証人の筆記・読み聞かせ、閲覧（要件3）

公証人は、遺言者から遺言の趣旨の口授を受け、これを筆記する（民969条3号）。これが公正証書遺言の原本になる。その後、公証人はこれを遺言者と証人に読み聞かせるか、閲覧させなければならない（同条同号）。

❹ 遺言者および証人の承認・署名押印（要件4）

公証人の読み聞かせまたは閲覧によって、筆記の正確なことを承認したら、遺言者および証人は、各自公正証書遺言原本に署名押印しなければならない（民969条4号）。

遺言者が署名することができない場合は、公証人がその事由を付記して、署名に代えることができる（民969条4号ただし書）。署名することができない場合とは、遺言者が読み書きのできない者である場合、病気やけが等により手の機能に障害がある場合などをいう。判例上、署名がまったく不可能とはいえない事案（病状が進んでいる胃がん患者である遺言者が、口授のために約15分間病床に半身を起こしていたために、病状の悪化を懸念した公証人が自署を押しとどめたという事案）で、「署名することができない場合」にあたるとした例がある（最判昭和37年6月8日判タ134号54頁）。他方、遺言者の精神的状況、身体的状況等から、遺言者が自ら署名するについて格別支障があったとは認めがたいとして、公証人が署名の代書をした遺言を無効とした例もある（東京高判平成12年6月27日判時1739号67頁）。

この規定は、証人には適用されないので、証人については自ら署名する能力がある者を選ぶ必要がある。

押印する印鑑の種類については定めがないが、公証人が遺言者と面識がないときには、印鑑証明書の提出を求められるのが通常であるので（公証28条2項）、遺言者については、実印をもって押印することとなる。証人については、本人確認の方法が印鑑証明書によるとは限らないので、実印を用いる必要はない（東京高判昭和63年1月28日判タ672号198頁）。

押印は、原則として遺言者および証人がそれぞれ自らなすべきであるが、他人に命じて押印させてもよいとされている[4]。遺言者が署名することができない

---

4) 前掲注2) 115頁。

場合に、署名に加えて押印を省略することも許されるというのが通説である[5]。これに対し、証人の署名の省略は許されない。

❺ 公証人の付記・署名・押印（要件5）

公証人は、その証書は民法969条に定める公正証書遺言作成の方式に従ったものであることを付記し、原本に署名押印しなければならない（民969条5号）。

❻ 聴覚・言語機能障害者に関する特則

従来は、公正証書遺言作成に際しては遺言者による口授および遺言者への読み聞かせが必須の要件となるため、聴覚・言語機能障害者については、公正証書遺言を作成することはできないとされてきた。しかし、社会的な要請の高まりを受け、平成11年に民法が改正され、聴覚言語機能障害者に関する特則が設けられた（民969条の2）。

遺言者が「口がきけない者」である場合には、公証人および証人の前で、遺言の趣旨を通訳人の通訳により申述するか自書して、口授に代えることができる（民969条の2第1項）。

「口がきけない者」には、言語機能障害により発話できない者のほか、聴覚障害のために発話不明瞭な者や病気、高齢のために発音不明瞭な者も含まれる[6]。

通訳人は、特定の資格（手話通訳士等）を有する者に限定されるわけではなく、遺言者の意思を確実に他者に伝達する能力があれば足りる（東京地判平成20年10月9日判タ1289号227頁）。

遺言者または証人が「耳が聞こえない者」である場合には、公証人は筆記した内容を通訳人の通訳により遺言者または証人に伝えて、読み聞かせに代えることができる（民969条の2第2項）。

また、公証人は、民法969条3号により、筆記内容を閲覧させる方法によることもできる。通訳によるか閲覧によるかは公証人の選択によるが[7]、筆記内容の正確性を確保するために両者を併用することも可能である[8]。

聴覚言語機能障害者に関する特則により、公正証書遺言を作成したときは、公証人はその旨を証書に付記しなければならない（民969条の2第3項）。

5）前掲注2）115頁。
6）前掲注1）165頁。
7）前掲注2）119頁。
8）前掲注1）165頁。

(3) 秘密証書遺言

　秘密証書遺言の作成にあたっては、以下の方式に従わなければならない（民970条）。

- **要件1**　遺言者がその証書に署名押印すること（遺言者の署名押印）
- **要件2**　遺言者がその証書を封じ、証書に用いた印章でこれに封印すること（封入・封印）
- **要件3**　遺言者が公証人1人および証人2人以上の前に要件2の封書を提出して、それが自己の遺言書である旨とその筆者の氏名・住所を申述すること（封書の提出および申述）
- **要件4**　公証人がその証書の提出された日付および要件3の遺言者の申述を封紙に記載して、遺言者および証人とともに署名押印すること（公証人による封紙への記載および公証人・遺言者・証人の署名押印）

　以上から明らかなように、秘密証書遺言の作成に関する民法上の規定は、遺言書本体の方式に関する規定ではなく、遺言書を秘密に保管するための方式の定めである。したがって、後述するように、遺言書本体の作成に関しては、自筆証書遺言のような厳格な定めはない。

　以下では、秘密証書遺言の作成方法について、上記の手順ごとに具体的に説明していくこととする。

❶　遺言証書の作成と遺言者の署名押印（要件1）

　秘密証書遺言の場合、遺言証書の作成については、自筆証書遺言の場合のような「全文の自書」は要求されていない。そこで、遺言書本文を自筆で記載する必要はなく、パソコンやワープロ等の機械で作成すること、第三者に代筆してもらうことも可能である。また、公証人が証書の提出された日付を封紙に記載することから、遺言者自身が日付を記載することは、要件とされていない。

　もっとも、遺言書本体に、遺言者自身が署名押印することは必要である。署名押印を他人に代わってしてもらうことは許されない。押印については、自筆証書遺言の場合と同様、実印である必要はない。

　なお、遺言書本文の加除変更に関しては、自筆証書についての民法968条3項が準用される（民970条2項、本節❸(1)❺参照）。加除変更についての付記・署名・押印を遺言者本人が行う必要があるかについては争いのあるところであ

る。上記のように、秘密証書遺言の場合には、遺言書本文について第三者の代筆が許されていることからすれば、署名は遺言者本人が行うべきであるが、付記については代筆が許されると考えられている[9]。また、押印についても、遺言者の指示で筆者などの第三者にさせてもよいと考えられている[10]。

❷ 封入・封印（要件2）

遺言者自身が、証書（遺言書本体）を封入し、遺言書本体への押印に使用したものと同一の印章を用いて、封印しなければならない。異なる印章を用いて封印した場合は、秘密証書遺言としては無効になる。

封入の方法としては、市販の封筒等を用いるのが通常であろうが、特に制限はないため、紙で包み込む等の方法も許されるであろう[11]。

遺言者自らが封入するのが原則であるが、遺言者が自らの面前で第三者に封入させることも許されると考えられている。

❸ 封書の提出および申述（要件3）

遺言者は、公証人および証人2人以上の前に封書を提出して、自らが遺言者である旨と遺言書本体の筆者の氏名・住所を申述しなければならない。証人の欠格事由等については本項(2)❶を参照されたい。

前述のとおり、秘密証書遺言の場合には、遺言書本文を第三者が記載することもできる。筆者の申述に際しては、当該第三者の氏名・住所を申述することとなるが、遺言者自身が遺言書本文を記載した場合には、その旨を申述すればよい。筆者の氏名・住所を申述させるのは、後日紛争が生じた際に、同人に尋問等を行う便宜を考慮したものである。

この点に関連して、筆者の氏名および住所の一部の記載を欠いても遺言書全体の記載内容等により筆者が明確に特定される場合には、当該遺言書は有効であるとした裁判例がある（東京地判平成20年8月26日判タ1301号273頁）。

秘密証書遺言の筆者が誰であるかについて争われた例として、最判平成14年9月24日（判時1800号31頁）がある。

口がきけない者が秘密証書遺言をする場合には、通訳人の通訳により申述するか、封紙に自書して申述に代えることができる（民972条）。口がきけない

9）中川善之助＝泉久雄『法律学全集24 相続法〈第4版〉』（有斐閣、2000年）539頁。
10）前掲注9）539頁、前掲注1）166頁。
11）前掲注2）122頁。

者の意義、通訳人の意義等については、前掲(2)❻を参照されたい。

　証人については、民法974条に欠格事由が定められている（詳しくは、前掲(2)❶参照）。なお、証人は封紙に自署することを求められるため、自署できない者は、事実上証人となることができないことに留意すべきである。

　口のきけない者が秘密証書遺言をする場合の申述については、特則が定められており（民972条）、通訳人の通訳により申述するか、封紙に自書することにより、申述に代えることができるとされている。口がきけない者には、言語機能障害のために発話できない者だけでなく、聴覚障害や老齢・病気等のために発声が不明瞭な者も含まれるとされている[12]。通訳人の意義については、前掲(2)❻を参照されたい。

❹　公証人による封紙への記載および公証人・遺言者・証人の署名押印（要件4）

　遺言者が遺言書を封入した封書を提出すると、公証人は、提出された日付と遺言者の申述（上記❸参照）を封紙に記載し、公証人、遺言者、証人がそれぞれその封紙に署名押印しなければならない。

1-2-2　封紙の例

令和〇〇年第〇△号

秘密証書遺言封紙

　遺言者甲野太郎は本職及び証人丙山良一、証人戊原冬子の前にこの封書を提出し、これを自己の遺言書で自己が筆記したことを申述した。

　平成〇年〇月〇日　本職役場にて

住所　　〇〇市〇〇町△丁目△△番△号
　　公証人　　〇〇〇〇　　㊞
住所　　　〇〇市〇〇町△丁目△△番△号
　　遺言者　　甲野太郎　　㊞
住所　　　〇〇区〇〇　△丁目△番△号 〇〇ビル〇階 丙山法律事務所
　　証　人　丙山良一　　㊞
住所　　　〇〇区〇〇　△丁目△番△号 〇〇ビル〇階 丙山法律事務所
　　証　人　戊原冬子　　㊞

12）前掲注1）167頁。

この際、遺言者は自ら署名することを要し、公正証書遺言の場合と異なり、公証人の付記（民969条4号ただし書）によって署名に代えることはできない。

❺　秘密証書遺言の保管

公証人の封紙への記載により、その封紙は公正証書となる。秘密証書遺言の場合、公証されるのは遺言書の存在だけであって、遺言書本体は公証力を持たない。

公証人は、遺言書を保管しないため、遺言書本体の破棄・紛失・未発見のおそれは残る。遺言書の作成を依頼された弁護士としては、依頼人の委託を受けて遺言書を保管することが望ましいと言える。

❻　方式違背の秘密証書遺言の効力

秘密証書遺言としての方式違背があって無効である場合においても、当該遺言が自筆証書遺言としての方式を備えていれば、自筆証書遺言としての効力を有するものとされている（民971条）。ただし、自筆証書遺言として効力を有するためには、全文、氏名、日付の自書等、自筆証書遺言の方式に従っていなければならないことは当然である。

(4)　特別方式による遺言

❶　特別方式による遺言の種類

特別方式遺言とは、普通方式遺言によることが困難または不可能な事情がある場合に限って許される簡易な方式である。特別方式遺言は、危急時遺言と隔絶地遺言とに分かれる。

危急時遺言には死亡危急者遺言（民976条）と船舶遭難者遺言（民979条）があり、隔絶地遺言には、伝染病隔離者遺言（民977条）と在船者遺言（民978条）がある。これらの遺言が利用されるケースはまれであると思われるので、各方式については民法の条文を参照されたい。

❷　特別方式遺言の効力

特別方式遺言は、遺言者が普通の方式に従って遺言をすることができるようになった時から6か月間生存するときは効力を生じない（民983条）。

特別方式による遺言は、特殊な事情の下で例外的に許される簡易な方式であって、遺言者の真意の確保という点で問題が残ることは否定できない。そこで、普通方式の遺言が可能になった後には、その効力を維持させる必要はない

と考えられているのである。

　実務的な観点からは、遺言者が死亡の危急から回復し、または隔絶地から復帰するなどして普通方式による遺言が可能になったと判断した時点で、速やかに普通方式による遺言をすべきある。もっとも、この場合、疾病等のため、遺言者自身による筆記が困難であったり、同人の筆記能力が失われていたりすることも多いと考えられる。このような場合には、全文の自書を要件としない公正証書遺言や秘密証書遺言の作成を検討することとなるであろう。

　普通方式による遺言が可能になった時とは、普通方式による遺言のうちいずれかをなしうるようになった時と考えられている（福岡高判平成19年1月26日判タ1242号281頁）。この事案では、危急状態を脱した後1年以上生存していた遺言者が、自書する能力を失っていたとしても、公正証書遺言をすることは可能であり、遺言者が公正証書遺言をなすにあたっての支障も認められないとして、危急状態を脱した時点から6か月経過した時点で当該遺言は失効したとされている。

3　遺言内容と文例

■　遺言事項

(1)　遺言事項法定主義

　法律上、遺言としての効力が認められるのは、民法やその他の法律で定められている事項に限られる。遺言事項を限定する趣旨は、遺言が遺言者の最終意思によって成立する相手方のない単独行為であるため、遺言事項を法定することによって、遺言の明確性を確保し、後日の紛争を予防することにある。

　もっとも、遺言書の中には法定遺言事項以外の事柄が記載される例が多い。たとえば、付言事項として相続人に対し遺留分を行使しない旨の希望が記載されたり、遺言者の死後の葬儀、埋葬の方法などについて記載される場合がある。これらの記載は、事実上の効果は別としても、遺言によって法的効果が認められるものではない。また、遺言者が、自己の債務整理のために自宅を売却して、売却代金を返済に充てる内容の遺言を作成したとしても、債務の精算目的の不動産売却行為は、遺言事項として法律に定められていないので遺言としては無効である。

(2)　遺言事項の分類

　民法をはじめとして法は、遺言事項をいくつか規定している。
遺言事項について、大まかに分類すれば、①身分上の事項に関する事項、②相続法規の修正に関する事項、③財産処分に関する事項、④遺言の執行に関する事項⑤その他の遺言事項に分けることができる。

　遺言事項には、遺言者が生前にもできる事項または遺言でしかなしえない事項、遺言執行が必要とされる事項または執行を要しない事項、遺言執行者の選任が必要的な事項または任意的な事項がある。表にまとめれば以下のとおりとなる。

1-3-1　遺言事項

	生前行為でもできるもの	遺言執行の要否	遺言執行者選任の要否
①身分上の事項に関する事項			
認知（民781条2項）	○	○	○
未成年後見人の指定、未成年後見監督人の指定（民839条1項、848条）	×	×	
②相続法規の修正に関する事項			
推定相続人の廃除および廃除の取消し（民893条、894条2項）	○	○	○
相続分の指定および指定の委託（民902条）	×	×	
遺産分割方法の指定および指定の委託（民908条）	×	×	
特別受益の持戻しの免除（民903条3項）	○	×	
相続人相互の担保責任の指定（民914条）	×	×	
遺留分侵害額請求の負担割合の指定（民1047条1項2号）	×	×	
③財産処分に関する事項			
遺贈（民964条）	○(生前贈与)	○	△（任意的）
特定財産承継遺言：いわゆる「相続させる」旨の遺言（民1014条2項）	×	○	△（任意的）
配偶者居住権の遺贈（民1028条1項2号）	×	○	△（任意的）
一般財団法人設立のための定款作成（一般法人152条2項）	○	○	○
信託法上の信託の設定（信託3条2号）	○	○	○
④遺言の執行に関する事項			
遺言執行者の指定および指定の委託（民1006条1項）	×	×	
⑤その他の遺言事項			
祭祀主宰者の指定（民897条1項但書）	○	○	
生命保険金受取人の変更（保険44条1項）	○	○	△（任意的）

② 実務上の留意すべき遺言内容と文例

遺言事項の中でも、実務上、特に頻繁に使用される遺言事項について、留意すべき点を以下解説し、それぞれの文例を掲載する。

(1) 特定財産承継遺言　いわゆる「相続させる」旨の遺言

❶ 「相続させる」旨の遺言の存在理由

特定の相続人に対し、特定の財産を承継させる場合、わが国の公正証書遺言の実務において、遺贈ではなく、「相続させる」旨の遺言が作成されてきた。これは、遺贈の方法によれば、所有権移転登記手続において、他の共同相続と共同して登記の申請手続を行わなければならず、また、登記手続に要する登録免許税も相続登記に比し高額となるため[1]、公証人の工夫により生まれた遺言の記載方法であった。

登記実務においては、「相続させる」旨の遺言があれば、相続登記と同様の取扱いがなされ、相続人の単独申請で所有権移転登記手続が行われ、また登録免許税も相続登記の場合と同額とされていた。

この「相続させる」旨の遺言の登記の法的性質については、判例、学説上、争いがあった。「相続させる」旨の遺言について、遺産分割方法の指定（民908条）であるとする遺産分割方法指定説、遺贈（同964条）と解する遺贈説、遺産分割の方法の指定であることを前提としつつ、その指定に遺産分割の効果を認め、その結果、相続開始と同時に特定の財産が受益相続人の単独所有に帰すると解する遺産分割効果説が主張された。しかし、最判平成3年4月19日（判時1384号24頁、いわゆる「香川判決」）が、遺産分割効果説を採用し、「相続させる」旨の遺言は、遺産分割方法を定めた遺言であるが、何らの行為を要せず、被相続人の死亡の時に遡って、直ちに当該遺産がその相続人に相続によって承継されると判示し、論争に終止符を打った。以後、実務では、平成3年最高裁判例以後、「相続させる」旨の遺言についていくつかの最高裁判例の集積を見るに至っている。

平成30年相続法改正において、最高裁判例の立場に立ち、「相続させる」旨

---

1) 平成15年4月1日の登録免許税法の改正前は相続の場合は1000分の6であるのに対し遺贈の登録免許税が課税標準額の1000分の25であった。

の遺言は、「遺産の分割方法の指定として遺産に属する特定の財産を共同相続人の一人又は数人に承継させる旨の遺言」すなわち「特定財産承継遺言」の名称で明文化された（民1014条2項）。令和元年（2019年）7月1日より施行された。

❷ 特定財産承継遺言と遺贈との相違点

両者には、以下の具体的相違がある。

ア 登記申請手続

遺贈の場合は、共同相続人との共同申請であり、遺言執行者が選任されていなければ、共同相続人全員の協力が必要になるが、特定財産承継遺言によれば、受益相続人の単独申請で足りる（不動産登記法60条、63条2項）。

イ 登録免許税

法定相続人に対する遺贈と相続人による相続登記と同一の税率が適用され、両者の違いはない。課税標準の1000分の4の登録免許税がかかる。

ウ 農地法3条の許可

農地の遺贈の場合は、農地法3条の農業委員会または知事の許可が必要であるが、特定財産承継遺言は、許可が不要である（農地法3条1項12号）。

エ 賃貸人の承諾

借地権や借家権の遺贈の場合には、賃貸人の承諾が必要であるが（民612条）、特定財産承継遺言は、承諾は不要である。

オ 第三者対抗要件の有無

不動産の遺贈の場合は、その物権変動を第三者に対抗するためには登記が必要である。これに対し、従来までは「相続させる」旨の遺言は、特段の事情のない限り、被相続人の死亡時に直ちに当該遺産が当該相続人に承継されるのであり、第三者に対し、登記なくして対抗できると解されてきた（最判平成14年6月10日判時1791号59頁）。しかし、平成30年相続法改正により、特定財産承継遺言によって、法定相続分を超えた財産を承継した相続人は、対抗要件として登記を備えなければ超過部分の取得を第三者に対抗できなくなった（民899条の2第1項）。この趣旨は、登記と実体の一致を図るとともに、取引の安全を図ることにある。令和元（2019）年7月1日以降に相続が開始した場合に対抗要件の具備が必要となる。

カ 所有権移転登記手続における遺言執行者の要否

遺贈の場合は、遺言執行者が選任されれば、遺言執行者が共同相続人に代

わって、所有権移転登記手続を行うことができる。これに対し、「相続させる」旨の遺言は、被相続人の死亡と同時に、特定の遺産が特定の相続人に相続により承継され、その者が単独で所有権移転登記を申請できるので遺言執行の余地がないと解されてきた（最判平成7年1月24日判時1523号81頁）。しかし、改正民法1014条2項により特定財産承継遺言の遺言執行者も登記手続ができることが明示され、遺言執行者の権限が明確となった。なお、施行日である令和元(2019)年7月1日より前に遺言が作成されている場合は、施行日以後に相続が開始しても遺言執行者は登記手続を行うことができない点に留意すべきである。

キ　代襲相続の有無

遺贈の場合は、受遺者が遺言者の死亡以前に亡くなった場合は遺言の効力が生じない（民994条1項）。

これに対して、特定財産承継遺言について、代襲相続の規定（民887条2項）を準用できるかどうかについて争いがある。

否定説は、遺言者の意思は、相続開始の時点で指定された特定の相続人に承継させるところにあり、その子に財産を承継させる意思があるかどうかまではわからない点は遺贈の場合と同様であるとして、代襲相続の規定の準用を否定する（札幌高決昭和61年3月17日判タ616号148頁、東京地判平成17年12月21日LLI/DB06434920、東京地判平成21年11月26日判時2066号74頁）。

肯定説は、遺産分割方法の指定は、指定された相続人の相続の内容を定めたものにすぎず、その相続は法定相続分による相続と性質が異なるものでないから、代襲相続の規定を適用ないし準用されるとする（東京高判平成18年6月29日判時1949号34頁）。登記実務は否定説の立場である（昭和62年6月30日付法務省民3第3411号民事局第3課課長回答）。

このような判例の状況の中で最判平成23年2月22日（判時2108号52頁）は、「『相続させる』旨の遺言は、当該遺言により遺産を相続させるものとされた推定相続人が遺言者の死亡以前に死亡した場合には、当該『相続させる』旨の遺言にかかる条項と遺言書の他の記載との関係、遺言書作成当時の事情および遺言者の置かれていた状況などから、遺言者が、上記の場合には、当該推定相続人の代襲者その他の者に遺産を相続させる旨の意思を有していたとみるべき特段の事情のない限り、その効果を生ずることはないと解するのが相当である」

と判示して否定説を採るに至った。したがって、遺言書を作成するにあたっては、受益相続人の死亡に備えて予備的に代襲相続人に相続させる旨を記載しておく必要がある。

1-3-2　予備的に「相続させる」旨の遺言

第〇条　遺言者は、遺言者が所有する次の不動産を遺言者の長男甲野一郎に相続させる。

不動産の表示　（省略）

第〇条　万一、遺言者より前にまたは遺言者と同時に長男甲野一郎が死亡していたときは、遺言者は、前条記載の財産を遺言者の孫甲野健太（東京都〇〇区〇〇△丁目△番△号、平成〇年〇月〇日生）に相続させる。

❶　遺言作成上の留意点①「相続させる」と「遺贈する」との文言

遺言書を作成するにあたって、原則として、特定の財産を特定の相続人に承継させる場合は、「相続させる」との文言を用いる。相続人以外の第三者に承継させる場合は「遺贈する」と記載する。

なお、遺言者が、自筆証書遺言において、相続人に対し、「取得させる」「承継させる」「譲渡する」「与える」との文言を用いている場合、遺言者の意思としては、「相続させる」趣旨の遺言と解釈されるであろう。これに対し、相続人以外の第三者に対し、「相続させる」との記載を用いた場合は、遺贈の趣旨と解される余地がある。

❸　特定財産承継遺言の具体的態様における問題点

ア　特定財産承継遺言が遺留分を侵害する場合

遺産の分割方法の指定として遺産に属する特定の財産を共同相続人の1人または数人に承継させる旨の遺言（特定財産承継遺言）が他の相続人の遺留分を侵害する場合がある。弁護士は、将来の紛争をできる限り回避できるよう、遺言書上に次のような工夫をすべきである。

一つは遺言書の中に付言事項として、相続人に対し、特定の相続人に対し遺産を多く与える理由と遺留分侵害額請求をしないことを希望する旨を記載することである。相続人が遺言書から遺言者の思いをくみ取り、遺言の内容に納得する場合もある。

しかし、どうしても他の共同相続人からの遺留分侵害額請求が避けられない場合は、あらかじめ遺言の中で遺留分侵害額請求の負担割合を指定する方法も考えられる（民1034条ただし書）。たとえば、複数の受遺者または複数の受贈者が存在し、その贈与が同時になされたものであるときは、受遺者または受贈

者はその目的の価額の割合において負担することになるが、遺言者が侵害額請求の負担割合を指定するなどし、将来の紛争が複雑にならないような手だてをしておくべきである。

なお、遺留分侵害額請求の方法の指定は、遺贈より贈与を先に請求するなど、贈与と遺贈の遺留分侵害額請求方法の順序（民1047条1項1号）を変更することはできない。また、時期の古い贈与を新しい贈与より先に請求するなど、贈与の遺留分侵害額請求方法の順序（民1047条1項3号）を変更できないことは言うまでもない。

1-3-3　遺留分侵害額請求をしないことを希望する付言

第〇条（付言）
　　私の遺産のすべてを長女春子に相続させ、長男一郎と二男二郎に遺産を分けなかった理由は次のとおりです。
　　一郎については、私の存命中、事業資金として多額の援助を行い、また、銀行に対する借入金の返済も肩代わりしてあげました。また二郎については、家を新築するときに家の購入資金の援助を行いました。そして二人とも今では仕事も順調にやっており、家庭人としても立派に生活しています。これに対して、長女の春子は、離婚後2人の子供を引き取り、一人で育てる傍ら、私と同居し、長年、私の介護を献身的におこなってくれました。私亡き後、春子と孫たちがこの家を出て行くようなことになれば、春子らは生活ができなくなってしまいます。このような事情を考えて、今回、このような遺言書を作成しました。一郎、二郎とも私の気持ちを理解して、兄弟間で遺産争いをしないようにお願いします。どうか、春子のために二人とも遺留分を放棄してください。

1-3-4　遺留分侵害額請求の負担割合の変更

第〇条　遺言者は、遺留分の侵害額請求は、まず、前条により長男春夫に対して請求すべきものとし、なお遺留分侵害額に満たない場合は、不足分を二男夏夫に請求すべきものと定める。

❗ 平成30年相続法改正（詳細については本章8⑶❹参照）

　平成30年改正により、旧法の遺留分減殺請求は、金銭債権に一本化され、その名称も遺留分減殺請求から、遺留分侵害額請求に改められた（施行日は令和元年（2019年）7月1日）。従来は、遺留分減殺請求権の行使により、物権的効果が生ずるものとされ、減殺の対象財産が複数存在するときは、権利行使の結果、それぞれの財産について共有関係が生ずることになり、その解消手続は共有物分割の手続によらざるをえなかった。そのため事業用財産を承継した事業承継者は、遺留分権利者から減殺請求を受け

ると円滑な事業承継が妨げられ、また自宅を承継した相続人は、自宅が遺留分権利者と共有状態となり、自宅を単独相続させようとした遺言者の生前の意思にそぐわない結果となった。今回の改正は、これらの問題点を解消すべく、遺留分の権利行使の効果につき、物権的効果の発生ではなく、遺留分侵害額に相当する金銭債権が発生するにすぎないものと改正された（民1046条1項）。したがって、遺言書作成にあたっても、「遺留分減殺請求」ではなく「遺留分侵害額請求」との名称を使用すべきであり、また従来の減殺の順序の変更は、遺留分侵害額の負担割合の変更とされることに留意すべきである。

　また、遺留分の基礎となる財産の算定において、相続人以外に対する贈与は旧法どおり、相続開始前の1年間にされたもののみが参入されるが、相続人に対する贈与は、当事者双方に害意のない限り、相続開始前の10年間になされた相続人に対する婚姻・養子縁組のためまたは生計の資本としての贈与に限定されることとなった（民1044条3項）。従来の判例実務は、相続人に対する特別受益となる贈与は過去に遡って無限定に参入されていたため、何十年も前の相続人に対して行った贈与の存在により、遺留分算定の基礎となる財産の価額が変動し、その結果、第三者である受贈者または受遺者に対する減殺の範囲が変動し、第三者の法的安定性を害するとの問題が指摘されていた。今回の改正は、かかる問題を解消したものであった。さらに、新法では負担付贈与の取扱い（民1045条1項）や不相当な対価による有償行為の取扱いも規定され（民1046条2項）、遺留分侵害額の計算方法に関する規定が整備された。新法の計算方法の考え方は、基本的には最判平成8年11月26日（民集50巻10号2747頁）の判例の遺留分侵害額の計算方法を明文化したものである。弁護士は、遺言作成にあたって、遺留分を侵害しているかどうかを判断する上で、正確な遺留分の計算方法に精通する必要がある。

イ　負担付き特定財産承継遺言

　負担付き特定財産承継遺言は、受益相続人に対し、遺産を相続させる代わりに、配偶者を扶養させるなどの負担を負わせる遺言である。この場合、負担付き遺贈の規定が準用されると考えられている。

　たとえば、受益相続人は、負担付き特定財産承継遺言により、利益を享受するか、放棄するかの選択ができる（民986条1項）。負担付き遺贈を受けた相続人が、負担の履行をしない場合には他の相続人が相当の期間を定めて履行の請求をすることができる。多数説は、受益相続人が期間内に履行しないときは、民法1027条を準用して、家庭裁判所に負担付き特定財産承継遺言の取消しを請求できるとされている。

> 第〇条　遺言者は、次の不動産を長男一郎に相続させる。
> 　　　　　　不動産の表示　（省略）
> 第〇条　長男一郎は前条の財産を相続することの負担として、妻花子が死亡するま
> 　で同人と同居し、扶養すること。

ウ　相続財産の一部について特定財産承継遺言がなされた場合の問題点

　相続財産の一部について、特定の相続人に対し、特定財産承継遺言がなされた場合、特定の相続人は他の共同相続人とともに残余財産の分割に参加できるか、参加できるとしてどの範囲で遺産分割にあずかれるか、遺言によって取得した特定の遺産が特定の相続人の法定相続分を超えていた場合、超過部分の清算を必要とするかが問題となる。

　まず、特定の遺産が、法定相続分を下回る場合は、遺言者が、他の遺産を取得することまで禁止する意思が認められるような特段の事情のない限り、相続分の指定を伴わないと解すべきであり、この場合、特定の相続人は残余財産の分割に参加し、法定相続分に満つるまで残余財産からの分配にあずかることができる。この場合、遺言によって取得した特定の財産は、遺贈と同様に特別受益（民903条）として扱われることになる。

　特定の遺産が特定の相続人の法定相続分を超える場合は、超過部分について清算を要しないと考えるのが遺言者の意思に合致する。遺言者としては、通常、特定の相続人に対し、他の共同相続人に優先して特定の遺産を単独で相続させる趣旨で遺言を作成しているからである。したがって、特定財産承継遺言は、相続分の指定を伴っていると考えるのが合理的である。特定の相続人は、超過部分について、他の共同相続人に対し、代償金を支払う必要もなく、その超過分は、他の共同相続人の負担となる（民903条2項）。

❶　遺言作成上の留意点②遺産分割の余地を残さない遺言書の作成

　遺産の一部についてのみ特定財産承継遺言を作成した場合、上記のように、残余財産について、分割協議に参加できるか、また分割の割合等について各相続人間で疑義が生じるおそれがある。実務的には、遺産すべてを各相続人に割付けをして、遺産分割を要する残余財産を残さないよう心がけるべきである。「その他一切の財産を〇〇に相続させる」との表現を用いるなどの工夫が有用である。もっとも、すべての遺産を割り付けた結果、各相続人間で取得する財産に格差が生じた場合は、多くの遺産を取

得した相続人に対し、金銭を支払わせるとか、債務のある場合は債務の弁済を負担させるなどの調整をするのが望ましいであろう。

エ 「相続させる」旨の遺言と寄与分との関係

特定の相続人に特定財産承継遺言がなされたとき、相続財産につき、他に寄与者が存在した場合、特定相続人は寄与分に影響されるか。

民法904条の2第3項は、「寄与分は、被相続人が相続開始の時において有した財産の価額から遺贈の価額を控除した残額を超えることができない」と定め、遺贈を寄与分に優先している。特定財産承継遺言は、特定の財産を他の共同相続人に優先して特定の相続人に単独で承継させる趣旨であるので、かかる趣旨からすれば、遺贈と同様、寄与分に影響されないと解される。特定財産承継遺言がすべての遺産についてなされている場合は、寄与者は寄与分を主張する余地がない。

オ 胎児への特定財産承継遺言

胎児は、相続については、すでに生まれた者とみなされる（民886条1項）。

1-3-6 胎児への遺言

第〇条 遺言者は、遺言者の妻花子が懐胎している胎児に下記預金債権を相続させる。
預金債権の表示 （省略）

(2) 配偶者居住権を遺贈する遺言

配偶者居住権とは、相続人となる配偶者が相続人の財産に属した建物に相続開始の時に居住していた場合に、配偶者が原則として終身の間継続して無償で当該居住建物全部を使用および収益することのできる権利をいう（民1028条1項本文）。配偶者居住権は、平成30年相続法改正において新設された法定の権利である（施行日は令和2年（2020年）4月1日）。

配偶者居住権創設前において、配偶者が相続開始後、引き続き居住建物に居住することを希望するときは、配偶者は当該建物を遺産分割により取得するか、建物を相続した相続人との間で賃貸借契約か使用貸借契約を締結するほかなかった。しかし、前者による方法では、不動産の価値が相続財産に占める割合が大きく、配偶者が不動産以外の預貯金を取得することが難しく老後の生活に支障をきたすおそれがあり、また後者の方法によれば、相続人との間で賃貸借契約等を締結できるかどうか定かでなく、配偶者の居住権が不安定となるお

それがある。そこで、新法は、配偶者の老後の安定した生活を確保させるため配偶者居住権を創設したのである。

配偶者居住権は、遺産分割協議（民1028条1項1号）、遺言または死因贈与契約（同項2号、民554条）、家庭裁判所の審判（民1029条）によって取得することができる。なお、遺言によって配偶者居住権を配偶者に遺贈する場合は、配偶者居住権に関する規定の施行日である令和2年（2020年）4月1日以降に遺言書を作成しなければならず、それより前に作成された場合は、同施行日以降に相続が開始しても配偶者居住権に関する規定が適用されないことに注意を要する。

相続人が配偶者と被相続人の先妻の子であるケースでは、被相続人の死後、居住建物の所有権の帰属や居住権をめぐって争いとなるケースが想定され、あらかじめ遺言によって、配偶者のために配偶者居住権を設定しておくことが有益である。

遺言の記載方法として、配偶者居住権を「遺贈」によって取得させることが明確となるよう記載すべきである。「相続させる」旨の遺言では、配偶者が配偶者居住権の放棄を希望するときは、相続そのものを放棄しなければ配偶者居住権を放棄できないとも解される余地があるからである。このような疑義を避けるため「遺贈する」との文言を使用することが望ましいと思われる。

また、配偶者が存続期間中に老人ホームに入所するなどの事情が発生し、配偶者居住権を放棄する場合の財産的価値の回収の方法を記載しておくことも将来の紛争防止という見地から必要である。

なお、配偶者居住権者は、配偶者の居住建物の所有者に対し、配偶者居住権の設定登記手続を請求することができる（民1031条1項）。登記手続は配偶者と居住建物の所有者との共同申請で行う。配偶者居住権者は、登記なくしては第三者に対して配偶者居住権を対抗できない（同条2項）。

1-3-7　配偶者居住権を遺贈する遺言

第〇条　遺言者は、次の不動産（以下「本件不動産」という）を長男一郎に相続させる。
　　　　　不動産の表示（省略）
第〇条　遺言者は、妻花子に対し、本件不動産のうち、妻花子が居住している建物（以下「本件居住建物」という）につき、存続期間を妻花子の終身の間とする配偶者居住権を遺贈する。

> 第〇条　長男一郎は、妻花子が本件居住建物について、存続期間の途中で配偶者居
> 　　住権の放棄を希望するときは、放棄時における相続税評価額で本件配偶者居住権
> 　　を買い取るものとする。
> 第〇条　長男一郎は、妻花子に対し、本件居住建物について、第三者に使用又は収
> 　　益させることを認める。

(3)　遺贈

❶　遺贈の意義

　遺贈とは被相続人が遺言によって、無償で自己の財産を他人に与える処分行為である（民964条）。遺贈は、相手方のない単独行為であり、かつ死後行為である。この点、贈与者の死亡によって効力が生ずる点で死因贈与契約と似ているが、死因贈与契約が相手方のある契約であり、かつ生前行為である点で異なる。

　遺贈には、特定遺贈と包括遺贈とがある。特定遺贈とは、受遺者に与えられる目的物や財産上の利益が特定された遺贈であり、包括遺贈は、遺産の全部または一定割合で示された部分の遺産を受遺者に与える処分行為である。

❷　受遺者

　遺贈によって相続財産を与えられた者であり、自然人に限らず、法人でもよい。受遺者は、相続人でも、それ以外の第三者でもよい。ただし、受遺者は、遺贈が効力を生ずる遺言者死亡時に生存していなければならない（民994条1項）。胎児も受遺者となることができる（民965条、886条）。

　受遺者を誰にするかの決定を第三者に委ねることができるかが問題となる。受遺者が誰であるかは遺言の内容の基本的部分であり、これを無限定に第三者に委ねるのは遺言代理禁止の原則に反する。

　判例は、「遺産は一切の相続を排除し、全部を公共に寄与する」旨の自筆証書遺言につき、公益目的を達成することができる団体等に全遺産を包括遺贈する趣旨と解し、「本件においては、遺産の利用目的が公益目的に限定されている上、被選定者の範囲も前記の団体等に限定され、そのいずれが受遺者として選定されても遺言者の意思と離れることはなく、したがって、選定者における選定権濫用の危険も認められない」ので当該遺言を有効と判示している（最判平成5年1月19日民集47巻1号1頁）。

❗ 遺産を公共団体に遺贈する場合

遺言者が自己の財産を公共の団体に遺贈し、受遺者の指定を遺言執行者に委ねる場合は、受遺者である団体の範囲を限定する必要がある。

1-3-8　公益団体への遺贈

第○条　遺言者は下記不動産を、社会福祉事業の充実、発展に役立てるため、国、地方公共団体、その他の社会福祉を目的とする公益団体に遺贈し、受遺者の選定は、遺言執行者に委託する。

不動産の表示　（省略）

❸ 遺贈義務者

遺贈に伴う手続や行為を実行すべき義務を負う者である。遺言執行者が存在する場合は遺言執行者が遺贈義務者となる（民1012条、1013条）。

❹ 特定遺贈

特定遺贈とは、受遺者に与えられる目的物や財産上の利益が特定された遺贈である。

特定遺贈は遺言者の死亡によってその効力が生じる（民985条1項）。判例（大判大正5年11月8日民録22輯2078頁）は、特定物の遺贈につき「遺贈の対象となる権利は遺贈の効力発生と同時に当然に受遺者に移転する」（物権的効力）と判示している。これに対して、金銭や不特定物の遺贈の場合は、受遺者は遺贈義務者に対し、目的物を特定して引き渡せと請求する権利を有するにすぎない（債権的効力）。

なお、目的物の所有権が遺言の効力発生と同時に受遺者に移転したとしても、遺贈による物権変動を第三者に対抗するためには、対抗要件を備えることが必要である（最判昭和39年3月6日判時369号20頁）。

1-3-9　特定遺贈

第○条　遺言者は、遺言者の有する下記預貯金を、遺言者の姪甲野愛子（昭和○年○月○日生、東京都○○区○○△丁目△番△号）に遺贈する。

預貯金の表示　（省略）

❗ 受遺者の特定

遺言において受遺者を特定することを忘れてはならない。世の中には同姓同名の人

間や、同じ商号の会社が多数存在する。したがって、文例のように自然人の場合は、氏名、住所、生年月日、被相続人との続柄等を記載し、受遺者を特定する。法人の場合は、商号、本店所在地、設立年月日などで特定する。

❺ 包括遺贈

包括遺贈は、遺産の全部または一定割合で示された部分の遺産を受遺者に与える処分行為である。

ア 全部包括遺贈

相続財産のすべてを受遺者に取得させる遺贈である。

1-3-10 全部包括遺贈

> 第○条 遺言者は、遺言者の有する財産の全部を、遺言者の内縁の妻戊原冬子（昭和○年○月○日生、東京都○○区○○ △丁目△番△号）に包括して遺贈する。

イ 割合的包括遺贈

相続財産の○分の1という割合で受遺者に取得させる遺贈である。

1-3-11 割合的包括遺贈

> 第○条 遺言者は、遺言者の財産の3分の1を遺言者の甥甲野健一（昭和○年○月○日生、東京都○○区○○ △丁目△番△号）に包括して遺贈する。

ウ 包括遺贈の効果

包括受遺者は、相続人と同一の権利義務を有する（民990条）。包括受遺者は、受遺分に応じて、遺贈者の一身に専属したものを除き、遺贈者の財産に属した権利義務を包括的に承継する（民896条）。また他に相続人がある場合は、遺産につき共有関係に立ち（民898条）、遺産共有関係を解消するためには遺産分割の手続が必要となる（民907条）。

包括受遺者は、相続人と同様に、相続の放棄・承認に関する規律（民915条以下）によって処理されるので、遺贈を放棄したり、単純承認したり、限定承認したりすることができる。遺贈の放棄・承認を定めた民法986条は包括遺贈には適用されず、自己に包括遺贈があったことを知った時から3か月以内に限定承認または相続放棄をしなかったとき、単純承認をしたものとみなされる（民915条、921条3項）。

❗ 包括遺贈の記載の仕方

　実務上、遺贈が特定遺贈であるか、包括遺贈であるかは、被相続人の債務の承継の有無、相続財産の分割方法等において、大きな違いが生ずる。包括遺贈の遺言を作成する場合は、遺言書作成時に解釈の余地のないように明確に表示することが必要である。包括遺贈の場合は、文例のように「包括して」との文言を入れるべきである。

❗ 遺言者の真意は特定遺贈か包括遺贈か

　弁護士が依頼者より相続人以外の第三者に自己の財産のすべて、またはその何割かを遺贈したい旨相談を受けた場合、受任弁護士としてはどのような遺言内容とすべきか。依頼者は包括遺贈と特定遺贈の区別を意識していない。依頼を受けた弁護士としては、包括遺贈であれば、受遺者に債務が承継されること、割合的包括遺贈であれば相続人と遺産分割協議や審判の必要のあることなどを説明して、遺言者の真意を確認した上で、遺言者が包括遺贈を望まない場合は、目的物を特定して特定遺贈の遺言を作成すべきである。

❻　後継ぎ遺贈

　後継ぎ遺贈とは、遺言の効力発生後、受遺者が死亡した後、遺言者の指定する者に遺贈の目的物を与える遺贈をいう。たとえば、第一次的にＹに遺産を遺贈し、遺言の効力が発生したのち、Ｙが死亡した場合、Ｙの相続人Ａではなく、第二次的に遺言者の指定するＸに遺贈させるとの内容の遺言である。

　後継ぎ遺贈の効力をめぐっては、争いがある。これを無効とする考えが支配的とされる。その理由とするところは、後継ぎ遺贈を有効とすれば、第一次遺贈の受遺者の所有権が期限付き所有権となり物権法定主義（民185条）に反すること、第一次遺贈の受遺者が生前に、債権者から遺贈の目的物を差し押さえられた場合、受遺者の死後、差押債権者と第二次遺贈の受遺者との関係が不明確である等が挙げられる。

　最判昭和58年3月18日（判時1075号115頁）は、後継ぎ遺贈について遺言の解釈の問題としてとらえ、遺言の解釈の一般論を述べた上で、「本件遺言書によるＹに対する遺贈につき遺贈の目的の一部である本件不動産の所有権をＸらに対して移転すべき債務をＹに負担させた負担付遺贈であると解するか、また、Ｘらに対しては、Ｙ死亡時に本件不動産の所有権がＹに存するときには、その時点において本件不動産の所有権がＸらに移転するとの趣旨の遺贈であると解するか、更には、Ｙは遺贈された本件不動産の処分を禁止され実質上は

本件不動産に対する使用収益権を付与されたにすぎず、Xらに対するYの死亡を不確定期限とする遺贈であると解するか、の各余地も十分にありうるのである。」として第一次遺贈の条項は遺贈利益が不確定ゆえに効力がないと判示した原判決を破棄差戻した。

❶ 後継ぎ遺贈は避けるべき

弁護士が遺言書作成に関わる以上は、たとえ、依頼者より、後継ぎ遺贈の趣旨の依頼を受けても、後継ぎ遺贈の条項を入れるべきではない。将来、その有効性をめぐって、相続人らとの間で紛争が生じるからである。弁護士としては、第一次遺贈の受遺者にあらためて、将来遺贈を受け取得した遺産につき、遺言者の指定する者に遺贈させる旨の遺言を作成させるなどの手だてを考えるほかない。なお、信託法に、後継ぎ遺贈的な役割を果たす制度として、後継遺贈型の受益者連続信託（信託91条）が認められているので、このような信託を利用することも考慮すべきである。

❼ 公序良俗に反する遺贈

遺贈も法律行為であり、公序良俗に反した遺贈は無効である（民90条）。この点、不倫関係にあった女性に包括遺贈した遺言が公序良俗に反するかどうか争いとなった事案がある。

最判昭和61年11月20日（判時1216号25頁）は、遺言者が不倫相手に遺産の3分の1を包括遺贈した事案において、遺言者と女性との生活状況や交際期間の長短、遺言者夫婦の婚姻関係の破綻の程度、遺贈の割合等を総合的に考慮して「本件遺言は不倫な関係の維持継続を目的とするものではなく、もっぱら生計を亡Aに頼っていた被上告人の生活を保全するためにされたものというべきであり、また、右遺言の内容が相続人らの生活の基盤を脅かすものとはいえないとして、本件遺言が民法90条に違反し無効であると解すべきではない」と判示した。なお、婚姻関係が破綻する原因となった女性に対する全財産の包括遺贈が公序良俗に反し、無効とされた判例もある（東京地判昭和63年11月14日判時1318号78頁）。近時の判例の傾向からすれば、いわゆる内縁的重婚関係で法律婚が事実上破綻している場合は、不倫相手に対する包括遺贈が公序良俗に反するものではないと判断されるものと思われる。

❶ 不倫相手への遺贈

不倫関係にあった女性に遺産を遺贈する場合は、前記最高裁判例を考慮して、不倫

相手との交際期間の長短、遺言者夫婦の婚姻関係が事実上破綻しているかどうか、遺言者が妻子の生活にどの程度配慮しているかどうか、遺贈の目的が女性の生活を保全するためかどうか等を考慮しながら、後日、相続人から公序良俗違反の無効を主張されないよう配慮すべきである。また、不倫相手に包括遺贈をした場合、遺言執行の際、相続人と事実上紛争が生ずるおそれが高いので特定遺贈とすべきである。

❽ 死因贈与

死因贈与は、贈与者の死亡によって効力が生ずる贈与契約である。死因贈与は、贈与者と受贈者間の契約であり、かつ生前行為である点で遺贈とは異なる。しかし、贈与者の死亡によって効力が生ずる点で遺贈と共通しているので、「その性質に反しない限り、遺贈に関する規定を準用する」(民554条)とされている。判例は、遺言の方式に関する規定の準用を否定し(最判昭和32年5月21日判タ73号51頁)、また遺贈の承認、放棄の規定の準用も否定している(最判昭和43年6月6日判時524号50頁)。判例上、遺贈の規定が準用されるか問題となるものとして以下の規定が挙げられる。

ア 受遺者の死亡による遺贈の執行に関する民法994条の準用の可否

下級審判例は分かれており、これを肯定し死因贈与契約は効力を失うとするもの(東京高判平成15年5月28日判時1830号62頁)と同条の準用を否定しその効力を失わないとするもの(京都地判平成20年2月7日判タ1271号181頁)がある。最高裁の判断はいまだなされていない。

イ 遺言執行者の選任に関する民法1010条の規定の準用の可否

判例は死因贈与契約についても、死因贈与が契約である旨の一事をもって、民法554条の適用を排し遺言執行者の選任を拒否するのは相当でないとし、遺言執行者を選任することができるとした(東京高決平成9年3月17日家月49巻9号108頁)。公正証書による死因贈与契約については、実務上、遺言執行者を選任できるとされている(昭和37年7月3日最高裁家庭局長回答)。

ウ 遺言の撤回に関する民法1022条の規定の準用の可否

最判昭和47年5月25日(判時680号40頁)は、死因贈与の取消について、遺贈と同様に贈与者の最終意思を尊重すべきとして、民法1022条、1023条の準用を認め、死因贈与はいつでも撤回できるとした。しかし、負担付死因贈与においては、最判昭和57年4月30日(判時1042号96頁)は、負担の全部または一部の履行がなされた場合は、贈与者の最終意思を尊重する余り受贈者の利

益を犠牲にすることは相当でないとして、特段の事情がない限り撤回できない
としている。

1-3-12　死因贈与契約書

死因贈与契約書

贈与者甲野太郎と受贈者戊原五郎は、次のとおり死因贈与契約を締結する。

第1条　贈与者甲野太郎は、令和〇〇年〇〇月〇〇日その所有する下記物件を無償
　　　で受贈者戊原五郎に贈与することを約し、受贈者はこれを受託した。

　　　　　　　　贈与物件の表示　（省略）

第2条　前条の贈与は、贈与者の死亡によって効力を生じ、死亡と同時に上記の物
　　　件の所有権は受贈者に移転するものとする。

第3条　贈与者は、贈与物件について受贈者のため所有権移転請求権保全の仮登記
　　　をなすものとし、受贈者がこの登記手続を申請することを承諾した。

第4条　贈与者は、本契約の執行者として次の者を指定する。

　　　住　所　　東京都〇〇区〇〇　△丁目△番△号　〇〇ビル〇階

　　　　　　　　　　　　　　　丙山法律事務所

　　　　　　　　　　　　　　　丙　山　良　一

　　　　　　　住　所　東京都〇〇区〇〇　△丁目△番△号

　　　　　　　　　　　　　　　贈与者　甲　野　太　郎　㊞

　　　　　　　住　所　東京都〇〇市〇〇町△丁目△番△号

　　　　　　　　　　　　　　　受贈者　戊　原　五　郎　㊞

(4)　相続法規の修正に関する遺言事項

❶　推定相続人の廃除・取消し

ア　制度の概要

　推定相続人の廃除の制度とは、遺留分を有する推定相続人に、一定の廃除事
由が認められるとき、被相続人の意思により、推定相続人から相続権を略奪す
る制度である（民892条）。廃除事由は、被相続人に対する虐待、重大な侮辱、
または著しい非行である。相続人は生前に家庭裁判所に廃除を請求することが
できるし、遺言によっても廃除の意思表示ができる。遺言による場合は、遺言
執行者が家庭裁判所に廃除の請求をする（民893条）。廃除の取消も被相続人
は生前でも遺言によってもできる（民894条）。廃除の審判がなされたとき相
続人は、相続権を失う。

　遺言の記載が推定相続人を廃除する意思であるかどうか問題となる場合があ

る。特に自筆証書遺言に「長男には相続させない」と記載した場合、単に相続分をゼロと指定する趣旨か、遺留分まで略奪する趣旨で廃除まで求めているのか争いが生ずる余地がある。廃除の効果が遺留分まで否定することに鑑みれば、遺言による廃除の趣旨であると解することには慎重を期すべきである。

イ 判例上、相続人の廃除が認められた事例

妻と別居し、長期間愛人と生活してきた夫が、妻に婚姻費用の分担金やその他の財産を供与していたとしても、がんの闘病生活を続ける妻の面倒を子らに任せていた夫は、明らかに精神的に妻を遺棄したものであり、不貞行為と相まって相続的共同関係を破壊する著しい非行に該当するとした事例（名古屋家審昭和61年11月19日家月39巻5号56頁）、過去に申立人に継続的に暴力を加え、現在に至るまで申立人に精神的障害ないし人格異常があるとの主張や行動を繰り返すほか、無断で申立人の多額の貯金を払い戻し取得したにもかかわらず返済の意思がない場合に申立人に対する虐待、重大な侮辱および著しい非行に該当するとした事例（和歌山家審平成16年11月30日家月58巻6号57頁）、また、被相続人が70歳を超えた高齢であり介護が必要な状態であったにもかかわらず、その介護を妻に任せたまま出奔した上、父から相続した田畑を被相続人や子らに知らせぬまま勝手に売却し、妻との離婚後もその所在を明らかにせず、扶養料も支払わなかったため、悪意の遺棄に該当するとともに相続的共同関係を破壊するに足りる著しい非行にあたるとした事例（福島家審平成19年10月31日家月61巻4号101頁）などがある。

1-3-13 推定相続人の廃除

> 第○条 遺言者は、遺言者の妻甲野花子を下記の理由により、遺言者の推定相続人から廃除する。
>
> 記
>
> 妻甲野花子は、遺言者が病気療養中の際に、不貞行為を繰り返した上、遺言者に対し、離婚の申し入れを行いこれに遺言者が反対すると、遺言者や子供を捨て家出し、現在に至るまで不倫相手と同棲するなど著しい非行があるので、遺言者は同女を推定相続人から廃除する意思を表示する。

❗ 遺言書に記載する廃除事由

遺言により廃除の意思表示をする場合は、廃除の事由について簡潔に記載すべきである。また、遺言書に必ず、遺言執行者を指名しておかなければならない。遺言書に

記載すべき廃除事由は簡潔なものである。そこで、遺言者は、遺言書とは別に将来の審判に備えて、具体的かつ詳細な廃除の事実や遺言者の心情を記載した書面をあらかじめ作成しておき、公証人役場で宣誓の上、供述の内容が真実であることを認証しておくことも有益であるとされている。

❷ 相続分の指定・委託

被相続人は、遺言で相続分を指定することができ、また、相続分の指定を第三者に委託することができる（民902条1項）。

相続分の指定は、割合的に指定される場合があれば、特定の遺産を特定の相続人に相続させる旨の特定財産承継遺言をすることによって、あわせて相続分の指定をする場合もある。

遺言の効力が発生したとき、当然に指定された相続分が法定相続分に優先し、遺産分割協議の前提となる。この場合、遺言執行の余地はない。

また、遺言者は、共同相続人全員に対してではなく、その1人または数人について相続分を指定することができる。この場合、他の相続人は残余の財産について、法定相続分に従って相続することになる（民902条2項）。その際、他の相続人に配偶者が存在していた場合、配偶者の相続分が、全体の財産の2分の1か、残余財産の2分の1になるか争いがある。

1-3-14 共同相続人全員に対する相続分の割合的指定

第○条　遺言者は次のとおり相続分を指定する。 　　　　妻　　甲野花子（昭和○年○月○日生）　　　6分の2 　　　　長男　甲野一郎（昭和○年○月○日生）　　　6分の3 　　　　二男　甲野二郎（昭和○年○月○日生）　　　6分の1

❶ 全相続人に対する相続分の指定

共同相続人の一部について相続分を指定することは、上記のような疑義を生ずる場合があるので、相続人全員の相続分を指定することが望ましい。

❸ 特別受益の持戻し免除

遺言者は、遺言で、特別受益にあたる贈与の額を遺産に加えないものとすることができる（民903条3項）。平成30年相続法改正により、「遺留分に関する規定に違反しない範囲内で」という文言が削除された。また、同改正により、婚姻期間が20年以上の夫婦の一方である被相続人が、他の一方に対し、その

居住の用に供する建物または敷地について遺贈または贈与したときは、当該被相続人は、その遺贈または贈与について持戻しの免除の意思表示をしたものと推定されるとした（民903条4項）。施行日である令和元（2019）年7月1日より前に遺言が作成された場合は持戻し免除の推定規定が適用されないので、同指定規定の適用を受けるためには施行日以降に改めて遺言書を作成しなければならない。

1-3-15　特別受益の持戻免除

第〇条　遺言者は、長女甲野春子に婚姻に際し1000万円贈与してあるところ、同女は離婚し、2人の幼子を養育し、家計が苦しい状況であることを考慮して、相続分算定にあたっては、前記贈与がなかったものとして査定すべきである。

❹　遺産分割方法の指定・委託

　遺言者は、遺言で、遺産分割方法を定めることができる。また、第三者に遺産分割方法を定めることを委託できる（民908条）。遺言の効力が発生すると、特定の相続人が特定の遺産を承継するためには遺産分割協議が必要であり、遺言者の指定する遺産分割方法の定めに従って遺産分割協議が行われることになる。

　なお、共同相続人が、遺言者の指定した遺産分割方法の指定と異なる遺産分割協議を成立させた場合、その遺産分割協議は有効であるとされている（通説）。

1-3-16　遺産分割方法を全般的に指定

第〇条　遺言者は、遺言者の遺産分割協議において次のとおり、分割の方法を指定する。
　1　遺言者が所有する次の不動産を長男一郎が取得し、この場合、長男一郎は、次の不動産に関する一切の負債を支弁し、他の相続人には負担させないものとする。
　　　　不動産の表示　（省略）
　2　二男二郎と長女春子は、次の不動産を南北に二等分し、南側を二男二郎に、北側部分を長女春子にそれぞれ取得させる。
　　　　不動産の表示　（省略）

第○条　遺言者の有する財産をすべて換価し、その換価金の中から遺言者が負担し
　　ていた一切の債務を弁済し、かつ遺言執行に関する諸費用を控除した残金を、下
　　記の者に対し、下記の割合で配分する。
　　　　　　妻　　甲野花子（昭和○年○月○日生）　　　6分の2
　　　　　　長男　甲野一郎（昭和○年○月○日生）　　　6分の3
　　　　　　二男　甲野二郎（昭和○年○月○日生）　　　6分の1

＊清算型の分割方法を指定する遺言である。この場合、遺言執行者を指定しておく
　ことが望ましい。

❗ 遺言者の意思と特定財産承継遺言

　現行民法において、遺産について規定している遺言事項には、遺贈（民964条）、相
続分の指定（民902条）、遺産分割方法の指定（民908条）などがある。しかし、遺言
者としては、共同相続人間の遺産分割協議を待たずに、遺言の効力発生と同時に特定
の遺産を特定の相続人に単独で相続により承継させる意思の場合が多い。

　遺言書の作成にあたっては、遺言者が、遺言において遺産分割方法の大枠を示すだ
けで、具体的に相続人らの遺産分割協議に委ねているような特段の事情が認められな
い限り、相続分の指定や遺産分割方法の指定にとどまる遺言書ではなく、特定の財産
を共同相続人の数人または1人に承継させる旨の特定財産承継遺言を作成することが
遺言者の意思にかなうであろう。

❺　遺産分割の禁止

　遺言者は、遺言によって、相続開始の時から5年を超えない期間を定めて遺
産の分割を禁止することができる（民908条）。

1-3-18　遺産分割の禁止

第○条　遺言者は、遺言者の預金全部について、その分割を相続開始の時から5年
　　間禁止する。

---

❻　共同相続人の担保責任の減免・加重

　各共同相続人は、他の共同相続人に対し、売主と同じく、その相続分に応
じて担保の責任を負う（民911条）。ただし、遺言で、担保責任を軽減したり、
免除することができる（民914条）。

> 第○条　各相続人が取得した財産について、数量不足、毀損その他の瑕疵があった
> ときは、その担保責任はすべて長男甲野一郎が負い、妻甲野花子は一切負わない
> ものとする。

❼　遺留分侵害額請求の負担割合の変更

　受遺者が複数あるとき、または受贈者が複数ある場合において、その贈与が同時になされたものであるときは、受遺者または受贈者がその目的の価額に応じて遺留分侵害額を負担することになる（民1047条1項2号）。ただし、遺言者が遺言に別段の意思表示をした場合は、遺留分侵害額の割合を変更することができる（同号ただし書）。

　遺言書の内容が、明らかに相続人の遺留分を侵害しており、その者から遺留分侵害額請求がなされることが予想される場合は、遺言書であらかじめ遺留分侵害額の負担割合を定めておいたほうが将来の紛争の複雑化を防止できる（文例**1-3-4**参照）。

(5)　遺言執行者の記載上の注意点

❶　遺言執行者の指定・委託

　遺言者は、遺言によって、遺言執行者を指定することができ、またはその指定を第三者に委託することができる（民1006条1項）。遺言執行者は、1人でもよく、また複数の者であってもよい。

　遺言により遺言執行者の指定の委託を受けた者は、遺言者の死亡後、遅滞なく遺言執行者を指定し、これを相続人に通知しなければならない（同条2項）。遺言執行者の指定の委託を受けた者は、その委託を辞することも可能であるが、その場合も、遅滞なくその旨を相続人に通知しなければならない（同条3項）。平成30年相続法改正において、遺言執行者は、その任務を開始したときは、遅滞なく、遺言の内容を相続人に通知しなければならないとされた（民1007条2項）。施行日である令和元年（2019年）7月1日より前に相続が開始した場合でも、施行日以後に遺言執行者に就任したときは、遺言執行者は通知義務を負うことに留意すべきである。

❷　どのような場合に遺言執行者を指定する必要があるか

　遺言事項の中には、相続分の指定（民902条）、遺産分割方法の指定（民908

条)、未成年者の後見人の指定（民839条）など、遺言の効力が発生すると同時に遺言の内容が実現され、遺言執行の余地のないものがある。この場合は、遺言執行者の指定は不要である。

これに対し、遺言執行者による執行が必要な遺言事項がある。遺言認知（民781条2項）や推定相続人の廃除（民893条）、一般財団法人設立のための定款作成（一般法人152条2項）である。この場合は、遺言執行者の指定が必要的である。

また、遺贈の場合、遺贈義務者である相続人によっても遺言の内容を実現することができるが、遺言執行者を指定すれば、遺贈の履行は遺言執行者のみが行うことができる（民1012条2項）。

ところで、特定の遺産を特定の相続人に「相続させる」旨の遺言の場合は、「何らの行為を要せずして、被相続人の死亡の時（遺言の効力が生じた時）に直ちに当該遺産が当該相続人に相続により承継される」（最判平成3年4月19日判時1384号24頁）ものとされている。したがって、不動産の名義が被相続人名義となっている場合、その所有権移転登記手続は当該相続人の単独申請で行うことができ、遺言執行者の職務は顕在化せず、遺言執行者は登記をなす権利も義務も存在しないと解されていた（最判平成7年1月24日判時1523号81頁）。また銀行預金の払戻手続も当該相続人が単独で手続を行うことができる。したがって、「相続させる」旨の遺言の場合、遺言執行者による執行行為の余地がないようにも思われた。しかし、平成30年相続法改正により、「相続させる」旨の遺言がなされた場合の遺言執行者の権限が明確にされた。すなわち、遺産分割の方法の指定として遺産に属する特定の財産を共同相続人の1人または数人に承継させる旨の特定財産承継遺言があったときは、当該共同相続人が対抗要件を備えるために必要な行為をすることができるとされた（民1014条2項）。したがって、遺言執行者は、独自に不動産の所有権移転登記手続を行うことができる。また、預貯金債権が、特定財産承継遺言によって、特定の相続人に承継された場合は、遺言執行者がその預金または貯金の払戻しの請求ができ、また預貯金債権全部が特定の相続人に承継された場合は、その預金または貯金に係る契約の解約の申し入れをすることもできる（同条3項）。したがって、特定財産承継遺言の場合も、遺言執行者が存在していれば、円滑に遺言の内容を実現できる。特定財産承継遺言の場合にも、遺言書作成時に、遺言執行者を指定

しておくべきである。なお、施行日である令和元（2019）年7月1日より以前
に遺言が作成された場合は、施行日以後の相続開始であっても新法の適用がな
いことに注意を要する。

❸　誰を遺言執行者として指定すべきか

遺言執行者は自然人のほか法人でもよい。信託銀行や弁護士法人も遺言執行
者となれる。

ただし、未成年者や破産者は遺言執行者となることはできない（民1009条）。

相続人の1人が遺言執行者となることができるかどうかについては学説上争
いがある。しかし、判例や有力説は、相続人の廃除や認知など他の共同相続人
と直接、利益が対立することにより、客観的に職務の公正さを担保できないな
どの特段の事情のない限り、遺言執行者となることは妨げないとされている。
実務では、受益相続人が遺言執行者に指定される例が多い傾向にある。

❹　弁護士が遺言執行者となる場合の留意点

弁護士が、遺言書の作成の段階から関わっている場合、弁護士が遺言執行者
として指名されることが多い。遺言者としては、作成に関与した法律の専門家
である弁護士に、自分の死後も、遺言の執行を委託したほうが安心できるから
であろう。しかし、弁護士が遺言執行者になる場合は留意すべき点がある。

一つは、遺言の内容が明らかに他の相続人の遺留分を侵害している場合、作
成に関与した弁護士は遺言執行者となるべきでないということである。他の相
続人から遺言執行者としての公平性、中立性が疑われるのみならず、後日、受
益相続人から代理人として依頼を求められる可能性があり、常に利益相反の危
険に身を置くことになるからである（本章1❹アドバイス参照）。

二つめは、遺言執行者の費用を遺言書の中で明確にしておくことである。そ
うでないと、後日、相続人との間でトラブルの原因となる。

❗ 遺言執行者の死亡

遺言執行者として指名された弁護士が、遺言者よりも先に死亡する場合がある。こ
の場合は、利害関係人により、家庭裁判所に、遺言執行者の選任を請求することにな
る（民1010条、家事手続39条別表第1の104）。このような事態を避けるために、遺
言執行者を複数選任しておくか、遺言執行者が死亡した場合の予備的な遺言執行者を
指名しておくべきである。また、遺言執行者に弁護士法人を指名する方法も考えられ
る。しかし、当該弁護士法人が解散した場合は、遺言執行者の死亡と同様の問題が発

生することに留意しなければならない。

1-3-20　遺言執行者の指定

第○条　遺言者は本遺言の遺言執行者として、次の者を指定する。
　　　　東京都○○区○○　△丁目△番△号　○○ビル○階　丙山法律事務所
　　　　弁護士　丙　山　良　一
　　　　昭和○年○月○日生
　　2　遺言執行者に対する報酬は、遺言者と弁護士丙山良一との報酬約定書に定め
　　　る額による。
　　3　遺言執行者は、○条記載の不動産についての所有権移転登記手続をする権
　　　限、○条記載の預貯金について単独で名義変更、解約及び払戻しをする権限、
　　　○○銀行○○支店の遺言者名義の貸金庫を単独で開披、名義変更及び解約を
　　　する権限、その他遺言執行のための一切の権限を有する。

(6)　身分に関する遺言事項

❶　認知

　認知は生前行為のほか、遺言によってもすることができる（民781条2項）。遺言認知を選択する場合は、遺言者が生前認知することにより家族間でトラブルとなるのを避ける一方で、自己の死後に、認知された子に遺産を相続させ、その子の生活を助けたいなどの動機からなされることが多い。

1-3-21　認知

第○条　遺言者は、東京都○○市○○町△丁目△番地（本籍）戊原冬子（昭和○年
　　　○月○日生）の分娩した子・戊原太郎（平成○年○月○日生）を認知する。

❗ 遺言認知とDNA鑑定

　遺言認知の場合、新たに認知された子と相続権を侵害された相続人との間で認知の効力をめぐって紛争が生ずる可能性が高い。遺言書作成に関与する弁護士は、未然に紛争を防止する意味で、遺言書の作成の際に、遺言者と認知される子との親子関係を証明するDNA鑑定を行わせ、鑑定書を母親等に保管させるなどをアドバイスすべきである。

❷　後見人の指定

　最後に親権を行う者は、遺言で、未成年後見人を指定することができる（民839条）。未成年後見人は1人に限られる（民842条）。

第○条　遺言者は、未成年者長女甲野春子（平成○年○月○日生）の未成年後見人
　として次の者を指定する。
　　　　東京都○○市○○町△丁目△番△号
　　　　　　　　　会社員　　甲野光二
　　　　　　　　　昭和○年○月○日生

---

(7)　その他の留意すべき遺言事項

❶　信託

ア　信託の概要

　信託とは、財産の譲渡、担保権の設定その他の処分を受けた特定の者が、一定の目的（もっぱらその者の利益を図る目的を除く）に従い、その財産の管理または処分およびその他の当該目的の達成のために必要な行為をすべきものとすることをいう（信託2条1項）。

　信託は、本来、委任者と受託者との間の信託契約で行われるが、遺言によってもできる（信託3条2項）。遺言によってなされる信託を遺言信託と呼ぶ。近時、信託銀行等が遺言の作成・保管・執行に関して行っている一連のサービス業務を総称したものであるところの「遺言信託」とは別個のものである。

　遺言信託は、当該遺言の効力の発生によってその効力を生ずる（信託4条2項）。遺言信託においては、遺言の方式や効力に関する民法上の規定が類推適用され、財産の引渡等について遺言執行者による執行が必要である。

　遺言信託が、効力を生じた時は、利害関係人は、受託者として指名された者に信託の引受けをするかどうか催告することができる（信託5条）。受託者の指定がない場合や指定された者が引受けをしない場合、利害関係人は、裁判所に対し、あらためて受託者の選任を請求できる（信託6条）。

　遺言信託は、遺産を承継する者が幼少であったり、または障害を持っていたり、あるいは認知症が進んでいるため、自ら不動産等の遺産を管理できないような場合に、第三者である受託者に遺産を信託し、受益者に財産の運用によって生じた収益を長期的かつ安定的に帰属させることができる。

　信託法上、受託者には、委託者に対する信託事務遂行義務（信託29条1項）、善管注意義務（同条2項）、忠実義務（同30条）、利益相反行為の禁止（同31条）、

信託財産の分別管理義務（同34条）、損失塡補義務（同40条）などの厳格な注意義務が課されている。

　受託者が、信託銀行のように信託の引受けを業として行う場合は、内閣総理大臣の許可を得たものでなければならない。したがって弁護士は有償で信託の受託者となることはできない。なお、弁護士は、信託業法の適用がない信託監督人（信託131条）を有償で引き受けることはできる。

❗ 受託者の了解

　遺言信託の場合は、遺言書を作成するにあたって、受託者となる者の了解を事前に得ておく必要がある。

イ　遺言代用信託と受益者連続信託

　平成18年の信託法の改正により、遺言代用信託が認められた（信託90条）。遺言代用信託とは、生前に委託者が信託会社等と信託契約を締結し、委託者の死亡を始期として、信託から給付を受ける権利を取得する受益者について、委託者の死亡の時に受益者となるべき者として指定された者が受益権を取得する旨等の定めのある信託（同条1項2号）、または委託者の死亡の時以後に受益者が信託財産に係る給付を受ける旨の定めのある信託をいう。信託契約の中で受益者を定めているので別途、遺言書を作成する必要がない。

　遺言信託は、遺贈に準じたものとして、遺贈に関する規定が類推適用され、民法の遺言の厳格な方式に従わなければならない。また、遺言執行時に利害関係人による紛争が発生する可能性もある。そこで、遺言代用信託の制度は、これらの遺言信託の不都合な点を回避すべく、その活用が期待されている。

　また、同法の改正により、新たに跡継ぎ遺贈型受益者連続信託が認められた。

　跡継ぎ遺贈型受益者連続信託とは、「受益者の死亡により、当該受益者の有する受益権が消滅し、他の者が新たに受益権を取得する旨の定め（受益者の死亡により順次他の者が受益権を取得する定めも含む）のある信託」をいう（信託91条）。このような受益者連続信託を活用することにより、たとえば、委託者が自己の死亡後に妻に受益権を与え、妻死亡後は子供の1人に受益権を承継させることができるようになった。このような受益者連続信託は、従前からその有効性については争いのあった跡継ぎ遺贈に代わる制度であり、今後の活用が期待される。

第〇条　遺言者は、遺言者の所有する次の不動産（以下「信託不動産」という）を信託する。

不動産の表示　（省略）

第〇条　信託の目的

　　受益者の生活資金の給付（医療費、療養看護費、有料老人ホームの管理費等の支弁も含む）

第〇条　信託の内容

　1　受託者

　　　受託者は次の者とする。

　　　　　住　所　　〇〇県〇〇市〇〇町△丁目△番△号

　　　　　職　業　　〇〇

　　　受託者氏名　　乙川春子（遺言者の長女）

　2　受益者

　　　受益者は遺言者の妻甲野花子（昭和〇年〇月〇日生。以下「妻花子」という。）とする。

　3　信託監督人

　　　信託監督人として、次の者を指定する。

　　　　東京都〇〇区〇〇△丁目△番△号　〇〇ビル〇階　丙山法律事務所

　　　　弁護士　丙　山　良　一

　　　　昭和〇年〇月〇日生

　4　信託の期間

　　　本遺言の効力が発生したときから、妻花子が死亡したときまで。

　5　信託終了後の権利帰属者

　　　遺言者の長女　乙川春子

　6　受益権の内容

　　　受託者は、賃貸用不動産から生ずる賃料その他の収益から必要経費及び信託監督人の酬を控除した残額を受益者に支払う。

　7　管理に必要な事項

　　⑴受託者は、信託不動産につき、信託による所有権移転および信託の登記手続をする。

　　⑵受託者は、不動産の保存に必要な修繕管理を適当な時期に、相当な範囲で行う。

　　⑶受託者は、信託不動産を賃貸し、既に賃貸しているものについては賃貸人の地位を引き継ぐ。

　　⑷受託者は、信託不動産の建物について火災保険を付する。

　　⑸受託者は、信託の本旨に従って、信託事務を誠実に行遂行しなければならない。

8　信託終了

　　期間満了その他の事由により本信託が終了したときは、受託者は、信託不動産を長女乙川春子に引き渡し、かつ、信託不動産につき信託登記の抹消及び帰属権利者への所有権移転登記手続を行う。

9　信託の報酬

(1)受託者の報酬

　　無償とする。

(2)信託監督人の報酬

　　毎月〇〇円を支払う。

第〇条　この遺言の執行者として、次の者を指定する。

　　　　（省略）

❷　祭祀主宰者の指定

　祭祀の主宰者は、第1に被相続人の指定により、第2に慣習により、第3に家庭裁判所の審判（家事手続190条、別表第2の11）により定まる。被相続人の指定は、生前行為でも、遺言によってもよい。祭祀の主宰者となった者は、その権利を放棄したり、辞退することはできない。しかし、祭祀を執り行うべき義務を課されるわけではない。系譜、祭具や墳墓の祭祀財産の所有権は祭祀主宰者に帰属する（民897条）。

1-3-24　祭祀主宰者の指定

第〇条　遺言者は、祖先の祭祀を主宰すべきものとして、遺言者の長男甲野一郎を指定する。祭具及び墳墓に関する権利は、同人に承継させる。

　祭祀主宰者の指定に関連して、近時、自己の葬儀、埋葬や法要のやり方を遺言で指定する例が多くなっている。葬儀等の方法についての指定は遺言事項ではないが、遺言者にとっては大きな関心事であり、自己決定権の重要な一場面ともいえる。公正証書遺言でも、実務上、付言事項として遺言者の希望を記載している。ただし、遺言の内容が遺言者の死後、直ちに相続人に知るところになるとは限らないので、葬儀、埋葬等に関する事項は遺言書とは別に、相続人の目に触れる形で残すことも考えられる。

　死後事務委任契約については第2章参照。

1-3-25　葬儀、埋葬の方法を定めた遺言

第○条　遺言者の葬儀は次の要領で執り行われるものとする。
1　祭壇は、生花祭壇とし、白ばらを献花することとする。
2　葬儀は無宗教で執り行い、参列者は、親族及びごく少数の親しい友人に限定する。
3　参列者以外の人々に対しては、遺言者の死後四十九日が経過してから、挨拶状等により遺言者の死亡を知らせる。
4　遺言者の遺骨は、遺灰にして○○の山に散骨する。
5　遺言者は、遺言者の祭祀を主宰すべき者として、長男甲野一郎を指定する。

❸　生命保険金の受取人の変更

　生命保険金の受取人の変更を遺言で行うことができるかについては、商法に遺言事項として規定されていないため（旧商法675条）、従前争いがあり、判例の中には遺言による生命保険受取人の変更を有効と認めたものもあった（東京高判平成10年3月25日判タ968号129頁）。その後、平成22年4月1日より施行された保険法44条1項、73条1項により遺言で生命保険等の受取人を変更できると定め、この問題につき立法的解決がなされた。ただし、保険金受取人の変更は、保険契約者の相続人や遺言執行者が保険会社に通知しなければ保険会社に対抗できないとされた（保険法44条2項、73条2項）。なお、平成22年3月31日以前に締結された保険契約については保険法は適用されないことに注意すべきである。

1-3-26　生命保険金の受取人の変更

第○条　遺言者は、下記生命保険契約の受取人を妻甲野花子から遺言者の長男甲野一郎に変更する。
　　　　　　　　　　　　　　　　　記
　　　　契約年月日　　平成○年○月○日
　　　　保険会社　　　○○生命保険株式会社
　　　　被保険者　　　○○○○
　　　　記号番号　　　○○○○○
2　遺言執行者として長男甲野一郎を指定する。長男甲野一郎は、遺言者の死亡後速やかに○○生命保険会社に対し、保険金受取人変更の通知をするとともに、所定の手続をする。

❹ 一般財団法人の設立

ア 設立行為の概要

　一般財団法人とは、一定の目的で拠出された財産を運用するために設立される法人で、利益を構成員に分配しない非営利的な団体をいう。一般財団法人は、「一般社団法人及び一般財団法人に関する法律」により、一定の要件を満たせば、主務官庁等の許可を必要とせずに設立が認められるようになった（一般法人163条）。同法が施行される前には、財団法人は、公益目的のために提供された財産を基礎とする組織体で法人格を付与されたものをいい、設立要件として、公益を目的としていること、寄付行為を作成すること、主務官庁の許可を得ることが必要とされた（平成18年改正前民34条、39条）。そして、寄付行為は、生前行為によっても、また遺言によっても可能であった。ところが、新法の施行により、法人格の付与と公益性の認定が分離され、公益性の有無を問わず、準則主義により、財団法人を設立することができるようになった。

　遺言者は、遺言によっても、一般財団法人を設立することができる（一般法人152条2項）。遺言によって財団法人を設立するためには、遺言で財団法人を設立する意思を表示し、定款に記載すべき内容を遺言に定める必要がある。一般財団法人の定款記載事項は法定されている（一般法人153条）。

　なお、遺言によって財産の拠出をしたときは、当該財産は遺言の効力が発生した時から一般財団法人に帰属するとみなされる（一般法人164条2項）。また、遺言によって一般財団法人に財産を拠出するときは遺贈に関する規定が準用される（一般法人158条2項）。

イ 定款の記載事項（一般法人法153条）

①目的

②名称

③主たる事務所の所在地

④設立者の氏名または名称および住所

⑤設立に際して設立者（設立者が2人以上あるときは、各設立者）が拠出する
　財産およびその価額

⑥設立時評議員（一般財団法人の設立に際して評議員となる者をいう）、設立時
　理事（一般財団法人の設立に際して理事となる者をいう）および設立時監事
　（一般財団法人の設立に際して監事となる者をいう）の選任に関する事項

⑦設立しようとする一般財団法人が会計監査人設置一般財団法人（会計監査人を置く一般財団法人またはこの法律の規定により会計監査人を置かなければならない一般財団法人をいう）であるときは、設立時会計監査人（一般財団法人の設立に際して会計監査人となる者をいう）の選任に関する事項

⑧評議員の選任および解任の方法

⑨広告方法

⑩事業年度

1-3-27　一般財団法人の設立

遺言者は、本遺言書により次のとおり遺言する。

第1条　一般財団法人の設立

1　遺言者は、将来、法曹界を担う有能な法律実務家を育成するため、本遺言書により、遺言者の死後一般財団法人設立の意思を表示すると共に、定款記載内容を定める。

2　目　的　　将来の有能な法律実務家を育成することを目的とする。

3　名　称　　一般財団法人　〇〇育成会

4　事務所　　東京都〇〇区〇〇　△丁目△番△号に置く

5　設立者の氏名又は名称及び住所

(1)氏名　甲野太郎

(2)住所　東京都〇〇区〇〇　△丁目△番△号

6　設立に際して設立者が拠出する財産及びその価額

上記一般財団法人〇〇育成会の設立に際して、遺言者が拠出する財産は次のとおりとする。

(1)不動産

所　在　　東京都〇〇区〇〇　△丁目△番△号

地　番　　△△番

地　目　　宅地

地　積　　〇〇．〇〇平方メートル

価　額　　2億円

(2)遺言者が〇〇銀行〇〇支店に対して有する定期預金債権

金3億円

7　設立時評議員、設立時理事及び設立時監事の選任に関する事項　設立時の評議員、理事及び監事は、東京都〇〇市〇〇町△丁目△番△号に住所を有する戊原五郎に委嘱して任命することとする。

8　評議員の選任及び解任の方法

(1)評議員は、評議員会の決議によって選任する。

(2)評議員は、評議員会の3分の2以上の決議によって解任することができる。

9　公告方法

　当一般財団法人の公告は、官報に掲載する方法による。

10　事業年度に関する規定

　当一般財団法人の事業年度は、毎年4月1日から翌年3月1日までの年1期とする。

11　遺言者は、遺言執行者として、次の者を指定する。

　　　　　東京都○○市○○町△丁目△番△号

　　　　　遺言執行者　戊原五郎

　　　　　昭和○年○月○日生

4 共同遺言の禁止

(1) 意義

　民法は、2人以上の者が同一の遺言書で遺言をすることを禁じている（民975条）。共同遺言が禁止される理由としては、共同遺言がされると各自の遺言の自由や遺言撤回の自由が制約されることや一方の遺言に無効・取消原因がある場合に他方の遺言をどのように処理するかについて複雑な問題が生じることなどが挙げられている。

(2) 共同遺言に該当するか否かの判断基準

　遺言書の外観上、1つの遺言書に複数の遺言者の氏名や遺言内容があれば、常に共同遺言として無効となるわけではない。

　同一の用紙に記載されていても、切り離せば数通の独立した遺言書となるものは、共同遺言には該当しない。また、作成名義の異なる2通の遺言書が合綴され契印がなされているが、容易に切り離すことができる自筆証書遺言について、共同遺言にあたらないとした判例がある（最判平成5年10月19日判時1477号52頁）。1つの封筒に独立した数通の遺言書が入れられている場合も共同遺言に該当しないと考えられている[1]。

　共同遺言に関する裁判例は多くないが、形式的に1通の遺言書に複数の遺言者の氏名や内容があっても、実質的にみて複数の意思表示が相互に関連して記載されていると認められる場合に共同遺言に該当するとされているようである。その際には、遺言書作成の経緯（各作成名義人の関与の程度）や遺言の作成・内容についての各作成名義人の認識、遺言の内容そのものなどが考慮されている。

---

1) 中川善之助＝加藤永一編『新版　注釈民法〈28〉相続(3)補訂版』（有斐閣、2002年）142頁。

5 遺言の撤回

❶ 遺言撤回の自由

　民法は遺言者の最終意思を尊重するという遺言制度の趣旨に基づいて、いったん有効に遺言が成立したとしても、「遺言者は、いつでも、遺言の方式に従って、その遺言の全部又は一部を撤回することができる」と規定する（民1022条）。また、遺言者は撤回権を放棄することはできないとして（同1026条）、撤回の自由を強化している。

❷ 撤回の方法

　遺言者は、生前であれば、原因のいかんを問わず、かつ、いつでも遺言の撤回をすることができる。

　遺言を撤回できるのは、遺言者本人だけであり、代理人による行使も認められないし、遺言者の生前においてのみ認められるものであるから、相続人へ承継されることもあり得ない。

　遺言の撤回は、遺言の方式に従わなければならない。したがって、たとえば、内容証明郵便による撤回の意思表示は、遺言の方式に該当しないため、遺言を撤回したものとは認められない。もっとも、遺言の方式によって撤回するのであれば、同一の方式による必要はなく、前の公正証書遺言を後の自筆証書遺言によって撤回することもできる。

　撤回遺言においては、撤回する遺言を特定した上で、これを「撤回する」という明確な文言を記載することが望ましい。もっとも、撤回の表示は、明確に「撤回する」という文言を用いなくても、何らかの方法で遺言の効力を否定する旨の表現がされていれば足りると考えられている。

　なお、撤回を行う遺言と同一の遺言書に新たな遺産の分配方法を記載することもできる。

③ 撤回の効力の発生時期

撤回の効力が生ずるのは遺言の効力発生時すなわち遺言者の死亡時であると考えることもできる。しかし、撤回は遺言そのものではないこと、後述の抵触行為や遺言書の破棄等による撤回擬制の効果は行為時に直ちに生ずることとの均衡から、遺言の方式に従った撤回がされると同時に撤回の効力が生ずると考えられている[1]。

④ 法定撤回

(1) 法定撤回とは

遺言者の撤回の意思表示がなされていなくても、一定の事実があったときには、遺言の撤回が擬制される（民1023条、1024条）。

法定撤回には、以下の4つの類型が規定されている。

①前の遺言と内容の抵触する遺言がされた場合には、抵触する部分について前の遺言を撤回したものとみなす（民1023条1項）

②遺言と抵触する生前処分がされた場合には、抵触する部分について遺言を撤回したものとみなす（民1023条2項）

③遺言者が故意に遺言書を破棄した場合には、破棄した部分について遺言を撤回したものとみなす（民1024条前段）

④遺言者が故意に遺贈の目的物を破棄した場合には、破棄した部分について遺言を撤回したものとみなす（民1024条後段）

(2) 抵触遺言

遺言が遺言者の最終意思を尊重するものである以上、日付の異なる複数の遺言がある場合には、後の日付の遺言が優先することは当然である。複数の遺言の内容が抵触する場合には、抵触する部分について前の遺言は撤回したものとみなされる。もっとも、前の遺言と抵触する後の遺言が有効に成立していなければ撤回の効力は生じない。これに対して、遺言の内容が抵触しない場合に

1）島津一郎＝松川正毅編『基本法コンメンタール相続　第5版』（日本評論社、2007年）205頁。

は、すべての遺言が有効である。

　遺言者の撤回の意思表示の有無を問わない以上、遺言者が前にした遺言の存在や内容を忘れて、抵触遺言をした場合にも、前の遺言は撤回されたものと扱われることに注意を要する。

(3)　抵触する生前処分その他の法律行為（抵触行為）

　遺言者が前の遺言と抵触する生前処分その他の法律行為をしたときには、前の遺言は撤回したものとみなされる。撤回が擬制されるためには、遺言者本人が生前処分等を行う必要があり、遺言者の法定代理人による抵触行為、債権者による強制競売等では撤回の効力が生じない（もっとも、これらの行為により事実上、遺言の実現が不可能になることはありうる）。抵触行為が有効に成立していなければ撤回の効力が生じないことは当然である。

　生前処分とは、遺贈の目的物である特定の物または権利についての生前の処分行為、たとえば譲渡、寄付行為、特定債権の弁済の受領などをいい、その他の法律行為とは、売買・交換等の債権契約の締結、祭祀承継者の指定その他の身分行為や死因贈与等の死後行為をいう[2]。

　抵触行為に身分行為が含まれるとしても、遺言による財産行為が、財産行為とは異質な身分行為との抵触により撤回されたとみなすことができるかについては争いがある。これは、たとえば、配偶者へ全財産を相続させる旨の遺言をした者が、後に協議離婚した場合に遺言の撤回とみなされるかという問題である。最判昭和56年11月13日（判タ1024号51頁）は、終生扶養を受けることを前提に養子縁組を行い、その所有する不動産の大部分を養子に遺贈する旨遺言した者が、その後協議離縁し、法律上も事実上も扶養を受けないことになった場合に、当該遺言は協議離縁と抵触するものとして撤回されたものと判断している。この結論については、遺言の前提となる事態が変わっただけで撤回を擬制されるおそれがあり、抵触行為を安易に拡大するものとの批判がある[3]。

　遺言者が前にした遺言の存在や内容を忘れて、抵触行為をした場合にも、前の遺言は撤回されたものとみなされることは、抵触遺言の場合と同様である。

　生前処分その他の法律行為が遺言と抵触するものであっても、それが無効で

2）中川善之助＝加藤永一編『新版　注釈民法〈28〉相続(3)補訂版』（有斐閣、2002年）406頁。
3）前掲注1)208頁。

あったり、詐欺・強迫等により有効に取り消されたりしたときは、撤回とはみなされない（最判昭和43年12月24日判時547号42頁参照）。

(4) 抵触の意義

　抵触遺言および抵触行為において問題となる「抵触」とは、前の遺言を失効させなければ後の遺言の内容を実現することができない程度に内容が矛盾することをいう[4]。たとえば「Aに甲土地を与える」という遺言を作成した後に、「Bに甲土地を与える」という遺言を作成したり（抵触遺言）、甲土地をCに売却したり（抵触行為）するような場合である。もっとも、この例のように、後の遺言や行為により前の遺言の執行が客観的に困難になる場合だけでなく、諸般の事情から観察して後の生前処分が、前の遺言と両立させない趣旨で行われた場合も、「抵触」に該当する（前掲最判昭和56年11月13日）。判例では、1万円を遺贈する旨の遺言をした遺言者が、この遺贈に代えて生前に5000円を贈与することとし、受遺者も以後金銭の要求をしないことを約束して5000円を受け取ったという事案で、後の贈与契約は遺贈と両立させない趣旨でなされたことが明白であるとして、撤回を認めた例（最判昭和18年3月19日民集22巻185頁）がある。抵触を否定した近時の裁判例としては、東京高判平成14年8月29日（判タ1114号264頁）がある。

5　遺言書または遺贈の目的物の破棄

(1) 遺言書の破棄

　遺言者が、遺言書を故意に破棄した場合には、前の遺言を撤回したものとみなされる。

　遺言者自身による破棄が要件であるから、第三者が破棄しても撤回の効力は生じない。もっとも、第三者による破棄でも、遺言者の意図に基づくときには遺言者による破棄があったとみてよい。また、故意に破棄されなければならないから、遺言者が遺言書であることを認識して破棄したことが必要である。ただし、遺言を撤回する旨の故意までは不要である。もっとも、第三者による破

4）前掲注2）402頁。

棄、過失による破棄であっても、当該遺言書の内容が不明になれば、結局は撤回が認められるのと同一の結果になるであろう。

破棄とは、遺言書の焼捨て、切断、一部の切捨てなどの遺言書自体の物理的な破棄のほか、文面を抹消して内容を判読できないようにする行為を含む。後者において、元の文言が判読できる場合には、破棄ではなく遺言書の加除訂正の問題として扱い、民法所定の方式（民968条3項等、本章2**3**(1)**5**参照）に従っていない限り、元の文言が効力を持つとするのが通説である[5]。

遺言書の破棄は、遺言書自体に対してされなければならないから、公正証書遺言の場合は、原本が公証人役場に保存されている限り、遺言者が公正証書の正本を破棄したとしても、遺言書の破棄にはあたらない旨の裁判例がある（東京地判昭和58年3月23日ジュリスト809号）。

(2) 遺贈の目的物の破棄

遺言者が、遺贈の目的物を故意に破棄した場合には、前の遺言を撤回したものとみなされる。この目的物が特定物でなければならないことは当然である。

遺言者自身による故意の破棄でなければならないことは、前項の遺言書の破棄の場合と同様である。ただし、第三者による破棄の場合には、遺言者が取得すべき償金請求権を遺贈の目的物にしたものと推定される（民999条）。破棄には、目的物の物理的に滅失・毀損する場合のほか、経済的な効用を喪失させる場合を含む。

6　遺言の撤回をさらに撤回する場合の旧遺言の非復活

遺言を撤回する行為自体が撤回され、取り消され、または効力を生じなくなるに至ったときであっても、一度撤回された遺言の効力は復活しない（非復活主義、民1025条）。

このような非復活主義が採用されたのは、遺言者が旧遺言を復活させる意思を有していたか否かを遺言者の死亡後において確認するのは困難であり、遺言者が旧遺言を復活させることを希望するなら、旧遺言と同一内容の遺言を改めて作成すべきであることができたはずであること等による。そこで、遺言者が

---

5) 前掲注1）209頁。

遺言を撤回する遺言を更に別の遺言により撤回した場合において、遺言書の記載に照らし、遺言者の意思が当初の遺言の復活を希望するものであることが明らかなときは、当初の遺言の効力が復活することになる（最判平成9年11月13日民集51巻10号4144頁）。

　なお、撤回行為が、詐欺または強迫を理由に取り消された場合にも、旧遺言を復活させる遺言者の意思は明確であるから、旧遺言が復活する。平成30年改正により、詐欺または脅迫のほか、錯誤により撤回行為が取り消されたときは旧遺言が復活することになった（民1025条ただし書）。これは、債権法改正により、錯誤に動機の錯誤も含み、その効果が取消となったことを受けて、確認的に追加修正したものとされる。

6 遺言能力

　近時、遺言書の効力については、方式違背だけでなく、遺言者の遺言能力の有無をめぐって争われる紛争が増加している。遺言書の作成者の多くを高齢者が占めており、遺言書により不利益を受ける相続人が、認知症や脳疾患の後遺症により遺言者の遺言能力がなかったと遺言の効力を争うケースが多い。

　重要なのは、多数の裁判例において、遺言能力の欠如により遺言書が無効である旨の判断がなされていることであり、さらに注目すべきは、一般的に信頼できると考えられている、公証人が作成に関与する公正証書遺言に関して、無効判決が多く出されていることである（今回取り上げた裁判例で、遺言が無効とされた17例のうち、11例は公正証書遺言に関するものである）。

　遺言書の作成を依頼された弁護士は、依頼者の利益のため、また法律に携わる者として、遺言能力の欠如による無効な遺言書を作成することのないよう、適切な対応が求められている。裁判例をみても、遺言の効力が争われるケースでは、遺言書の作成が真に遺言者の積極的意思によるものではなく、相続人の一部が、財産を多く獲得したいという目的で、遺言能力に疑義のある遺言者が遺言書を作成するよう主体的に動いていることが多いと思われる。弁護士としては、遺言書の内容が真に遺言者の意思を反映したものであるかを十分に見きわめた上で、遺言者の死後に、自らが関与して作成した遺言の効力をめぐって紛争が生じないような方策を講ずる必要がある。

　遺言能力の有無の判断については、近時多数の判例・裁判例が蓄積しているところである。本章においては、比較的最近の判例・裁判例の分析をもとに、遺言能力の判断要素を整理し、そこから遺言作成時における実務の指針を導き出すことを目指している。

■ 遺言能力の意義

　遺言者が有効な遺言をするには、遺言の際に、「意思能力、すなわち遺言内容及びその法律効果を理解判断するのに必要な能力を備えること」[1]が必要と

される。

　民法961条は、満15歳に達した者は遺言をすることができると定め、また同法962条は、遺言に関して制限行為能力者制度の適用を排除している。民法は、遺言については上記のとおり行為能力までは必要ではなく、意思能力があれば遺言能力があるとしている。

② 裁判例から教えられる実務上の留意点

　遺言能力の意義に関しては■で述べたとおりであるが、遺言能力の有無の判断基準については、遺言者の理解判断が必要とされる個々の遺言内容が様々でありうることから、様々な判断要素による個別の事案ごとの検討が求められる。

　とはいえ、判例・裁判例を概観すると、遺言能力の判定のための考慮要素を抽出することができるのであり、これらを分類することによって、一定の判断基準を導くことは可能である。

参考判例・裁判例

判例	裁判年月日	遺言の種類	遺言能力の有無
1	大阪高判平2・6・26判時1368-72	公正証書遺言	有
2	東京地判平4・6・19家月45-4-119	公正証書遺言	無
3	東京高判平4・9・29判時1440-75 判タ808-213	自筆証書遺言	有
4	名古屋高判平5・6・29判時1473-62 判タ840-186	公正証書遺言	無
5	東京地判平5・8・25判時1503-114	公正証書遺言	有
6	和歌山地判平6・1・21判タ860-259	公正証書遺言	有
7	名古屋高判平9・5・28判時1632-38 判タ960-249	公正証書遺言	有
8	東京高判平10・8・26判タ1002-247	公正証書遺言	有
	（原審）東京地判平9・9・25判タ967-209		（有）
9	東京地判平9・10・24判タ979-202	公正証書遺言	無
10	東京地判平10・6・12判タ989-238	自筆証書遺言	無
11	東京地判平10・6・29判時1669-90	公正証書遺言	無
12	東京地判平11・9・16判時1718-73	公正証書遺言	無
13	東京地判平11・11・26判時1720-157	公正証書遺言	無

1）岩木宰「遺言能力―裁判例の傾向」判タ1100号466頁。

14	東京高判平12・3・16判時1715-34	公正証書遺言	無
15	東京地判平15・9・29LLI/DB05833967	自筆証書遺言	無
16	東京地判平16・2・13LLI/DB05930594	自筆証書遺言	無
17	東京地判平16・7・7判タ1185-291	自筆証書遺言	無
18	東京地判平18・7・4判タ1224-288	公正証書遺言	無
19	東京地判平18・7・25判時1958-109	自筆証書遺言	無
20	横浜地判平18・9・15判タ1236-301	公正証書遺言	無
21	大阪高判平19・4・26判時1979-75	公正証書遺言	無
22	東京高判平21・8・6判タ1320-228	自筆証書遺言	無
23	東京高判平22・7・15判タ1336-241	公正証書遺言	無
24	東京地判平24・12・27LLI/DB	自筆証書遺言	有
25	東京高判平26・5・21LLI/DB06920446	自筆証書遺言	有

(1) 判例にみる遺言能力の判断要素

　遺言能力の判断要素に関しては、[**判例17**]が、「遺言能力の有無は、遺言の内容、遺言者の年齢、病状を含む心身の状況および健康状態とその推移、発病時と遺言時の時間的間隔、遺言時とその前後の言動および健康状態、日頃の遺言についての意向、遺言者と受遺者の関係、前の遺言の有無と前の遺言を変更する動機・事情の有無等遺言者の状況を総合的に見て、遺言の時点で遺言事項を判断する能力があったか否かを判定すべきである」との規範を示しており、概ねここに挙げられた要素を考慮して判断がなされていると考えられる裁判例が多数ある。

　そこで、本書では、この判例を参考にしつつ、近時の判例・裁判例の分析をもとに、以下のとおり、遺言能力の判断要素を分類し、参考のために各要素に関して判例・裁判例に現れた具体的事実を挙げた。

❶ 遺言の内容

　遺言の内容は、遺言者が遺言内容を理解判断できたかという観点から、遺言能力を判断するうえできわめて重要な要素である。必要とされる遺言能力は、問題となる遺言の内容との関係で相対的に決定されるものといってよい。

　一般に、遺言の内容が単純であれば病状その他の要素から判断能力が低下していても遺言能力が肯定されやすく、反対に複雑になればなるほど相当程度の遺言能力が必要とされるため、遺言能力は否定されやすくなる。

また、公正証書遺言においては、遺言の内容の複雑さによって、遺言作成時に必要とされる口授の程度が左右される可能性があることにも留意する必要がある（後記❹参照）。

■肯定例

　全財産を相続人の1人に相続させる旨の遺言であれば、内容が単純であるとして、遺言能力が肯定されることが多い［判例5］［判例7］。もっとも、全財産を1人に相続させるという単純な内容の遺言であっても、その他の事情から遺言能力が否定されることも当然ありうる［判例19］。

　また、［判例8］は、全8か条、相続に関係する者が近親者のみ、対象財産は不動産2つ（うち1つは居宅）と預金のみという遺言について、遺言内容がさほど複雑でないとして、遺言能力を肯定する根拠の一つとしている。

■否定例

　［判例14］は、遺言内容が本文14頁、物件目録12頁、図面が1部という遺言を大部のものであるとしたうえで、その内容も複雑多岐にわたり、法律実務家が一読しても直ちには理解できないものであるとして、また、［判例20］は、多数の不動産やその他の財産を複数の者に相続させ、かつその一部は共同で相続させ、遺言執行者の指定についても項目ごとに2人を分けて指定し、1人についての報酬は細かく料率を分けるという内容の遺言を比較的複雑なものであるとして、いずれも他の事情とあわせて、結論として遺言能力を否定している。

　また、［判例21］も、数十筆に及ぶ不動産の配分を決し、多数の預貯金等の財産につき相続人ごとに異なった比率での配分を決めている遺言を単純なものとはいえず、当時の遺言者がこれを容易に理解できたとはいいがたいということを、遺言能力を否定する根拠の1つとしている。

　これらはいずれも信託銀行が作成に関与しており、信託銀行が想定するような遺言の内容は複雑であると評価される傾向にある。

　遺言書の内容は、これを遺言者が理解・判断できたかという判断の基礎になるものである。したがって、遺言書の作成にあたっては、遺言書の内容が遺言者の意思を正確に反映したものとなるようにすることは当然として、遺言者の能力を適切に見きわめて、遺言者が了解可能な、その能力に見合った遺言内容となるよう留意すべきである。

　遺言能力が否定された例は、財産の数が多かったり、配分が複雑であったり

するものである。遺言者の意思の反映と遺言内容の簡明さの間でバランスをとることが求められよう。

❷ 年齢・病状を含む心身の状況

ア 年齢

年齢はそれ自体で遺言能力の判断を決する要素ではないが、高齢者の遺言をめぐって遺言の効力が争われる例が多いことから、遺言者の遺言作成時の遺言能力の判断要素としている例は多い。

イ 病状

遺言者が病気療養中であることが多いことから、判断能力の低下をもたらしうる脳梗塞や認知症、または統合失調症等の発症から病状の推移等を詳細に認定し、遺言作成時の遺言能力を判断している裁判例は多い。病気に罹患してから、遺言作成までの期間も、この要素の中に含めてよいであろう。

遺言能力の判断に際して問題とされるのは、遺言作成時の遺言者の病状であるから、上記のような病気に罹患していても直ちに遺言能力が否定されるわけではないことは当然である。また、病状は重要な資料ではあるが、遺言前後の生活状況や遺言作成に至る経緯、遺言の内容等他の判断要素とあわせて、遺言能力が判断されることに留意する必要がある。

前掲［判例7］は、多発性脳梗塞に罹患し判断能力の低下がみられた遺言者に関し、その後の経過から能力の回復がみられたことや遺言作成状況、遺言内容が比較的単純であったこと等から、遺言作成時の遺言能力を認めている。また、［判例1］も、統合失調症に罹患した遺言者の精神的能力が相当低下していたとしつつ、前後の生活状況や遺言内容の単純さおよび合理性等の事情から、問題となった遺言について遺言能力を認めている。

ウ 主治医の診断

主治医の所見ないし診断は、重要視されているといってよいであろう。主治医が遺言作成当時、遺言者が判断能力をもっていたとの所見をもっていたことが遺言を有効とする結論の根拠になっている例としては、［判例3］、［判例5］等がある。なお、同じく遺言を有効とした前掲［判例7］は、多発的脳梗塞に罹患して判断能力の低下がみられた遺言者について、医師が、作成当日の会話を通じて、正しい判断能力を有すると判断したことを根拠の一つとしている。

他方、遺言書の作成約1年4か月前に医師が「老人性痴呆」という診断を下

している［判例10］、同じく遺言書の作成約5か月前に医師が高度の「痴呆」が認められると診断した［判例20］では、いずれも結論として遺言能力が否定されている。なお、［判例12］は、遺言者の主治医が、公証人から遺言ができる状況にある旨の診断書の作成を依頼されたのに対し、遺言者が遺言をできる状況にないと考えて、この依頼を断ったという事情を認定して遺言能力を否定している。

遺言能力の判断については、鑑定が実施されることもある。［判例22］は、控訴審で初めて鑑定が実施され、その結果に従って、遺言能力を認めた原審の判断を覆している。

遺言書の作成を依頼された際、遺言者となる者が病気療養中であったりして遺言能力に争いが生ずる可能性があると考えた場合には、遺言者の主治医からの聴取りを行い、入院中であれば、遺言作成当日に立ち会ってもらい、その時点において遺言者の遺言能力に問題がない旨の診断書の作成を依頼すること、それができない場合にも、評価スケールの実施を含めた医師の診断を受けさせ、診断書を作成してもらうこと等の手段をとっておくことは非常に重要であると考えられる。

脳梗塞等に起因する「老人性痴呆」に基づく症状がみられた94歳の高齢者の遺言が有効と認められた［判例8］（原審）においては、医師が「（略）遺言する時点において意思能力が十分にあったと判断します」という診断書が作成されている。

エ 評価スケールによる診断

実務上、遺言能力が争われる場合、問題となる疾患はほとんどが認知症である。認知症に罹患していたか否か、罹患していたとして認知症の程度がどの程度であったかを評価する指標としては、改訂長谷川式簡易知能評価スケール（HDS－R）による診断が多くの裁判例で参考にされている（前掲［判例14］に詳述されているほか［判例10］、［判例20］等）。

同スケールは、当日の年月日や今いる場所のほか、5つの相互に無関係な品物を見せてから、これを隠し、何があったかを問う、知っている野菜の名前をできるだけ多く言うなど比較的簡単な問題に答える形式で行われる。評価に要する時間も20分程度と短く、高齢者のおおまかな知能障害の有無や程度を簡易に測ることができる。評価結果については、30点満点中21点以上が「非認

知症」とされ、20点以下の場合に認知症の疑いありとされ、その中でも重症度の程度がおおまかに判断できる。

遺言能力を否定された裁判例では、同スケールの点数は、10点［判例10］、8点［判例19］、9点［判例20］であった。遺言作成にあたり、遺言者の遺言能力に疑問を感じたら、このようなスクリーニングテストの実施を含めた医師の診断を受けさせることにより、遺言能力の有無を判断する一助とすることができると考えられる。

これに対して、同スケールの点数が10点以下で遺言能力が肯定されているケース（［判例24］、［判例25］等）、遺言作成の直近の点数が20点で遺言能力が否定されているケース［判例23］もある。同スケールは客観的な指標として重視されることは多いが、認知症の程度を正確に測定するものではないため、判断要素のひとつとして位置づけられることには注意が必要である。

❸　遺言前後の生活状況、言動

遺言前後の遺言者の生活状況は、遺言作成時の遺言者の判断能力の程度を認定するための重要な要素とされている。専門医による認知症等の診断がない場合には、これらの事実により重度の認知症が認定される場合もあり、また、脳梗塞等に罹患したことによる判断能力の低下が認められても、その後の生活状況により、遺言作成時の判断能力が認められる例もある。

専門医の診断がなかったものの、遺言作成翌日である施設入所時の遺言者の異常な言動から中等度ないし高等度の「痴呆」を認定した例（［判例4］、結論として遺言能力否定）があり、遺言能力を否定した前掲［判例14］は、鑑定等のほかに、生肉を食べる、茶碗に味噌と軟膏を絞り入れて食べようとする、便いじり等の異常行動や失禁、徘徊等を詳細に認定して高度の「痴呆」状態にあったことを認定している。また、遺言作成の約2年8月前に医師によりアルツハイマー型認知症と診断されていた遺言者に関し、その後の生活状況を詳細に認定して、遺言作成時においても遺言能力がなかったと判断した例もある［判例18］。

他方、遺言能力を肯定した［判例6］は、医師により痴呆症状、健忘等が確認されていた遺言者に関して、普段は意識が清明であることが多く、遺言作成後に新聞を読むことができたこともあった等の遺言前後の状況等を認定し、［判例3］は、がんにより死亡する38日前に作成された遺言書に関して、遺言作成前日に自己名義の預金に払戻しの間違いがあることに気付いていたという

事実を認定している。また、改定長谷川式簡易知能評価スケールが10点で中等度から重度のアルツハイマー型認知症と認められたが、遺言者が医師らと会話ができ、単独で買い物ができていたことなどの事情も考慮して、遺言能力を肯定した前掲［**判例24**］、遺言の1年以上前には10点、遺言から約8か月後に2点との結果が出ていたが、遺言作成時に年齢、名前、季節、時間、場所の理解ができており、見当識障害は認められなかったことなどから、当該遺言の内容を理解して決定する程度の意思能力まで常時喪失していたということはできないとして遺言能力を肯定した［**判例25**］などもある。

❹ 遺言書の作成経緯・作成状況

遺言書の作成に至る経緯、作成時の状況は、遺言が遺言者の自発的意思に基づくものであるか否かという観点から問題とされている。遺言の作成が、遺言者の自発的意思によるものであると考えられれば遺言能力は肯定されやすい一方で、遺言作成に至る経緯で、親族ら他者（特に当該遺言により利益を受ける者）が主体的に動いていることや、作成時に遺言者が積極的な意思表明をしていないこと等の事情があると、遺言能力は否定されやすい。

ア 公正証書遺言

公正証書遺言においては、遺言者による口授が必要とされるので、遺言作成時の状況としては口授がどのように行われたのかが重要になる（この意味で、公正証書遺言では、遺言能力の判断要素としての遺言書作成時の状況が、遺言者により公証人に対して有効な口授がなされたか否かの判断に通ずるといえる）。公正証書遺言作成に際しては、遺言者が遺言書作成時、特に口授の段階で遺言の内容に関して主体的な発言をしていないことは、遺言能力を否定する方向に働くと考えてよい（40頁参照）。

公証人はあらかじめ用意していた遺言内容全部を読み上げただけであった例［**判例13**］では、結論として遺言能力が否定されている。さらに、公証人が遺言書の全文を一気に読み上げる形ではなく、条項を1項目ずつ確認するという形をとった場合であっても、遺言者が単にうなずいたり、「はい」という返事をする程度であって、それ以上の具体的な説明・発言をしていない例［**判例2**］、公証人があらかじめ清書した原稿に基づき、遺言の内容を読み上げて1項目ずつそのとおりの内容でよいか遺言者に確認を求めたところ、遺言者はこれに対して「ハー」「ハイ」という返答の声を発するだけでそれ以外は一言も発しな

かったという例［判例12］、遺言が比較的複雑な内容であるにもかかわらず、公証人が、信託銀行において作成された原案を条項ごとに読み上げて確認したところ、遺言者は「はい」「そのとおりで結構です」などの簡単な返事をするにとどまったという例［判例20］では、いずれも結論として遺言能力が否定されている。

これに対して、［判例7］は、遺言執行者を誰にするかという問題について、遺言者自らが2名の者を挙げ、最終的にはそのうち1人を指名したという事情を、遺言能力を肯定する根拠の一つとしている。

イ　自筆証書遺言

自筆証書遺言に関しては、遺言者が、問題となった遺言で全財産を相続させるとされていた者に旅行に連れられて行った機会に作成されたという遺言作成に至る経緯が、遺言能力を否定する根拠の一つとされた例がある（前掲［判例19］、このケースでは、遺言書は自動車に置かれていたレポート用紙を用いて作成されたものであり、遺言書の体裁にも問題がある）。

ウ　遺言内容の変更があった場合

問題となっている遺言の前に、すでに遺言書が作成されていて、内容が大きく変更されている場合には、変更をすべき事情があったのか否かが重要であり、これが否定される場合には、遺言者の自発的意思、ひいては遺言能力が否定されやすくなる。遺言能力を否定した前掲［判例19］は、従前、相当の価値のある財産を複数の相続人に相続させる遺言書を作成していたが、問題となった遺言では、そのうちの1人にすべての財産を相続させる旨に大幅に変更されていたが、変更をすべき特段の事情は見当たらないことを認定している。また、従前、遺産の大部分を実子2人に相続させる遺言を、同人らに一切相続させない旨の遺言に変更した例についても、変更すべき事情が認められないことをひとつの根拠に、遺言能力を否定している［判例17］。

❗ 公正証書遺言作成にあたって

遺言能力は、遺言作成時において存在しなければならない。したがって、遺言能力をめぐって争われる場合、作成時の状況はきわめて重要である。［判例9］では、本件遺言の作成状況を詳細に設定し、公証人が遺言者の意思能力の有無について十分な確認をしたうえで本件遺言書を作成したものとは認めがたいとして、遺言能力が否定された。公証人が作成に関与する公正証書遺言であっても、作成過程に問題があれば遺

言能力は否定されることは大いにありうる（[**判例11**]は、遺言者の遺言能力に問題があるとは考えなかった旨の公証人の証言により、遺言能力がないとした認定は覆らないと判示している）。

遺言書の作成を依頼された弁護士としては、遺言者となるべき者の判断能力の状況および推移を慎重に見きわめた上で、少しでも疑問を感じた場合には、事前に遺言者と面談を行って遺言者の意思を慎重に確認し、作成時、特に口授の段階においては、遺言書の内容について時間をかけて丁寧に確認すること、積極的な発言を引き出しておくことも、重要であろう。その際には、事前に公証人と作成方法についての打合せを行っておくことも必要であろう。

また、これは口授の際の立会いの問題ともからむことであるが、後日紛争が生じないよう、立会人には親族や受遺者等の利害関係人ではない、中立の第三者を同伴し、かつ利害関係人には立会い自体を遠慮してもらえるよう理解を求めることが必要な場合もあろう。

以上のような留意点に基づいて実際に遺言書を作成する場合（特に、遺言者の死亡後に深刻な紛争が生ずることが予想される場合）には、後日資料として役立てるために、作成状況を詳細に記録して、報告書等の形で保管しておくという方策を考えるべきである。

❺　遺言書の体裁

遺言書の文字の記載、文章の体裁等、遺言書自体の体裁が整っていないことは、遺言者の遺言能力が否定される要素となる。

遺言書自体、きわめて乱れた字で書かれ、全文としての文書の体裁も整っておらず、唯一その内容を記載した部分も、漢字のほか、カタカナとひらがなが混在して使用され、かつ、語順も通常でない遺言書［**判例10**］、単純な内容であるのに激しく乱れ、書き損じが多数ある遺言書［**判例15**］、文字自体判読困難なものが含まれている遺言書［**判例16**］が問題とされた例では、いずれも結論において遺言能力を否定されている。

このように遺言書の体裁が問題とされるのは、遺言者による全文の自書が要求される自筆証書遺言においてである。自書能力自体に問題がなくとも、筆記に困難がある場合には、全文の自書が要求されない公正証書遺言や秘密証書遺言の活用を考えていくべきであろう。

❻ 遺言者と受遺者の関係

　問題となっている遺言書が、指定された相続人や受遺者に有利なものである場合、これらの者と遺言者の間に遺言書の内容を根拠付けるだけの事情が認められる場合には、遺言能力を否定する要素となる。

　前掲［判例19］は、他にも推定相続人が数人いるにもかかわらず、全財産を相続することとされた者と遺言者との間に、遺言内容を根拠付けるほどの事情が認められないとしている。

(2)　実務上の指針　〜高齢者の遺言のあり方〜

　上記(1)で概観した判例・裁判例の判断要素に照らすと、弁護士が高齢者の遺言書作成を依頼された場合のポイントは概ね以下のとおりである。

❶　依頼を受けたら——遺言能力のチェックを怠りなく

　▶本人・関係者から入念な事情聴取を　　遺言者となるべき者との面談によって、遺言者の遺言書作成意思、および希望する遺言の内容について十分な聴取りを行うことは当然であるが、遺言者の心身の状況等を十分に観察して遺言能力の有無・程度について十分に確認する。

　遺言者以外の親族等の利害関係人が依頼に訪れた場合（特に親族の一部が遺言書の作成を主導していることをうかがわせる事情がある場合）にも、本人からの事情の聴取を怠ってはならない。また、依頼に訪れた親族はもちろん、それ以外の親族に対しても、遺言書作成を依頼するに至った経緯、本人の生活状況、病状について聴取りを行い、遺言能力を判断するための一助とする。

　▶早期に主治医と連絡を。評価スケールの実施も視野に　　本人が病気療養中である場合には、早期に主治医と連絡をとり、病状や心身の状況について聴取することが不可欠であろう。判断能力の低下が疑われるにもかかわらず、本人が医師の診療を受けていない場合には、評価スケールの実施を含めた医師の診断を受けるよう求めるべきである。

❷　遺言書の文案作成段階——将来の紛争防止の観点を取り入れる

　▶遺言能力に見合った内容に　　上記❶でチェックした事情を踏まえて、遺言者の意思を正確に反映し、かつ遺言者の能力に見合った簡明な遺言書の文案を作成する。作成した文案については、本人に示し、本人が十分に理解しているかのチェックを怠ってはならない。

▶**本人の能力にマッチする遺言の方式を選択**　遺言者の自書が可能であるか否かに応じて、適切な遺言の方式を選択する（前記(1)❺参照）。

❸　**遺言書作成段階——紛争防止のために細心の注意を**

▶**主治医に立会い、診断書の作成を依頼**　作成時においては、本人の状態について、主治医の立会いを求め、場合によっては、作成時における本人の遺言能力の存在および程度について診断書を作成してもらうことも有用である。認知症や脳梗塞に罹患したことによって判断能力が低下しても、以後一切の遺言能力を喪失するわけではないから、作成のタイミングについて、主治医のアドバイスを求めるというのも有効な場合もあろう。

▶**利害関係人の立会いは避けたい**　遺言書作成時には、利害関係人の立会いを遠慮してもらえるよう、親族らに理解を求めることが必要になる場合もあろう。

▶**公証人との事前の打合せは綿密に**　公正証書遺言を作成する場合、公証人との間で本人の状態に関して十分な意思疎通を行い、場合によっては、十分な時間をかけた丁寧な意思確認をしてもらうよう打合せしておくことが求められる。公証人が遺言事項を読み上げて確認する形で口授を行う場合には、できるだけ、本人の積極的な言動を引き出すような工夫をしてもらえるよう、あらかじめ公証人に伝えるべきである。

❹　**各段階における客観的資料の収集・確保**

▶**客観資料の収集が紛争を防ぐ**　関係者への聴取事項をまとめたメモ、主治医の診断書のほか、作成時の状況をビデオカメラで撮影したビデオテープ等、後日紛争が深刻化することのないよう、客観的資料の収集・確保を心がける。

▶**前の遺言書がないかは必ず確認**　従前作成済みの遺言書があれば、これを取り寄せ、現在の遺言との整合性を確認するとともに、大幅な変更があると考えた場合には、変更すべき事情に関する客観的資料の収集に努めるべきである。

❺　**主治医との密接なやりとり——高齢者の遺言において主治医の協力は不可欠**

主治医との間で早期に信頼関係を築き、緊密に連絡を取り合うことはきわめて重要である。本人の状態の推移について常時連絡をとれるような関係を築いておくことはもちろん、診断書の作成や、遺言書作成時の立会い等、主治医の助力を求めなければならない場面が非常に多いことに留意したい。

7　遺言の執行

❶　遺言執行者の実務上の留意点

(1)　遺言執行者の役割

❶　遺言執行者の指定・選任

　遺言執行者に就職する方法としては、遺言により指名される場合と、家庭裁判所から選任される場合の2つがある。

ア　遺言による指定

　遺言者は、遺言で1人または数人の遺言執行者を指定し、またはその指定を第三者に委託することができる。

　遺言執行者の資格に制限はないため、自然人のほか、法人でも可能である。欠格事由（民1009条）に該当する者は遺言執行者になることはできないが、欠格事由の有無は遺言作成時ではなく、就職の承諾の時点で判断されるので、遺言作成時に未成年者や破産者である者を指定することも可能と解される。

　遺言執行者に指定された者は、指定により当然に遺言執行者に就任するのではなく、執行者への就職を承諾することによりその任に就くことになる。遺言により遺言執行者に指定された者は、自由な判断により就職を承諾するか否かを決定すればよく、承諾すべき義務はない。

　また、相続人その他の利害関係人は、被指定者に対して、相当の期間を定めて、その期間内に就職を承諾するかどうか確答すべき旨を催告することができる。被指定者がその期間内に相続人に対して確答しないときは就職を承諾したものとみなされる（民1008条）。

　遺言執行者への就職を承諾する場合、後述するとおり、直ちにその任務を開始するとともに（民1007条1項）、遅滞なく遺言の内容を相続人に通知しなければならない（同条2項）。他方、就職を辞退する場合には、必ずしも通知は必要とされないが、相続人等から諾否の催告を行使されることを考えると、書面

で辞退の意思表示を行うことが望ましい。

　なお、弁護士が遺言作成に関与し、遺言執行者に指定された場合、生前に遺言者と弁護士との間で有償の遺言執行者となることの契約が締結されているといえるので、弁護士が就職を拒絶すれば、遺言者との間で債務不履行となるおそれがある[1]。しかし、遺言作成後の事情、たとえば弁護士の健康や業務体制上の事情等により遺言執行業務を遂行できない場合や、相続人間の熾烈な相続争いの中で遺言執行業務の中立性、公正さを担保しえないような状況が発生した場合等、遺言執行者の就職を辞退することが適切な場合もありうるので、遺言者と委任契約を締結する段階で、遺言者に対し、事情によっては遺言執行者の就職を辞退する場合があることを説明した上で、これを契約内容に盛り込んでおく工夫が必要である。

イ　家庭裁判所による選任

　遺言執行者がないとき、またはなくなったときは、利害関係人の請求により、家庭裁判所に遺言執行者を選任することができる（民1010条）。

　「遺言執行者がないとき、またはなくなったとき」とは、遺言で遺言執行者の指定がされていない場合や、指定された者に欠格事由がある場合、遺言執行者への就職を拒否した場合、死亡していた場合、遺言執行者が辞任、解任された場合等である。

　利害関係人とは相続人や受遺者等を指す。

　遺言執行者の選任申立ては、相続開始地の家庭裁判所に対して行う（家事手続209条、別表1の104）。申立てに際しては、遺言執行者の候補者を推薦するのが一般的であり、申立人の代理人弁護士が自らを候補者として推薦することも可能であるが、裁判所は推薦に拘束はされないので、注意を要する。

　家庭裁判所は、遺言の内容から遺言執行者の要否を検討して、必要と判断した場合には、候補者の意見を聴いた上で（家事手続210条2項）、遺言執行者を選任することとなる。

　遺言の内容が、執行行為を必要としない場合には、選任の申立ては、選任の利益を欠くものとして却下される。そのため、申立ての際には、当該遺言の内容を実現するために、執行行為を必要とするかを検討しなければならない。た

1）中川善之助＝加藤永一編『新版　注釈民法〈28〉相続(3)補訂版』（有斐閣、2002年）315頁参照。

とえば、遺言の内容が、未成年後見人の指定（民839条）、未成年後見監督人の指定（同848条）、遺産分割方法の指定およびその指定の委託（同908条）、相続分の指定およびその委託（同902条）のみの場合などは、執行の必要はなく、遺言執行者を選任する必要はない。

　なお、遺言の有効性に争いがあるとき、家庭裁判所は、遺言が無効であることが一見明らかである場合には、申立てを却下することができるが、実体的審理を待って初めて決せられるような場合には、その効力について審判することなく遺言執行者を選任しなければならない（東京高決昭和27年5月26日家月5巻4号114頁）。

❷　遺言執行者の就職

　遺言執行者は、就職を承諾したときは、直ちにその任務を行わなければならない（民1007条1項）。

　また、従前、遺言執行者の就職の通知について、法律上の規定はなかったが、平成30年民法改正により、遺言執行者は、その任務を開始したときは、遅滞なく、遺言の内容を相続人に通知しなければならないこととなった（民1007条2項）。この通知は、相続人に対して遺言の存在およびその内容を知らしめ、相続人による遺産の処分行為等を防止する効果がある。

　なお、通知義務は相続人に対してのみであるが、遺言の内容や相続人の態度等によっては、相続人だけでなく、受遺者や関係する金融機関等に対しても通知を行うことが適切である場合もある。

　また、遺言執行者が遺産につき管理その他遺言の執行に必要な一切の権利、義務を有し、他方、相続人に遺産の管理処分権が存しないことも明示して、相続人らが遺産を勝手に処分するなど遺言の執行を妨げるような行為をしないよう理解を求めるべきである。

　遺言執行者が、相続人らに対し通知を怠り、その結果、相続人らが何らかの損害を蒙ったとき、遺言執行者は、相続人らに対し、損害賠償の責任を負う可能性があるので注意が必要である（東京地判平成19年12月3日判タ1261号249頁参照）。

❸　遺言執行者の地位と権限

ア　遺言執行者の地位

　従前の民法では、遺言執行者は「相続人の代理人とみなす」とされていた（改正前民1015条）。これは、遺言執行者は遺言者の最終意思を実現するという意

味で遺言者の代理人と呼ぶべき立場であるが、死者を代理することはできないことから、その地位を承継している相続人の代理人として扱うという法的擬制であった。しかし、遺言者の意思と相続人の利益は必ずしも一致するわけではないところ、遺言執行者が相続人の利益のために遺言執行をするかのような誤解を生じるおそれがあったことから、平成30年民法改正で、上記規定は削除され、遺言執行者は「遺言の内容を実現する」ために職務を行う立場であることが明記された（民1012条1項）。

イ　遺言執行者の権限

遺言執行者は、遺言の内容を実現するため、相続財産の管理その他遺言の執行に必要な一切の行為をする権利義務を有する（民1012条1項）。

具体的には、遺言執行者は相続財産について排他的な管理処分権を有しており、相続財産の存否を調査したうえ、必要に応じて管理者から相続財産の引渡しを受け、また訴訟提起も含め、遺言執行の妨害を排除する行為をすることができる。さらに、遺言の内容によっては、相続財産の売却・換価などの処分行為をすることができる。

遺言執行者がある場合には、相続人は、相続財産の処分その他遺言の執行を妨げるべき行為をすることができない（民1013条1項）。これに違反して行われた相続人の行為は無効となるが、平成30年民法改正により、その行為の無効を善意の第三者に対抗することはできないとし、絶対的無効から相対的無効と改められた（同条2項。136頁参照）。なお、相続債権者が相続財産について権利を行使することは妨げられない（同条3項）。

遺言によって遺言執行者が指定されている場合には、遺言執行者の就任前であっても、相続人は相続財産についての処分行為をすることができないと解されている（最判昭和62年4月23日判時1236号72頁）。

ウ　遺言執行者の復任権

従前、遺言執行者はやむをえない事由がなければ復任は禁止されていたが、平成30年民法改正により、自己の責任で第三者にその任務を行わせることができるようになった（民1016条1項）。ただし、遺言者が遺言に特段の意思を表示した場合にはそれに従わなければならない。

遺言執行者が第三者に任務を行わせた場合、遺言執行者は相続人に対して責任を負うことになるが、復任についてやむをえない事由があるときは、その選

任・監督についてのみ責任を負うことになる（同条2項）。

❹ 遺言執行者の権利・義務

ア 費用償還請求権

遺言執行者が遺言を執行するために必要な費用を支出した場合、相続人に対してその費用の償還を請求できる（民1012条1項、650条1項）。また、遺言執行者が遺言執行事務を処理するのに必要な債務を負担したときは、相続人に対し、自己に代わって弁済をすることを請求できる（民650条2項）。また、遺言執行者が、遺言執行のために過失なくして損害を受けた場合には、相続人に対して、その損害の賠償を請求することができる（同条3項）。

遺言の執行に関する費用とは、遺言書の検認手続に要した費用、相続財産目録作成の費用、不動産の分筆に必要な費用、訴訟提起のための訴訟費用などをいう。

なお、遺言執行に関する費用は、相続財産の負担とされているため相続人の固有の財産に対して請求をすることはできないとされている（民1021条）。

イ 報酬請求権

遺言執行者は、遺言執行の報酬を請求することができる（民1018条、648条2項・3項）。家庭裁判所は、相続財産の状況その他の事情によって遺言執行者の報酬を定めることができる（同1018条、家事手続209条、別表第1の105）。報酬付与の審判は、遺言執行者の報酬額を決定するだけであり、執行力はない。相続人が任意に支払わない時は、別途、給付訴訟を提起するほかない。

遺言に報酬の定めがある場合には、それによることになる（民1018条）。そのため、弁護士が遺言書の作成に関与し、遺言執行者に指定される場合には、あらかじめ遺言で報酬額の具体的基準についても記載してもらうことが、相続人との事後のトラブル防止のために望ましい。

ウ 善管注意義務

遺言執行者は、善良な管理者としての注意をもって、任務を遂行する義務を負っている（民1012条、644条）。この義務を怠った場合には、委任者である相続人に対して債務不履行責任を負うことになる。特に、弁護士が遺言執行者に就任した場合、法律の専門家として高度の注意義務が求められるので留意する必要がある。

遺言執行者の注意義務に関する裁判例として、被相続人の危急時遺言作成に

証人として関与し、また遺言執行者に指定された弁護士が、遺言書の内容が、遺言としての効力を有しないものであったのに、外見上の受遺者に対して速やかに遺言として効力を有しない旨を告げず、同人が被相続人の遺産に対する権利行使の機会を失わせたのは、法律の専門家として負っている注意義務に反するものであったとして、慰謝料の賠償責任を認めたものがある（東京地判昭和61年1月28日判タ623号129頁）。

エ　報告義務

遺言執行者は、相続人の請求があるときは、いつでも遺言執行の状況等について報告する義務があり、この義務を怠った場合には、債務不履行責任を負うことになる（民645条）。

報告義務に関する裁判例として、遺言執行者である司法書士が、相続人が依頼した弁護士による遺言執行状況を報告の対象とした弁護士法23条の2に基づく照会に対して、当該相続人（戸籍上被相続人の子とされている）が真に相続人であるか疑問であるとの独自の判断により、守秘義務があるとして執行状況の報告を拒否した事案について、遺言執行者は相続人に対して遺言執行の内容について報告する義務を負っているところ、同司法書士が報告を拒否したことには正当な事由が認められず、違法との評価を免れないとし、またその判断には少なくとも過失があったとして、相続人からの慰謝料請求を認めたものがある（京都地判平成19年1月24日判タ1238号325頁）。

オ　受取物引渡し等の義務

遺言執行者は、遺言執行にあたって受領した金銭やその他の物、収受した果実等を相続人に引き渡さなければならない（民646条）。

カ　任務の開始義務

遺言執行者は、就職を承諾したときは、直ちにその任務を行わなければならない（民1007条1項）。

キ　財産目録の作成・交付義務

遺言執行者は、遅滞なく相続財産の目録を作成し、相続人に交付しなければならない（民1011条）。

ク　補償義務

遺言執行者は、相続人に引き渡すべき金銭またはその利益のために用いるべき金銭を自己のために消費したときはその消費した日以後の利息を支払わなけ

ればならない。さらに損害があるときは相続人に対し、その損害を賠償する責任を負う（民647条）。

❺　遺言執行者の職務

ア　相続人の調査

遺言執行者は、就任後遅滞なく、相続人らに対し、遺言執行者に就任したことを通知するため、相続人らの氏名、所在等について調査する必要がある。

相続人の調査にあたっては、遺言者の出生から死亡までのすべての戸籍を確認しなければならない。現在の戸籍から過去に１つずつ遡って調べる必要がある。

なお、遺言書の作成に関与している弁護士は、遺言書の作成時に、相続人について調査をし、相続人関係説明図を作成していると思われる。したがって、遺言執行者に就任した後は、遺言書作成後の相続人の変動について、補充的な調査を行えば足りる。

イ　相続財産の調査・管理

遺言執行者は、遺言執行を行う前提として、まず、その対象となる相続財産について、その内容、存否、所在、保管状況等の調査を行う必要がある。遺言書に記載されている財産はもちろんのこと、遺言書の作成後に取得した財産についても調査を行わなければならない。遺言執行者は、相続人等から聴取りを行い、現場を確認して、その保管状況を把握すべきである。

なお、弁護士が遺言書の作成に関わっている場合は、相続財産の概括的な調査が終了していると思われるので、遺言書作成後の遺産の変動を中心に調査することになる。

ウ　財産目録の作成

遺言執行者は、遅滞なく相続財産の目録を作成して、相続人に交付しなければならない（民1011条１項）。したがって、遺言執行者は、就任後直ちに相続財産について調査を行い、財産目録を作成することになる。

財産目録の作成・交付には、遺言執行の対象となる相続財産の範囲を明確にし、遺言執行者の管理処分権の範囲を明示する機能がある。

財産目録の方式や具体的な記載内容について、法律上は特別の定めはない。一般的には、相続財産を個別に列挙することになるが、遺言執行の対象となる相続財産の範囲を特定するという財産目録の趣旨を逸脱しない範囲であれば、

ある程度概括的な記載も許されると解されている。個々の財産の具体的評価額をすべて記載する必要もないし、債務についても遺言の執行に関わる範囲内で記載すれば足りるとされている。なお、財産目録の作成にあたり、相続人の請求がある場合には、相続人に立ち会わせるか、公証人に財産目録の作成を依頼しなければならない（民1011条2項）。

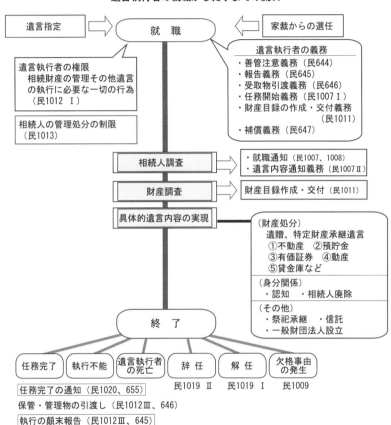

遺言執行者の就職から終了までの流れ

(2) 遺言執行者と弁護士倫理

弁護士が遺言書の作成に関与した際、弁護士を遺言執行者として指名する例が多い。法律の専門家である弁護士が遺言執行者となることは、遺言執行の業

務を円滑に進めることができ、また遺言者の生前の意思にも適う。しかし、他方において、相続人間の熾烈な相続争いの渦中に巻き込まれる危険性をはらんでいる。遺言執行者に就任した弁護士が懲戒処分を受けた事例は多数にのぼる。遺言執行者に関する懲戒事例がこれほど多い理由としては、遺言執行者が遺言によって不利な扱いを受けた相続人らから攻撃の対象になりやすいこと、遺言執行者自身がともすれば遺言によって利益を受ける相続人が依頼者であるかのような意識に陥りやすいことなどが挙げられよう。

遺言執行者の懲戒事例として、職務懈怠に関するもの、報酬に関するもの、利益相反に関するものが多い。

その中でも、弁護士の多くが陥りやすいのは利益相反事案であると思われる。具体的には、遺言執行者である弁護士が、相続人間の紛争について一部の相続人から受任して代理人として活動する場合である。

遺言執行者である弁護士が遺留分減殺請求事件の相手方当事者の代理人となることは、品位を失うべき非行にあたるとされた。また、遺言執行者に指定されていた弁護士が遺言執行者に就任する以前に、自己が所属する共同事務所の弁護士を一部の相続人に紹介し、紹介された弁護士が他の相続人との間で遺留分減殺請求の調停の代理人となり訴訟活動を行い、その後、遺言執行者に指定された弁護士が相続人間の争いが解決しない間に遺言執行者に就任し、遺言を執行したという事案において、弁護士の紹介行為は遺言執行者に指定された弁護士としての職務の公正、中立さを害し、また遺言執行についても遺言執行者の職務の遂行についての中立性、誠実公正さを疑わせるものであるとして懲戒処分とされた（平成21年5月東京弁護士会懲戒委員会決議）。

２　遺言書の検認手続の実務上の留意点

(1)　遺言書の検認

公正証書遺言については、家庭裁判所の検認手続を経る必要はない（民1004条2項）。これに対して、自筆証書遺言や秘密証書遺言の保管者は、相続の開始を知った後、遅滞なく、家庭裁判所に検認を請求しなければならない。遺言書の保管者がない場合において、遺言書を発見した相続人についても同様である（同条1項）。

そのため、弁護士が自筆証書遺言や秘密証書遺言の作成に関与したとき、遺言者に対し、遺言者の死後に家庭裁判所の検認手続が必要である旨を十分に説明する必要がある。また、弁護士が遺言書を保管している場合（弁護士が遺言執行者として指定されている場合が多いであろう）、遺言者の死後、遅滞なく検認を請求しなければならない。弁護士が遺言者の死亡の事実を迅速に把握できるよう、その連絡体制を整えることも必要であろう。

　遺言者が弁護士等の法律の専門家のアドバイスを受けず、単独で自筆証書遺言を作成した場合、遺言者の死後、相続人らが生前に遺言者から預かった遺言書や発見した遺言書を持参して、弁護士の下に相談に来るケースも多い。法律相談を担当した弁護士は、検認手続について的確な説明をしなければならない。また、場合によっては検認手続の代理人として事件を受任する事例も今後増えていくと思われる。

　近時、自筆証書遺言の利用が一般市民の間に普及するにつれて、家庭裁判所における遺言書の検認件数が年々増加している。司法統計によれば、家庭裁判所での遺言書の検認事件数（新受件数）は、昭和60年には3301件だったのが、平成20年は1万3632件、平成30年には1万7487件[2]と急増している。相続法の改正によって自筆証書遺言の方式が緩和されたことから、自筆証書遺言の利用は今後も増加するものと予想される。

　なお、令和2年（2020年）7月10日に施行された「法務局における遺言書の保管等に関する法律」によって、法務局において自筆証書遺言に係る遺言書を保管する制度が新設される。法務局で保管されている遺言書については、遺言書の検認手続の規定は適用されない（遺言保管11条）ことに注意を要する。

❶　検認の意義・効力

　遺言書の検認は、遺言の方式に関する一切の事実を調査し、その現状を明確にして偽造や変造を防止するための一種の検証手続である。具体的には、遺言書の形状、加除訂正の状態、日付、署名など検認の日現在における遺言書の状態が確認される。したがって、これによって内容の真否や遺言書の有効性など実体法上の効果が判断されるものではない（大決大正4年1月16日民録21輯8頁）。

　なお、家庭裁判所における検認手続を経ずに遺言書の執行がなされた場合

2）平成30年度司法統計家事事件編第2表。

は、5万円以下の過料に処せられる（民1005条）。ただし、検認手続を経ずに遺言を執行した場合でも遺言そのものが無効になるわけではないため、その執行行為は無効とはならないと解される。

実務においては、遺言の執行に際して、検認手続を経ていることが求められる場面は少なくない。たとえば、不動産登記実務では、相続を原因とする所有権移転登記申請において、自筆証書である遺言書を相続を証する書面として添付する場合には、検認手続を経ていることが要求されている。また、預貯金の解約等の手続においても、金融機関から検認調書を要求されるのが一般的である。

❷ 検認の申立て

検認の申立権者は、遺言書の保管者、保管者がいない場合は遺言書を発見した相続人である（民1004条1項）。この保管者には、遺言者から預託された保管者だけではなく、事実上の保管者も含まれると解されている。

弁護士が遺言で遺言執行者に指定されている場合も、遺言書の検認の申立権者が上記の者に限られるので、検認の申立てはできない。しかし、弁護士が遺言書を保管している場合には、保管者として検認の申立てをしなければならない。

検認の申立ては、公益的な見地から、申立人の一存で取下げをして事件を終了させることは相当ではないと考えられるため、審判がされる前であっても、家庭裁判所の許可を得なければ取り下げることができない（家事手続212条）。

【次頁1-7-1参照】

申立先は、相続が開始した地を管轄する家庭裁判所である（家事手続209条1項、別表第1の103）。

検認の申立書には、遺言者の出生時から死亡時までのすべての戸籍（除籍、改製原戸籍）謄本、相続人全員の戸籍謄本、封印されていない場合は遺言書の写し等を添付する。

❶ 「遅滞なく」検認の請求

弁護士が遺言書を保管している場合は、遺言者の死後「遅滞なく」検認の請求をしなければならない。「遅滞なく」とは遺言者の死亡からいつの時点までに申し立てればよいかが問題となる。実務上は、四十九日法要が終わった時点か、3か月程度経過した時点でなされるケースが多いようである。保管者である弁護士が、合理的な理由もなく、死亡後、相当長期間経過した時点で検認の申立てを行った場合、相続人らからクレームを受け、損害賠償を請求されたり、懲戒申立てを受けるおそれがあるので注意

を要する。遺言書を保管している弁護士は、遺言者の死亡の情報を早期に得るために、生前、遺言者に対し、弁護士宛に遺言者死亡の事実を伝える者を指定してもらったり、定期的に遺言者の安否を確認する等の工夫が必要である。

1-7-1 検認申立書

遺言の検認申立書

令和○年○月○日

○○家庭裁判所　御中

住　所　（略）
連絡先　（略）
申立人代理人弁護士　丙　山　良　一　㊞

（申立人の表示）　略
（遺言者の表示）　略

申立ての趣旨
遺言者の自筆証書による遺言書の検認を求める

申立ての理由
1. 申立人は、遺言者の長男であり、遺言者と同居していたところ、平成○年○月○日に遺言書の預託を受け、申立人が保管していた。
2. 遺言者は、令和○年○月○日死亡したので、遺言書（封印されている）の検認を求める。
3. 遺言者の相続人、その他利害関係人は別紙相続人目録記載（略）のとおりである。

添付書類
1　相続人全員の戸籍謄本		1通
2　遺言者の戸籍（除籍・改製原戸籍）謄本		1通
3　遺言書写し		1通
4　委任状		1通

❸　検認の実施

　家庭裁判所は、申立人や相続人に対し、検認の期日を通知しなければならない（家事手続規115条1項）。ただし、申立人以外の相続人が検認期日に出席するかどうかは、各人の判断に任されており、全員が出席しなくても検認手続は実施される。検認がなされた場合、裁判所書記官から、検認期日に立ち会わな

かった相続人、受遺者、その他の利害関係人に対し、検認手続が実施された旨が通知される（同条2項）。

申立人である遺言書の保管者または遺言書の発見者は、検認期日の当日、遺言書の原本を提出しなければならない（民1004条）。実務上は、遺言書が封印されていない場合には、申立て時に遺言書の写しを提出し、検認期日の当日に遺言書の原本を提出すればよい。

家庭裁判所は、検認手続において、遺言の方式に関する一切の事実を調査し（家事手続規113条）、申立人や立会人の氏名住所、遺言の方式に関する事実の調査の結果等を記載した検認調書を作成しなければならないとされている（家事手続211条、家事手続規114条1項）。検認調書には、偽造変造を防ぐために、紙の質、形状、文字の配列、筆記具の種類、文字の色、加除訂正の有無など、遺言書の外形から認識できる主要な事項が記載される。

検認が必要な遺言書に基づいて遺言を執行する場合は、検認済証明書が付いていることが必要になる。そこで、遺言執行が予定されている場合には、検認済証明書の申請を忘れてはならない。検認済証明書の申請がなされると、裁判所書記官は、遺言書末尾に検認済証明書を編綴、契印して、遺言書を申立人に返還することになる。

❗ 検認調書の記載事項

　弁護士が申立人以外の相続人の代理人として検認手続に立ち会う場合もある。この場合、後日、遺言の有効性をめぐって訴訟が提起される可能性もあることを視野に入れて、検認手続において、申立人が遺言書を保管するに至った経緯、相続人が遺言書を発見した経緯等、遺言の形状以外の事項についても調査してもらい、これらの事項を検認調書に記載してもらう等の工夫が有益である。

(2) 遺言書の開封

封印のある遺言書は、家庭裁判所において相続人またはその代理人の立会いがなければ、開封することができない（民1004条3項）。実務上、遺言書の開封は、検認期日において行われている。

家庭裁判所外において封印のある遺言書の開封をした者は、5万円以下の過料に処せられる（民1005条）。

3 各種執行手続

(1) 特定財産承継遺言における執行手続

これまでの遺言実務においては、遺言者が「特定の財産を特定の相続人に相続させる」旨の遺言（いわゆる「相続させる」遺言）が広く行われてきた。

すなわち、遺言者が特定の財産とりわけ不動産を特定の相続人に継がせたい場合、遺贈の方法によることは可能であったが、かつては遺贈は相続よりも登録免許税が高額であったことから、相続の枠組みの中で承継するための工夫として、公正証書遺言実務で「相続させる」遺言が生み出され、遺言実務全般に定着してきたものであった。

この「相続させる」遺言の法的性質には様々な議論があったが、最判平成3年4月19日（民集45巻4号477頁）において、遺贈ではなく遺産分割方法の指定として位置付け、かつ、遺産分割手続や当該相続人の受諾の意思表示等の何らの行為も要せずに被相続人の死亡時に直ちにその遺産が当該特定の相続人に承継されるものであると判断した。

平成30年民法改正では、この「相続させる」遺言について、「遺産の分割の方法の指定として遺産に属する特定の遺産を共同相続人の一人又は数人に承継させる旨の遺言」と定義した上で、「特定財産承継遺言」として法定された（民1014条2項）。

以下、遺言執行者は、具体的にどのような職務を負うか検討する。

❶ 不動産の執行

ア 調査および管理

遺言執行者は、最新の登記事項証明書を取り寄せ、対象不動産の権利関係に変動がないかを調査するとともに、実際に現地に赴き、不動産の現状の確認を行うべきである。

また、遺言執行者は、相続人や関係者から、登記移転に必要な書類（権利証、登記識別情報通知書等）を預かり、保管しなければならない。対象不動産が賃貸借契約の目的物とされている場合には、賃貸借契約書等を検討し、その契約内容を把握しなければならない。

イ　執行

特定財産承継遺言は、遺産分割手続や当該相続人の受諾の意思表示等の何らの行為も要せずに被相続人の死亡時に直ちにその遺産が当該特定の相続人に承継されるものであることからすれば、不動産の登記名義が被相続人に存する場合、受益相続人は単独で相続を原因とする所有権移転登記手続を行うことができる。この理屈からすると、遺言執行者の遺言執行行為が介在する余地はないようにも思えるが、受益相続人に所有権移転登記手続を任せっきりにしてしまうと、登記手続が遅滞し、その間に、他の相続人により所有権移転登記がなされ、遺言の実現が妨害されるおそれが生じかねない。そのため、平成30年民法改正では、遺言執行者は受益相続人に対抗要件を備えさせるため必要な行為を行えるようになり、遺言執行者の立場でも受益相続人に対する所有権移転登記手続を行えるようになった。

また、他の相続人により受益相続人以外の者に所有権移転登記がなされた場合、遺言執行者は、遺言執行の一環として、かかる妨害を排除するため、登記名義人に対し、所有権移転登記の抹消登記手続、もしくは、真正な登記名義の回復を原因とする受益相続人への所有権移転登記手続を求めることができる（最判平成11年12月16日判時1702号61頁）。なお、この場合には、受益相続人自身も、妨害排除請求として所有権移転登記の抹消登記手続や真正な登記名義の回復を原因とする所有権移転登記手続を求めることができる。

❷　預貯金の執行

ア　調査および管理

遺言執行者は、就任後速やかに通帳や届出印鑑を保管者から預かり、各金融機関に残高証明を照会する必要がある。また、通帳等の所在が不明確な預貯金については、相続人等からできる限り、事情聴取をするとともに、各金融機関に残高確認等の照会をし、預貯金の存否を調査する必要がある。

なお、相続人が遺言執行者の同意なく引き出すことができないよう、速やかに金融機関に就任した旨の通知を行うべきである。

イ　執行

特定財産承継遺言の対象財産が預貯金である場合、これまでは法律上、明確な規定がなかったことから、金融機関の実務は必ずしも統一されておらず、遺言執行者が払戻請求をしても、受益相続人との連署を求められたり、全相続人

の同意書を求められる場合などもあった。

　そのため、平成30年民法改正では、遺言執行者の権限が明確化され、遺言執行者は、金融機関に対し、預貯金の払戻しの請求および預貯金にかかる契約の解約の申入れをすることができることが明記された（民1014条3項）。ただし、解約の申入れについては、その預貯金債権全部が特定財産承継遺言の対象である場合に限られる。

❸　株式の執行

　ア　調査および管理

　遺言執行者は、その就任後、遅滞なく就任の通知を証券会社等に通知すべきであることは、預貯金の場合と同様である。また、就任後速やかに株式に関する書類の保管者から、これらを預かる必要がある。

　遺言執行者としては、当該株式が上場株式である場合は、まず、証券会社等に株式の銘柄、株式数等について照会しなければならない。照会に際しては、一般的に、遺言書、遺言者の戸籍・除籍謄本（戸籍・除籍全部事項証明書）、遺言執行者の印鑑証明書などの証明書類が必要になる。具体的な書類は、証券会社ごとに異なるため、照会先の証券会社等にあらかじめ確認しておくことが必要となる。

　対象財産が非上場会社株式であり、株券が発行されている場合において、遺言者が保管していたときは、相続人などから聴取り調査を行い、遺言者の住居や貸金庫などを調査することとなる。また、発行会社に対して株主名簿の閲覧を請求し、名義人の確認をすることも必要となる。

　これに対して、株券が発行されていない場合には、まず遺言書に記載された当該株式の存在自体を確認することになる。調査の方法としては、株式申込書や株式払込金領収証、譲渡契約書などを確認することとなる。また、この場合も、発行会社に対して株主名簿の閲覧を請求し、名義人の確認をすることも必要となる。

　イ　執行

　株式の権利移転手続は、当該株式が上場株式か非上場株式かによって、その方法を異にする。

　上場株式の場合、遺言執行者は証券会社に対し、口座振替申請手続を行い、遺言者名義の口座から、受益相続人名義の口座（受益相続人名義の口座がなけれ

ば、開設手続も行う必要がある）への振替を行うこととなる。必要となる書類については、各証券会社により異なるため、あらかじめ取扱支店に問い合わせておく必要がある。

なお、株主名簿の名義書換については、上記振替手続の結果に基づき、証券会社が行うため、遺言執行者において特別な手続を行う必要はない。

非上場株式の場合は、相続により当然に株式の権利が当該相続任に移転するため、権利の移転のための株券の交付は要しない（会社法128条1項参照）。しかし、遺言執行者は受益相続人が対抗要件を備えるために必要な行為を行うことから、受益相続人が対抗要件を備えるために、発行会社に対して、相続発生の事実および遺言の存在を通知し、名義書換請求の手続をしなければならないし、株券が発行されている株式については株券を保有する者から株券の引渡しを受けて、受益相続人に交付することが必要である。

なお、相続による権利移転の場合、受益相続人自身も、株券が発行されていれば株券を提示し、株券が発行されていなければ相続の事実を証明する方法により、自ら株主名簿の名義書換請求を行うことができる（会社法133条、会社法施行規則22条2項1号・1項4号）。

当該株式が非上場株式である場合、定款に相続人に対する売渡請求の規定が定められていることもある（会社法174条）。この場合には、会社から売渡請求がされる可能性があることにも注意が必要である。

なお、定款により譲渡制限が定められていても、相続させる旨の遺言の場合、制限の対象とならないことから、遺言執行者として、会社に対する承認請求手続を行う必要はない。

❹　貸金庫の開閉

ア　調査と管理

遺言執行者は、就職後速やかに貸金庫の鍵や専用カードを保管者から預かるとともに暗証番号の確認を行う。また貸金庫の設置金融機関等に対し、遺言執行者以外の者が開閉できないように通知しておく必要がある。

イ　執行

遺言執行者が貸金庫の開閉権を有するかについては、これを明示した最高裁判例はないが、遺言執行者が遺言の内容を実現するため、相続財産の管理その他遺言の執行に必要な一切の行為をする権利義務を有することからすれば、貸

金庫の開閉権も有すると考えるべきである。

　なお、遺言執行者が、金融機関に対して貸金庫の開扉請求を行うことが遺言執行者の権限であることを明確にするためには、遺言書の中に遺言執行者に対する開閉権限を付与する旨を記載しておくことが望ましい。

❺　動産の執行（自動車を除く）

ア　調査と管理

　遺言執行者は、目的物の種類や数量、所在等を調査し、占有者から引渡しを受けるなどして、自らの管理下に移し、必要な保管措置を講ずる。高価な宝飾品、絵画や古書、着物、骨董品等については、それぞれの目的物の性質に応じて適切な管理を行うことになる。遺言執行者は、受遺者に引き渡すまでは善管注意義務を負う（民1012条3項、644条）。

イ　執行

　遺言執行者は、目的物を受益相続人に引き渡さなければならない。引渡しは、現実の引渡し、簡易の引渡し（民182条2項）、指図による占有移転の方法（同184条）による。目的物の性質や当初の占有状態に応じて適切な方法を選択する。

❻　自動車の執行

ア　調査と管理

　遺言執行者は、自賠責法上の運行供用者責任を負う危険を避けるべく、速やかに鍵や車検証などを保管者から預かって、原則として自動車の使用ができないようにし、また盗難されないよう適切に保管する必要がある。

イ　執行

　遺言執行者は、他の動産と同様に対象自動車を受益相続人に引き渡さなければならない。しかし、受遺者に対する引渡しは、自動車そのもの（鍵、自動車検査証も含む）の引渡しのほか受遺者への移転登録手続まで行う必要がある（道路運送車両法5条）。

　遺言により遺言執行者が指定されている場合には、遺言執行者は、登録義務者として登録の変更申請をすることができる。名義変更の申請先は、受益相続人が自動車を保管することとなる場所を管轄する陸運支局等となる。その際には、原因証書（遺言書）、遺言者の除籍謄本、自動車検査証、遺言執行者自身の実印、同印鑑登録証明書などを用意する必要がある。

さらに、登録権利者である受益相続人の代理人としても手続を行う場合には、受益相続人からの委任状とその印鑑登録証明書、受益相続人の自動車保管場所証明（車庫証明）などが必要となる。

❼　貸金等の債権・債務

ア　調査と管理

　遺言執行者は、保管者から金銭消費貸借契約書等の関係書類を預かり、債権の内容を把握し、必要があれば、時効の中断措置をとらなければならない。債務者から債権を回収した場合には、受領した金員の管理を行う必要がある。

　また、債務については、相続財産が債務超過になっていれば、破産の申立てをすることができる（破産法224条1項）。

イ　執行

　遺言執行者は、債権の移転に関し、受益相続人に対し、契約書等の関係書類の原本を引き渡さなければならない。

　また遺言者が、遺言書の中で債権を取り立て、回収金を特定の相続人に相続させる旨の意思表示までしていない場合、一般に遺言執行者に取立義務までは生じないと解されている。しかし、受益相続人の承諾を得て、遺言執行者が取り立てることは可能であり、この場合、回収した金員を受益相続人に引き渡すことで執行を全うすることとなる。

　なお、特定財産承継遺言の場合、受益相続人は、債務者にその権利を主張するために対抗要件を具備する必要はない。しかし、遺言執行者としては、債務者に対し、貸金債権が特定の相続人に移転されたことを通知しておくのが望ましいであろう。

(2)　遺贈における執行手続

❶　不動産に関する執行

　権利に関する登記申請は基本的に、登記権利者と登記義務者の共同申請で行われるが（不動産登記法60条）、遺言執行者がある場合には、遺贈の履行は遺言執行者のみが行うことができることから、遺言執行者が登記義務者となる。そのため、遺贈を原因とする所有権移転登記手続は、受遺者と遺言執行者の共同申請で行うこととなる。

　遺言執行者は、遺言の効力が発生したのちは速やかに不動産の所有権移転登

記手続を行わなければならない。不動産の移転登記手続は、特定遺贈の場合に限らず、包括遺贈の場合も遺言執行者と受遺者との共同申請による（東京高決昭和44年9月8日判時572号38頁）。

農地を特定遺贈する場合は、農業委員会や知事の許可が必要である（農地法3条1項本文）。この場合、所有権移転登記手続申請書に農地法上の許可書を添付しなければならないので、遺言執行者は、申請に先立ち当該許可を得ることが必要である。なお、包括遺贈の場合は、包括受遺者が、遺言者の権利義務を包括的に承継し、相続人と同一の権利義務を有することになるので、農地法上の許可は不要とされている。

なお、遺贈の目的である不動産が、相続人から第三者に譲渡されて所有権移転登記がなされた場合、その譲渡行為は無効であるため（民1013条2項）、遺言執行者は、遺言執行の一環として、かかる妨害を排除するため、所有権移転登記の抹消登記手続を請求することができる。ただし、善意の第三者に対抗することはできない。

❷ **預金債権の執行**

預金債権が遺贈された場合、遺言執行者が預金を解約し、払戻しを請求する権限があるか否かについては、必ずしも銀行実務の取扱いが統一されていなかったが、遺言執行者が遺言の内容を実現するために相続財産の管理その他遺言の執行に必要な一切の行為をする権利義務を有するとされたこと（民1012条1項）、特定財産承継遺言の執行の場合は、遺言執行者に預貯金の払戻請求および解約申入れの権限が認められたことからすれば、遺贈の執行の場合にも同様の権限が認められるとみるべきである。

❸ **株式、動産、自動車、貸金債権に関する執行**

具体的な執行方法については、特定財産承継遺言の執行方法と同様である。なお、それぞれについて、以下のとおりの注意点がある。

ア　株式についての注意点

非上場株式である場合、定款により譲渡制限が定められていることが多いが、非上場株式の特定遺贈は、当該譲渡制限の対象となる。この場合、遺言執行者は、発行会社に対して、譲渡承認請求をしなければならない（会社法136条）。なお、受遺者自身が自ら譲渡承認請求をすることも可能である（会社法137条）。

イ　貸金債権についての注意点

特定の債権が受遺者に遺贈された場合、遺言執行者は、受遺者のために、対抗要件を具備しなければならず、債務者に対し確定日付のある債権譲渡通知を行わなければならない（民467条）。

(3) 相続に関する事項の執行手続

❶　相続人の廃除・同取消し

ア　廃除の手続

遺言執行者は、被相続人が遺言で推定相続人を廃除する意思を表示したときは、その遺言が効力を生じた後、遅滞なく、その推定相続人の廃除を家庭裁判所に請求しなければならない（民893条前段）。

この申立ては、乙類審判事項であり、相続開始地の家庭裁判所がその管轄裁判所となる。添付資料として、申立人（遺言執行者）、推定相続人および被相続人の各戸籍謄本（戸籍全部事項証明書）、遺言書の写し、遺言執行者の資格証明書（家庭裁判所で選任された場合）が必要である。

相続人廃除の審判が確定した場合、廃除は被相続人死亡の時に遡ってその効力を生じる（民893条後段）。

この場合、遺言執行者は、審判が確定した日から10日以内に、確定証明付の審判書の謄本を添付して、被廃除者の本籍地または届出人所在地の市町村長に推定相続人廃除届を提出しなければならない（戸97条、63条1項）。

また、審判確定後、裁判所書記官も遅滞なく廃除された者の本籍地の戸籍事務を管掌する者に対し、その旨を通知することになっている。

廃除の審判が確定することにより、推定相続人は相続権が略奪されるのであり、これらの届出は報告的届出にすぎない。届出がなされれば戸籍に廃除された旨が記載される。

なお、推定相続人の廃除の審判が確定するまでは、遺産の帰属が浮動的であり、被廃除者が遺産を第三者に処分してしまう可能性もある。遺産の管理処分権等をめぐる紛争を未然に防ぐため、親族、利害関係人、検察官は、遺産の管理のために遺産管理人の選任を請求することができる（民895条1項）。遺言執行者も、利害関係者として請求できる。もっとも、遺言の中で遺言執行者に遺産の処分に関する事項が含まれているときは、遺産管理人の選任の必要は低い

であろう（民1013条参照）。

イ　廃除取消しの手続

遺言に廃除の取消しの意思が表示されている場合、遺言執行者は、遺言が効力を生じたのち、遅滞なく家庭裁判所に取消しの請求をしなければならない（民894条2項、893条）。

また、遺言執行者は、取消しの審判が確定した日から10日以内に、その旨を届けなければならない（戸97条、63条1項）。

❷　その他の相続に関する事項

相続分の指定（民902条）、遺産分割方法の指定（民908条）、特別受益の持戻しの免除（民903条3項）、相続人相互の担保責任の指定（民914条）、遺留分減殺方法の指定（民1034条ただし書）について遺言で定めた場合、遺言の効力発生と同時に、その効力が生ずる。

したがって、遺言執行者は執行の余地がない。

(4)　身分に関する遺言事項

❶　遺言認知

遺言認知は、遺言者の死亡により遺言の効力が生じ、さらに認知の効力は出生の時に遡って生じる（民985条1項、784条本文）。

ア　認知の手続

遺言執行者は、未成年の子を認知する遺言を執行する場合、その就職の日から10日以内に、戸籍法の規定に従って認知の届出をしなければならない（戸64条）。

具体的には、市区町村役場に備付けの認知届書に必要事項を記載の上、遺言者の本籍地か遺言執行者の所在地の市区町村役場に提出する（戸25条1項）。なお、本籍地以外で届出をする場合は、遺言者の戸籍謄本が必要となる。

認知の届出の際、認知に関する検認済遺言書もしくは公正証書遺言の謄本、遺言執行者の資格証明書（裁判所から選任された場合）を添付する。

成年の子を認知する場合には、以上に加えて、遺言執行者において被認知者の承諾を得ることが必要である（民782条）。具体的には、被認知者から認知届出書に本人の署名捺印をしてもらうことになる（戸38条1項ただし書）。

胎児を認知する場合には、遺言執行者において被認知者の母の承諾を得るこ

とが必要である（民783条1項後段）。具体的には、被認知者の母から認知届出書に母の署名捺印をしてもらい、被認知者の母の本籍地の市区町村役場に届け出なければならない（戸38条1項、61条）。

　また、遺言執行者が上記届出をした場合において、認知された胎児が死産であったときは、遺言執行者は、その事実を知った日から14日以内に、認知の届出地に認知された胎児の死産届を提出しなければならない（戸65条）。

❷　後見人の指定

　親権者による未成年後見人の指定は、遺言の効力発生と同時に、その効力が発生し、遺言執行者の執行の余地はない。未成年後見人に指定された者は、その就職の日から10日以内に市町村長宛に就職の届出をしなければならない（戸81条）。遺言執行者としては、届出義務はないが、未成年後見人に指定された者に対し、必要添付書類である遺言書謄本を交付するなどし、速やかに届出がなされるよう協力すべきである（戸83条1項）。

8 相続法改正と遺言

(1) 平成30年相続法改正の概要

　平成30年7月6日、「民法及び家事事件手続法の一部を改正する法律（平成30年法律第72号）」が成立、同年7月13日公布されている。

　自筆証書遺言方式の緩和は2019年1月13日施行、配偶者居住権・配偶者短期居住権に関する規定および遺贈義務者の引渡義務（998条）、第三者の権利の目的である財産の遺贈（1000条）、撤回された遺言の効力（1025条ただし書）の改正は2020年4月1日施行、公的機関（法務局）における自筆証書遺言の保管制度（法務局における遺言書の保管等に関する法律）については2020年7月10日施行、その他は2019年7月1日からの施行とされている。

　当該相続法改正には、次に掲げる改正のほか、遺産分割前の預貯金払戻制度（改正法909条の2関係）、遺産の一部分割（改正法907条関係）、遺産分割前に遺産に属する財産が処分された場合の遺産の範囲に関する規律（改正法906条の2関係）なども含まれるが、ここでは、遺言作成および執行に関連して留意すべき点を、①遺言の方式、保管、②遺言の内容、③遺言執行の各場面に分けて、概観する。

(2) 相続法改正の遺言への影響〔1〕―遺言の方式、保管

❶ 自筆証書遺言方式の緩和

　今回の改正では、自筆証書遺言の方式が緩和された。

　改正前は、すべて自書しなければならないとされていた自筆証書遺言が、今回の改正では、目録についてはパソコン作成、代書、不動産全部事項証明書や預金通帳のコピー添付により目録として使用することが可能となった（改正法968条2項）。もっとも、偽造等を防止するため、目録各葉につき、署名押印が必要とされている（同条同項）。自署証書と財産目録は一体性が求められているものの、この一体性とは保管状況等に照らして本文に記載のある書面と財産

目録の記載のある書面とが一体の文書であることが認められれば足り、契印封緘編綴など物理的に一体であることが要求されているわけではない[1]。

　なお、目録の訂正については、従前の方法、つまり遺言者がその場所を指示し、これを変更した旨を付記して特にこれに署名し、かつその変更の場所に押印しなければならない（改正法968条3項）。

　たとえば、目録の一部を変更する場合、二重線を引いて訂正文言を挿入するなど適宜の方法で修正し、その訂正箇所に押印した上で、ページ余白に「目録第5行目中、三文字削除、五文字追加」などと記載し、自書にて署名する必要がある（具体的な訂正例としては書式1-2-1参照）。

　もっとも、目録を差し替える方法で遺言書を変更することも可能とされており、そのような変更をする場合には、変更する目録を斜線等で抹消した上で、その斜線上に抹消印を押し、新目録の紙面上に追加印を押した上でこれを添付し、さらに本文が記載された紙面上に訂正文言（「旧目録を削除し、新目録を追加した。」など）と記載し、遺言者が自書で署名する必要がある[2]。

　自筆証書遺言の方式緩和（改正法968条）については、2019年1月13日施行とされているため、すでにこの方式において作成可能である。

❷　自筆証書遺言保管制度の創設

　今回の相続法改正と同時に、法務局で自筆証書遺言を保管する制度が新設された（法務局における遺言書の保管等に関する法律、以下「遺言保管法」という）。よって同法の施行後は、紛失のおそれや検認を避けるためだけに公正証書遺言を選択していたようなケースでは、自筆証書遺言を作成して法務局で保管してもらうという方法も、選択肢として検討の余地があるということになる。

　法務局への保管申請の対象となるのは、民法968条による自筆証書遺言のみである（遺言保管1条）。加えてこの遺言書は、法務省令で定める様式に従って作成された、封のされていない遺言である必要がある（同4条2項）。

　保管申請や制度の利用の詳細については、本章2❸(1)❻参照のこと。

---

1) 堂薗幹一郎＝野口宣大編著『一問一答新しい相続法』（商事法務、2019年）105頁。
2) 前掲注1）109頁。

(3) 相続法改正の遺言への影響〔2〕―遺言内容

❶ 配偶者居住権の新設

　今回の改正により、被相続人の財産に属する（相続開始時に配偶者以外の者と共有していないことが必要）、相続開始時に配偶者が居住していた建物の居住権を、当該配偶者が別段の定めがなければ終身、無償で使用、収益できる権利（配偶者居住権）が創設された（改正法1030条）。

　その取得原因の一つに遺贈があるため、自分の死後、配偶者が、他の相続人から共有物分割や賃料相当の不当利得返還請求を受けずに居住建物で生活していくことを可能とするために、遺言で配偶者にこの配偶者居住権を遺贈するということが選択肢として考えられるようになった。

　もっとも、この配偶者居住権は譲渡ができないとされており（改正法1032条2項）、今回の法改正では買取請求権までは認められなかったため、配偶者がゆくゆくは存続期間満了前に配偶者居住権を放棄して老人ホーム等に入居する可能性がある場合には、放棄時に居住建物所有者が配偶者に対して支払うべき金銭の額（またはその算定基準）をも遺言で定めておくといった配慮が必要となる。

　また、この配偶者居住権は、対抗要件として登記が必要であるが（改正法1031条2項、605条）、登記できるのは居住建物についてのみであり、その底地を第三者に売却されてしまうなどして建物の敷地利用権を土地譲受者に対抗できない事態が生じた場合には、配偶者居住権もその第三者たる土地譲受者には対抗できない。そのため、配偶者居住権の遺贈には、底地が売却されてしまうリスクをも考慮に入れた上で、その選択を検討する必要があろう。

　なお、この配偶者居住権は、いわゆる相続させる旨の遺言（特定財産承継遺言）では設定できないとされている。なぜなら、仮に、配偶者が遺言で設定された配偶者居住権を拒否したいと思った場合に、相続させる旨の遺言（特定財産承継遺言）では相続放棄によるしかなくなってしまうためである。他方、遺贈であれば、遺贈のみを放棄すれば配偶者居住権のみを拒否できることから、その設定は遺言によるものとされた。よって、この点、特に遺言作成時には注意が必要である（書式**1-3-7**参照）。

　同規定は令和2年4月1日より施行され、同日以後に開始した相続に適用されるが、上記施行日前になされた遺贈については、相続開始が施行日後でも適

用されないものとされている（附則10条2項）。

❷　配偶者短期居住権への配慮

さらに今回の改正では、配偶者が被相続人所有の建物に居住していた場合に被相続人の死亡後も無償で短期的な居住が維持できるよう、配偶者短期居住権が新たに新設された（改正法1037条）。そのため、相続分の指定など遺産分割が必要な遺言を作成する場合や、配偶者以外の者に所有権または共有持分を有する建物を遺贈する遺言を作成する場合、相続発生時、その建物に無償で配偶者が居住しているようであれば、配偶者短期居住権による利用制限がかかることについて、留意が必要となる。

配偶者短期居住権の存続期間は、配偶者を交えての遺産分割が必要な場合には、遺産分割により居住建物の帰属が確定した日または相続開始時から6か月を経過する日のいずれか遅い日、遺産分割が不要な場合は、居住建物取得者が配偶者短期居住権の消滅を申し入れてから6か月を経過する日までとされている（民1037条1項1号・2号）。そして、配偶者短期居住権の存続期間中、居住建物取得者は、第三者に対する居住建物の譲渡その他の方法により配偶者の居住建物の使用を妨げることができない（同条2項）。

また、配偶者は、その存続期間の賃料相当額につき不当利得返還義務を負うことはない。

この規定は、令和2年4月1日より施行され、施行日以後に開始した相続に適用される（附則2条）。

❸　婚姻期間が20年以上の夫婦間における居住用不動産の遺贈についての持戻し免除の意思表示の推定（改正法903条4項）

配偶者と子が相続人である場合、自宅不動産を配偶者に生前贈与していたり、遺贈しても、そのほかの相続財産につき遺産分割をすることになると、相続人が贈与や遺贈を受けていた目的財産の価額については特別受益として取り扱われ、贈与や遺贈を受けた額を差し引かれた額が配偶者の取得額とされる。そうすると、被相続人が、贈与や遺贈によって、配偶者の生活保障を厚くしようという意図を持っていたとしても、結果的には配偶者の取得額は変わらないということになり、相続人の意思が反映されないということになる。かかる事態に配慮し、今回の改正では、婚姻期間が20年以上の夫婦間における居住用不動産の遺贈についての持戻し免除の意思表示の推定（改正903条4項）が規

定された。これにより、生存配偶者に居住用不動産を遺贈した場合、持戻し免除の推定が破られない限り、遺贈された居住用不動産については、相続分算定にあたり、その基礎価額に算入されることはないことになる。

　なお、この要件に該当するためには、居住用不動産の贈与または遺贈時に婚姻期間が20年以上であることを有し[3]、「居住用」の要件も、原則、贈与または遺贈時に満たされている必要があるとされている[4]。よって、この推定を及ぼすことを念頭に置いて自宅不動産を配偶者に遺贈する旨の遺言を作成する場合には、上記要件を満たしているかをまずは検討する必要がある。

　ところで、相続させる旨の遺言（特定財産承継遺言）によって自宅不動産につき配偶者に承継させる旨の遺言がされた場合には、これが遺贈ではなく、遺産分割方式の指定（民908条）と解されていることから（最判平成3年4月19日民集45巻4号477頁）、改正法903条4項の規定の直接の適用はないとされている。もっとも、遺産分割における配偶者の取り分につき、居住用不動産の価値分を減少させたくはないという遺言者の意図は、その形式が、遺贈であっても遺産分割方法の指定であっても変わらないと考えられるため、残余財産における遺産分割協議等では、居住用不動産は別枠で取り扱うべき場合が多く、結果的に同行の規定を適用したのと同様の結果になる場合が多いとされている[5]。しかし、確実に同項の推定を及ぼすことを想定すると、同項が直接適用されるよう「遺贈」として遺言書を作成すべきということになろう。ちなみに、遺産分割にあたっては、配偶者に対する持戻し免除の意思表示が推定されたとしても、遺留分侵害額請求については持戻し免除の推定は及ばないため、遺言作成時に遺留分権利者が想定される場合には、遺留分にも配慮した上で、遺言書を作成することが望まれる。

❹　遺留分への配慮

ア　遺留分の金銭債権化

　今回の改正で、遺留分侵害額請求権行使の効果が、従前の物権的効果から金銭債権の発生となった（改正法1046条1項）。その結果、遺留分義務者としては共有持分によるという方法を選択できなくなった。結果、換価可能財産が少

3）東京家庭裁判所家事5部編著『東京家庭裁判所家事5部（遺産分割部）における相続法改正を踏まえた新たな実務運用』（日本加除出版）87頁。
4）前掲注1）61頁。
5）前掲注1）62～63頁。

ない場合には、遺留分義務者の固有財産に執行されかねなくなった。裁判所が
その全部または一部の支払について相当の期限を許与する制度が新設されてい
るものの（改正法1047条5項）、遺留分請求の争いを相続人らに残さないために
も遺言作成時に遺留分額に留意して遺言を作成する必要がある。

イ　遺留分を算定するための財産の価額

除斥期間や遺留分算定の基礎となる財産価額の計算方法は従前どおりである
が、持戻しの対象となる贈与の範囲が限定されている。

すなわち、遺留分を算定するための遺産の価額は、

被相続人の相続開始時財産＋贈与した財産の価額─債務全額

（改正法1043条1項）

で計算されるところは従前と変わらない。また、相続人以外の者に対する贈与
の持戻しは相続開始前1年間にしたもの（ただし、当事者双方が遺留分権利者に
損害を加えることを知って贈与したときには1年前の日より前にした贈与も算入され
る）に限定される点、従前どおりである（改正法1044条1項）。ただし、相続人
に対する贈与の持戻しの範囲は、相続開始前の10年間にしたもの（ただし、当
事者双方が遺留分権利者に損害を加えることを知って贈与したときには10年以前の
贈与も算入される）、かつ、婚姻もしくは養子縁組のためまたは生計の資本とし
て受けた贈与に限定された（改正法1044条3項）。

ウ　遺留分侵害額

具体的な遺留分侵害額は、次の計算式により算出される（改正法1046条2項）。

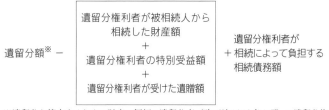

※遺留分を算定するための財産の価額×遺留分率（改正法1042条1項）×遺留分権利者の
　法定相続分

遺留分を算定するための財産の価額に、遺留分割合を乗じ、さらに法定相続
分を乗じて算出した遺留分額（改正法1042条1項・2項）から、遺留分権利者
の生前贈与等の額や、遺産分割において取得すべき額を控除するが、その控除
される遺贈の価額や901条3項の贈与額の算定の際は、持戻しの範囲とは異な

り、10年間の期間制限はないことには注意が必要である。

エ　負担額および負担の順序

従前、受遺者または受贈者の遺留分負担額の上限や負担の順序については明確でない部分があったが、今回の改正でこの点明記された。

すなわち、すでに判例（最判平成10年2月26日民集52巻1号274頁）で認められていたように、受遺者や受贈者の負担額の上限が、遺贈または贈与の目的価額、受遺者または受贈者が相続人である場合にあっては遺留分額を上限として遺留分侵害額を負担することが条文上明記された（改正法1047条1項）。

その上で、負担の順序につき、①遺贈→贈与の順序で負担すること（改正法1047条1項1号）、②遺贈が目的価額の割合で負担すること（同項2号）、③同時になされた受遺者が複数ある時は目的価額の割合で負担すること（同号）、④③以外の贈与が複数あるときは、後の贈与の受遺者から順次前の贈与の受遺者が負担すること（改正法1047条1項3号）と、③の部分が追加された。

なお、併せて、負担付贈与につき、遺留分算定の財産価額に算入されるのは贈与の目的財産の価額から負担の価額を控除した額とすることが明文化されたため（改正法1045条1項）、負担付遺贈の遺言を作成する場合の遺留分計算については、この点も留意が必要となる。

オ　施行日

同改正部分は令和元年（2019年）7月1日施行となり、施行日以後に開始した相続に適用される。

❺　相続分指定遺言の債務の扱い

相続分を指定する遺言を作成したとしても、改正法902条の2では、被相続人の債権者は、各共同相続人に対し法定相続分に応じて権利を行使することができるとされている。つまり、一部相続人に法定相続分以上の財産を取得させる遺言を作成したとしても、その結果、法定相続分より少ない額を相続した相続人に対し、債権者からは法定相続分に応じた債務の支払が求められてしまうということである。よって、法定相続分と異なる相続分指定遺言作成時には、債務の支払をどうするかにつき配慮が必要となる。

もっとも、債権者が共同相続人の1人に対してその指定された相続分に応じた債務を承認したときは、指定された相続分に応じた権利行使が可能となる（改正法902条の2ただし書）。

この条項も、令和元年7月1日施行となっている。

❻ 特別寄与分制度の創設

特定の相続人に相続させる旨の遺言などをしたとしても、その完全な実現が阻まれる場面として、遺留分権利者からの遺留分侵害額請求のほか、法改正後は、相続人以外の特別寄与分制度の新設についても十分理解をしておく必要がある。

すなわち、相続人以外の親族が、被相続人に対して、無償の療養看護その他の労務を提供したことにより、被相続人の財産の維持または増加に特別の寄与をしたときに、相続開始後、相続人に対し、特別寄与料の請求がなされる可能性がある。

ここで想定されているのは、高齢の親の介護を実質的に担っていた相続人の配偶者が、相続人でないがゆえに独自の寄与分を主張請求することができないという不都合である。

もっとも、「被相続人の親族」該当性は、被相続人の相続開始時を基準とすることが想定されているため、相続開始時に相続人とその配偶者が離婚していたような場合には、その配偶者につき当該規定は適用されないことになる[6]。

(4) 相続法改正の遺言への影響〔3〕—遺言執行に関わる場面

❶ 対抗要件

今回の改正において、民法899条の2が新設された。

同条1項では、遺産分割や遺言で、特定の相続人が法定相続分を超える権利を承継した場合その法定相続分を超える部分については、登記その他の対抗要件を備えなければ、第三者に対抗できないものと規定された。

これは、相続分指定、遺産分割方法の指定（特定財産承継遺言）いずれの場合にも該当する。

改正前は、相続分指定については最判平成5年7月19日（判時1525号61頁）が、特定財産承継遺言については最判平成14年6月10日（判タ1102号158頁）が、それぞれ対抗要件不要と判示していたところ、従前と異なる扱いが規定されたことになるので、実務上、注意が必要である。

6）前掲注1)181頁。

なお、遺贈の場合は、同条の相続による権利の承継に該当せず、登記なくして第三者に対抗できないとされているため（最判昭和39年3月6日民集18巻3号437頁）、本改正の対象とはなっていない。

　さらに、同条2項は、承継したのが債権である場合の特則を規定している。

　すなわち、債権の場合、譲渡人からの債務者に対する通知または債務者の承諾が対抗要件とされているところ（民467条1項）、民法899条の2第2項は、債権承継者が単独で、遺言の内容を明らかにして（たとえば、遺言書の原本を示した上で写しを交付するなどして）債務者に対し通知すれば、相続人全員が通知したものとみなして対抗できるものとした。これは、本来、譲渡人たる被相続人の相続人全員が譲渡人となるため、相続人全員からの通知を要するところ、相続人間に争いがあると対抗要件を備える手段がなくなるため、かかる不都合を回避するための規定である。

　なお、上記の方法によって対抗要件を具備するとしても、債務者以外の第三者に対する対抗要件としては、確定日付のある証書によって通知する必要があるため注意が必要である[7]。

　同改正部分も令和元年7月1日施行となっている。

❷　遺贈義務者の担保責任・引渡義務

　平成29年の債権法改正の贈与に関する規律の見直しに合わせ、遺贈についても遺贈義務者は、遺言者がその遺言において別段の意思を表示したとき以外は、特定物、不特定物の別にかかわらず、遺贈の目的である物または権利を相続開始時の状態で引渡し、または移転する義務を負うこととした（改正法998条）。当該規定は、債権法改正の施行日である令和2年（2020年）4月1日から施行され、この日以後に作成された遺言による遺贈に適用される。

❸　遺言執行者の規律

ア　遺言執行者の権限

　従前、遺言執行者の地位については、相続人の代理人とみなすとの規定となっていた点（改正前1015条）、遺言執行者と相続人間のトラブルを防止するとの観点から「その権限内において遺言執行者であることを示した行為は、相続人に対して直接にその効力を生ずる」（改正法1015条）と表現が改められる

7）松嶋隆弘＝山川一陽編著『相続法改正のポイントと実務への影響』（日本加除出版、2018年）219頁。

とともに、改正法1012条1項に「遺言の内容を実現するため」との文言が挿入され、遺言執行者の職務が遺言の内容を実現することにあることが明確にされた[8]。

イ　通知義務

現行法では、遺言執行者には相続財産の目録を作成して相続人に交付すべき義務はあったが（改正前1011条）、自らが遺言執行者に就職した事実や遺言の内容を相続人に通知する義務を示した規定はなかった。

改正法では、相続人の手続保障の観点から、相続人がこれらの情報を知る手段を確保する必要があるとして、遺言執行者が就職した場合には、遅滞なく遺言の内容を相続人に通知しなければならないこととされた（改正法1007条2項）。

なお、ここでの「相続人」には、遺留分がない相続人も含まれると解される（東京地判平成19年12月3日判タ1261号249頁）。

同規定は上記アとともに、令和元年7月1日の施行日前に開始した相続に関し、同施行期日以後に遺言執行者となる者に適用される。

ウ　復任権

現行1016条は、遺言執行者については、原則、やむをえない事由がなければ第三者に任務を行わせることができないとしていたが、遺言執行者もその遺言の内容によってはその職務が広範に及ぶことがありうることなどの理由から、復任権を認めることとした（改正法1016条）。

エ　特定財産承継遺言の履行義務

遺言執行者がある場合は、遺贈の履行は遺言執行者のみが行うことができることが明記された（改正法1012条2項）。

また、前記のとおり、改正法では、特定財産承継遺言は対抗要件主義がとられるに至り、法定相続分を超える権利の承継については、対抗要件具備なくして第三者に権利の取得を対抗できないこととなったこと、相続登記の促進を図る必要性から（改正法899条の2第1項）、遺言執行者も、同条に規定する対抗要件を備えるために必要な行為をすることができることが明記された（改正法1014条2項）。その財産が預貯金債権であるときは対抗要件具備行為のほか、その預貯金の払戻請求および契約解約の申入れをすることができることが明記

8）前掲注1）113頁。

された（改正法1014条3項）。ただし、解約申入れについては、その預貯金債権の全部が特定財産承継遺言の目的であった場合に限るとされている（改正法1014条3項ただし書）。

ただし、これら遺言執行者の権限の規定は、被相続人が遺言で別段の意思を表示したときは、被相続人の意思に従うとされている（改正法1015条）。

オ　遺言執行妨害の効果

現行法でも、遺言執行者がある場合には、相続人は相続財産の処分その他遺言の執行を妨げるべき行為をすることができないこととされていたが、その規定に違反した効果について明らかにされていなかった。この点、判例で相続人がした行為は絶対的に無効と判示されていた（大判昭和5年6月16日民集9巻550頁）ところ、改正法1013条2項は、これを無効とすることを明記した。もっとも、取引の相手方が遺言執行者の存在を知らなかった場合については、その行為の無効を善意の第三者に対抗することができないとされた（改正法1013条2項ただし書）。もっとも、「対抗することができない」の意味は、第三者にする無効行為が有効と扱われるのみに尽き、当該第三者が、それによってその権利取得を他の第三者や他の相続人に対抗するためには、別途対抗要件を備えなければならない[9]。

また、相続人の債権者や相続債権者は相続財産についてその権利を行使することを妨げないとされ、遺言執行者の有無という相続債権者等が知りえない事情により権利行使の有効性が左右されることがないよう手当てがされた（改正法1013条3項）。

9）前掲注1）173〜175頁。

第**2**章　委任契約

1 ╲ 死後事務委任契約

■ 死後事務委任契約の有効性

本人の死亡により任意後見契約は終了する（民653条1号）。

しかし、本人の死後においても、事実上、任意後見人が行わなければならない事務（死後事務）は少なくない。本人に親族がいない場合は、特にそうである。たとえば、任意後見人が死亡届の届出をしたり（戸87条2項）、遺体の火葬や葬儀の手配をしなければならないこともある。病院の支払が残っている場合に、任意後見人に対して請求書が送付され、任意後見人が遺産の中からその支払を行うこともある。施設の保証金を任意後見人が相続人に代わって受領することもある。

にもかかわらず、本人の死亡によって任意後見契約は終了するので、死後事務は、任意後見契約の委任事項にはならない。

任意後見人が死後事務を行う法的根拠としては、民法上、事務管理（民697条）と受任者の応急処分義務（同654条）があるが、前者には報酬請求権がない等の難があり、また、後者には要件（急迫の事情があるとき）が狭い等の難があるため、本人が死後事務を任意後見人に依頼したいと考えている場合には、任意後見契約とは別に、死後事務についての委任契約を締結しておくことが望ましい。

死後事務委任契約の有効性については、民法上、委任契約は委任者の死亡により終了するとされているが（民653条1号）、この規定は強行規定ではないので[1]、当事者の合意により、委任者の死亡によって委任契約が終了しないことを定めることもできると解されている。

判例も、自己の死後事務を含めた法律行為等の委任契約がなされた場合には、委任者の死亡によっても委任契約は終了しない旨の合意が含まれており、

---

1) 幾代通＝広中俊雄編「新版注釈民法(16)債権(7)」（有斐閣、1989年）293頁

民法653条はこうした合意の効力を否定するものではないと判示している（最判平成4年9月22日金融法務事情1358号55頁）。

2 死後事務委任契約の内容

　死後事務についての委任契約にどのような内容を盛り込むかは、委任者と受任者（任意後見受任者）との合意により自由に決めることができる。

　実務では、葬儀の手配や、病院や施設などに対する残債務の支払などについて委任しておくケースが多い。標準的な死後事務に関する条項は、以下のものである。

　①医療費等の支払
　②家賃・地代・管理費等の支払と敷金・保証金等の受領
　③老人ホーム等の施設利用料の支払と入居一時金等の受領
　④葬儀に関する事項
　⑤火葬に関する事項
　⑥墓石建立に関する事項
　⑦菩提寺の選定に関する事項
　⑧供養に関する事項
　⑨祭祀承継に関する一切の事項
　⑩相続財産管理人選任の申立て
　⑪以上の各業務に関する費用の支払

　また、こうした委任事務を行う受任者の報酬も、委任者と受任者との合意により自由に決めることができる。

第1条（死後事務の委任）

1　甲は、乙に対し、甲死亡後において必要とされる次の事項の事務処理を委任し、代理権を付与する。

(1)　医療費、管理費、老人ホーム等の施設利用料その他の債務の弁済

(2)　入院保証金、入居一時金その他残債権の受領

(3)　行政機関等への必要な届出に関する事務

(4)　葬儀、納骨等に関する事務

(5)　相続財産管理人の選任の申立て

(6)　上記(1)ないし(5)に関連する一切の事項

(7)　以上の各事務に関する費用の支払

2　乙は、前項の事務処理に必要な費用を相続財産の中から支弁することができる。

3　第1項の事務処理に対する乙の報酬金は、乙の事務所の報酬規程によるものとする。乙は、かかる報酬金を甲の相続財産の中からあらかじめ受け取ることができる。

第2条（納骨等の取決め）

1　甲の遺骨は、下記墓地に埋葬するものとする。

記

墓地：〇〇県〇〇市〇〇町〇丁目〇番〇号　〇〇寺

2　甲が死亡した場合、乙は、前項の寺に対して永代供養料として金〇〇円を支払うものとする。

第3条（守秘義務）

乙は、事務処理に際して知り得た甲の秘密を正当な理由なく第三者に漏らしてはならない。

3　死後事務委任契約と本人の相続人との関係

(1)　相続による委任者の地位の承継

死後事務について委任契約が締結された場合、受任者（任意後見人）としては、本人の相続人との関係に留意する必要がある。

すなわち、本人の権利義務は本人の死亡により相続人に承継されているので（民896条）、たとえば、本人の死後、受任者が本人の財産を債務の支払に充てるということは、実質的には、相続人の財産を処分していることに等しい。

また、死後事務についての委任契約が有効であるとはいえ、そもそも委任契約はいつでも解除できるので（民651条1項）、本人の地位（委任者の地位）を承継した相続人は、いつでも当該委任契約を解除することが可能である。

したがって、実務における対応としては、死後事務の委任を受けた受任者（任意後見人）は、履行した死後事務が後から相続人に否認され、相続人から責任追及を受けるリスクを織り込んだ上で、可能な限り、相続人との信頼関係を構築して、相続人の事前同意を得ながら死後事務を行うように努めるべきである。

なお、弁護士が受任者となる場合は、弁護士には、「受任した事件について、依頼者との間に信頼関係が失われ、かつ、その回復が困難なときは、その旨を説明し、辞任その他の事案に応じた適切な措置を採らなければならない。」（弁護士職務基本規程43条）との規範があるので、現実には、相続人との間に信頼関係が構築できない場合には、死後事務を遂行することは相当に難しい。

(2) 解除権放棄特約

委任者の相続人からの契約解除を回避するために、実務では、死後事務委任契約の中に、委任者からの解除権を放棄する旨の条項をあらかじめ入れておくことがある。

また、こうした解除権放棄特約が定められていないケースでも、「委任者の死亡後における事務処理を依頼する旨の委任契約においては、委任者は、自己の死亡後に契約に従って事務が履行されることを想定して契約を締結しているのであるから、その契約内容が不明確又は実現困難であったり、委任者の地位を承継した者にとって履行負担が加重であるなど契約を履行させることが不合理と認められる特段の事情のない限り、委任者の地位の承継者が委任契約を解除して終了させることを許さない合意をも包含する趣旨と解することが相当である。」との判例もある（東京高判平成21年12月21日判時2073号32頁）。

なお、解除権放棄特約自体の有効性については、様々な見解が唱えられていることにも注意が必要である[2]。

■4 死後事務委任契約と遺言との関係

委任される死後事務の内容によっては、遺言の内容と矛盾抵触するケースも

---

2) 前掲注1）281頁参照。たとえば、我妻榮「債権各論中巻二」（岩波書店、1962年）692頁は、解除権放棄特約も、公序良俗に反しまたは脱法行為となる場合を別として、一般的には、契約自由の原則から有効であると説く。

起こりうる。

　こうしたケースでは、遺言の撤回擬制（民1023条2項）を検討する余地もありうるが、実務の対応としては、無用の紛争を招かぬように、たとえば、死後事務委任契約中に「ただし、遺言に別の定めがある場合は、遺言による。」といった条項を明記しておくことが望ましい。

　また、受任者が遺言執行者を兼任し、遺言執行者として遺産である預金を解約した上で、この払戻金をもって死後事務における支払にあてる方法も考えられる。

2 ＼ 任意代理の委任契約

❶ 任意後見契約と任意代理の委任契約との関係

(1) 財産管理契約（委任契約）および準委任契約の活用

　任意後見契約は将来自分の判断能力が不十分になる場合に備えて、自分の判断能力が確かなときに締結する契約である。しかし、自分の判断能力はしっかりしていても、足腰が不自由になるなどして、財産管理や身上監護が必要とされるケースも少なくない。また、任意後見契約を締結した当時は判断能力は十分であっても、いつなんどき判断能力が不十分になるかの判断を本人ができる保証もない。

　このような状況から、任意後見契約が発動する前の段階で、民法上の委任契約（民643条）に基づき、財産管理契約を締結したり、準委任契約（民656条）に基づき、法律行為ではない身上監護の契約（食事や入浴、その他定期的な見守り等）を締結することが実務上多くなっている。委任契約だけを締結することはもちろん可能であるが、今後判断能力が不十分になったときには、任意後見監督人を選任させて、任意後見を開始させるということも踏まえて、委任契約と任意後見契約を同時に締結する例が多くなっている。

(2) 財産管理契約の性質

　財産管理契約は民法上の委任契約であることから、契約締結時に、当事者に意思能力があることが必要である。

　開始時期は契約によって定めることができ、委任契約の性質上、報酬の合意がない限りは原則無償である（民648条）。また、当事者は当該契約を原則いつでも解除することができる（民651条）。

　特に別途契約がない限り、委任契約の履行状況を監督する者はおらず、必要とあれば契約によって特に監督人を設ける必要がある。

財産管理の状況については、委任者の請求がある場合には、いつでも委任事務の処理の状況を報告し、委任が終了した後は、遅滞なくその経過および結果を報告しなければならない（民645条）。

委任契約の終了事由は委任者または受任者の死亡または破産開始の決定を受けた場合と、受任者が後見開始の審判を受けたことである（民653条）。また、代理権の消滅事由は、本人の死亡、代理人の死亡または破産開始の決定もしくは後見開始の審判を受けたこと、および委任契約に基づく終了事由である（民111条）。

したがって、財産管理契約締結後、委任者の判断能力が低下した場合でも、当該契約が当然に終了することはない。

任意後見契約と財産管理契約の比較

	任意後見契約	財産管理契約
根 拠 法	任意後見契約に関する法律	民法の委任の規定（民643条〜656条）
開 始 時 期	裁判所が請求により任意後見監督人を選任した時から(民2条1項1号)	契約の定めにより自由に決めることが可能
監督人の存在	法律上必ず設置される	特別に契約で定めない限り存在しない
報 告 義 務	任意後見監督人に対して報告義務を負う	民法上の報告義務（民645条）を原則委任者に対して負う
報 酬	契約で定めない限り原則無償（ただし、任意後見監督人の報酬は任意後見監督人の請求により裁判所が定める）	契約で別途定めない限り原則無償
手 続	公正証書	形式は特に定めなし
終 了	裁判所が解任権限を有する。任意後見監督人が選任される前は公証人の認証を受けた書面によっていつでも解除できる。選任後は正当な理由がある場合で、かつ裁判所の許可を得ることが必要	原則いつでも当事者の意思表示により終了できる（ただし、財産管理契約の性質上、終了の仕方によっては善管注意義務を問われる可能性もある）

(3)　財産管理契約の内容

　財産管理契約は、委任契約の性質上、法律行為の委託である。任意後見契約と同様、財産管理事務と身上監護事務に分類される。

　具体的事務の詳細は本節**2**「具体的委任事項」を参照。

(4)　準委任契約の内容

　準委任契約としては、財産管理契約以外の、事実上の事務の委託のことをいう。たとえば食事の用意や入浴の介助などがこれにあたる。

　弁護士や司法書士が財産管理契約を締結する際には、受任者が入浴の介助などをすることは想定できず、別途入浴の介助を補助する者との準委任契約の締結権限を財産管理契約に入れておくこととなる。

　親族等、財産管理契約と同時に、法律行為以外の事務の委託をする場合には、別途準委任契約の締結をすることとなる。

(5)　注意点

❶　任意後見相当となった場合

　すでに述べたとおり、本人が任意後見相当となった場合であっても、財産管理契約は当然に終了することはない。したがって、受任者が財産管理を継続することは無権代理行為となることもない。実務上、受任者が財産管理を継続する状況で、本人の判断能力が低下してきた場合においても、受任者が財産管理を継続することができている状況で何ら不都合がないために、任意後見契約を締結しているにもかかわらず、裁判所に任意後見監督人の選任申し出を行っていないというケースが多数存在している。

　この点、財産管理契約を締結した際、任意後見契約も同時に締結している以上は、本人の判断能力が低下し、任意後見相当となった場合には、財産管理契約の受任者は、善管注意義務の一環として、任意後見監督人の選任を申し立てる義務があると解するべきである。よって、本人の判断能力が低下し、任意後見相当となっているのを認識しつつ、漫然とこれを放置するということは、受任者にとっては違法状態を作出しているものと考えるべきである。

　善管注意義務違反を作出しないために、財産管理契約の中に、任意後見相当

となった場合の、受任者の義務を明記することなども検討することができる。

❷　受任者の契約の継続が困難になった場合

　受任者が事実上、財産管理契約を継続することが困難になった場合、委任契約であるために、受任者はいつでも財産管理契約を解除することが可能である。しかしながら、解除をするということは、本人の財産管理をする者がいなくなるということであり、これをそのままにするということは適切ではなく、場合によっては受任者の善管注意義務違反を問われかねない。

　このような事態を未然に防ぐため、財産管理契約の中に、受任者が財産管理をすることが困難になった場合に、受任者が別の受任者と、別途財産管理契約を締結することができる権限を付与しておくということも検討することができる。ただし、濫用のおそれもあり、本人が著しく不当な立場に陥る可能性も否定できないものであることから、委任者と受任者との間に強度の信頼関係があることが前提となる。

❸　受任者の不正を防止するための方策

　任意後見とは異なり、財産管理契約は本人と受任者との契約により成立するため、原則として受任者の処理を監督するのは、本人のみということになる。しかしながら、財産管理契約の中に、受任者の報告義務について、監督する者を選任することは自由であり、場合によっては第三者を監督人として選任し、定期的に委任事務の処理の状況を報告することを義務づけることも検討することができる。

▣　具体的委任事項

　任意後見契約と同時に結ぶ財産管理契約においては、任意後見開始後の手続をスムーズに行うことができるよう、財産管理事務だけではなく、身上監護事務についても任されるようにしておくことが通例である（**2-2-1**第1条参照）。

　具体的委任事項については、任意後見契約の際の委任事項と共通することとなるため、詳細は第3章2**▣**(2)を参照されたい。なお、任意後見契約に関する委任事項は登記事項となるため、委任事項とされるものについては厳格に規定されることとなっているが、財産管理契約については、任意契約の委任事項に比べてより広い範囲での委任事項も可能であると解される。なお、遺言は本人しかできないものであり、遺言することを財産管理契約の内容とすることはできない。

委任者〇〇〇〇（以下、「甲」という。）及び受任者〇〇〇〇（以下、「乙」という。）は、本日以下のとおり合意した。

（契約の趣旨）

第1条　甲は乙に対し、甲の生活、療養看護及び財産の管理に関する事務（以下、「委任事務」という。）を委任し、乙はこれを受任する。

（契約の目的）

第2条　本契約は、甲の意思を尊重し、かつ、その心身の状態及び生活の状況に十分配慮した上で、乙がその財産の適切な保全、管理及び有効な利用をすることを目的とする。

（見守り義務）

第3条　乙は、本契約がその効力を生じたか否かにかかわらず、適宜適切な手段で甲の安否を確認し、甲と面接し、ヘルパーその他日常生活援助者から甲の生活状況につき報告を求め、主治医その他医療関係者から甲の心身の状態につき説明を受けることなどにより、甲の生活状況及び健康状態の把握に努め、甲が要保護状態にあるか、又は甲につき任意後見若しくは法定後見を開始すべきかを常に考慮し、判断しなければならない。

2　前項のほか、乙は、甲が加療を要する傷病を負ったことを知ったときは、必要があれば受診・入院等の手配をし、親族等への連絡を行うものとする。

（任意後見契約）

第4条　本契約締結後、甲が任意後見契約に関する法律第4条1項所定の要件に該当する状況になり、乙が任意後見契約による後見事務を行うことを相当と認めたときは、乙は、家庭裁判所に対し、任意後見監督人の選任の申立をしなければならない。

（＊財産管理契約のほかに別途任意後見契約を締結する場合が多く、これを想定しています）

（管理対象財産）

第5条　乙が本契約に基づく委任事務を行う財産（以下、「本件管理財産」という。）は、別紙財産目録記載の財産及びその果実とする。

（＊別紙財産目録省略）

（委任事務及び代理権付与の範囲）

第6条　甲は乙に対し、別紙代理権目録記載の委任事務（以下、「本件委任事務」という。）を委任し、その事務処理のための代理権を付与する。

（証書等の引渡し及び使用）

第7条　乙は本件委任事務を行うにあたり、次の証書等の引渡しを受けるものとする。

　(1)登記済権利証

　(2)実印・銀行印

　(3)印鑑登録カード

(4)住民基本台帳カード

(5)マイナンバーカード

(6)預貯金通帳

(7)各種キャッシュカード

(8)有価証券・その預かり証

(9)年金関係書類

(10)土地・建物賃貸借契約書等の重要な契約書類

(11)その他これらに準ずるもの

(＊委任事項により預かる書類の内容は変わります)

2　乙は前項により証書等の預託を受けたときは、甲に対し、遅滞なく預かり証を交付する。

3　乙は、本件委任事務を処理するために必要な範囲で前項の証書を使用するものとする。

(書類の作成・保存)

第8条　乙は、本件委任事務を遂行するに際し、次の書類を作成し保管するものとする。

(1)本契約書

(2)管理対象財産目録

(3)会計帳簿

(報告)

第9条　乙は、甲に対し、面談またはその他適切な方法で本件委任事務処理の報告をしなければならない。

2　甲は乙に対し、いつでも本件委任事務処理状況につき報告を求めることができる。

(費用の負担)

第10条　乙が本件委任事務を処理するために必要な費用は、甲の負担とし、乙は、その管理する甲の財産からこれを支出することができる。

(報酬)

第11条　甲は乙に対し、本件委任事務の処理に対する報酬として、毎月末日限り金〇〇円を支払う。

2　乙は、本件管理財産から前項の報酬を直接受領することができる。

3　甲の生活状況・健康状態や、経済状況の変化等により、報酬額が不相当になった場合は、甲及び乙は協議の上これを変更することができる。

(委任者からの契約の解除)

第12条　甲は、乙に対し、2ヶ月前に予告することにより、本契約を解除することができる。

2　甲は乙に以下の事由がある場合には、乙に通知することにより、直ちに本契約を解除することができる。

(1)乙の事情により予告期間を置くことを不相当とする事由がある場合

(2)乙の本契約に違反する行為があり、相当期間を定めて是正を求めたにも関わらず、これが是正されない場合

　(3)乙に財産の横領、隠匿、その他本契約に著しく違反する行為があった場合

（受任者からの契約の解除）

第13条　乙は、甲との間の信頼関係が失われ、本件委任事務を継続することが著しく困難となったとき、その他正当な理由があるときは、甲に書面で通知することにより本契約を解除することができる。

（契約の終了）

第14条　本契約は、次の場合には当然終了する。

　(1)甲又は乙が死亡し、又は破産手続開始決定を受けたとき

　(2)乙が後見開始の審判を受けたとき

　(3)甲について任意後見監督人が選任されたとき

　(4)甲が法定後見開始の審判を受けたとき

（終了時の財産引継ぎ等）

第15条　本契約が終了したとき、乙は速やかに財産目録及び計算書を作成し、本件委任事務の処理の結果を甲、甲の代理人または相続人に報告しなければならない。

2　本契約が終了したときは、乙は、速やかに本件管理財産及び第7条に基づき保管中の証書等を、甲、甲の代理人または相続人に返還し、又は引渡さなければならない。

（損害賠償責任保険）

第16条　乙は本契約の存続中、本件委任事務に関連する乙の事務について、相当な金額を保険金額とする損害賠償責任保険を締結する。

2　乙は甲に対し、前項の保険契約の保険証券またはこれに代わるものを提示しなければならない。

（守秘義務）

第17条　乙は、本件契約に関して知り得た甲の秘密を正当な理由なくして第三者に漏らしてはならない。

【代理権目録】　＊一例であり、個別具体的な事案に沿って検討する

1　財産管理事務

　(1)管理対象財産及びその果実の管理・保存

　(2)管理対象財産に属する預貯金に関する全ての取引（預貯金の管理・振込依頼・払戻し・口座の変更・解約等）

　(3)管理対象財産に属する保険金・貸付金の各支払請求及び受領・保険証書の再発行請求及び受領、各種保険契約の変更・解除を含む一切の取引

　(4)貸金庫取引

　(5)定期的な収入や支出に関する受領・支払及びこれに関する諸手続

　(6)生活費の送金

(7)日用品の購入、その他日常生活に関する取引

(8)証書等（登記済権利証・実印、銀行印、印鑑登録カード、マイナンバーカード等）、その他これらに準ずるものの保管及び事務処理に必要な範囲の使用

2　その他の事務

(1)前項の継続的管理業務記載事項以外の甲の生活、療養看護及び財産管理に関する一切の法律行為に関する代理業務

(2)行政官庁に対する諸手続に関する一切の代理業務

3　その他前各号に附帯する一切の事務（瑕疵ある意思表示の取り消し、契約の解除を含む。）、前各号に関する復代理人の選任及び前各号に関する事務代行者の指定

第**3**章　任意後見制度

1 ╲ 任意後見制度の概要と利用状況

■ 任意後見制度の概要

(1) 任意後見制度とは

　任意後見制度とは、「任意後見契約に関する法律」に基づく制度であり、この法律でいう「任意後見契約」とは、委任者が受任者に対し、精神上の障害により事理を弁識する能力が不十分な状況における自己の生活、療養看護および財産の管理に関する事務の全部または一部を委託し、その委託に係る事務について、代理権を付与する委任契約であり、任意後見監督人が選任された時からその効力を生じる定めのあるものをいう（任意後見2条1項）。

　要するに、任意後見制度は、自分の判断能力が不十分になった時に備えて、本人が判断能力のあるうちに、受任者との間で、自身の生活にまつわる事務や財産管理事務を任せる契約を締結しておき、実際にそのような状態になった場合には、家庭裁判所に任意後見監督人を選任してもらい、その監督の下、任された受任者が、本人の療養看護や財産管理につき、代理権を行使して、事務処理を行っていくことを可能とする制度である。

　法定後見制度は民法に基づく制度であり、本人の事理弁識能力が実際に低下してから利用され、自身の意向に沿った後見人等が選任されるとは限らないのに対し、任意後見制度は、本人の判断能力があるうちに、本人が定める受任者と、公正証書で委任契約を締結しておくことにより、誰を受任者とするか、どの範囲の事務を任せるかという点につき、本人の意向が最大限尊重される。もっとも、任意後見契約は受任者本人の判断能力低下後に発効することから、受任者による権限につき一定の濫用防止措置が必要となる。その「本人の保護」を任意後見監督人の選任という方法により図ったのが任意後見制度であるといえる。

　その意味で、任意後見制度は、「自己決定権の尊重」の理念と「本人の保護」

の理念の調和を図るべく創設された制度である。

(2) 任意後見制度利用の流れ

任意後見制度利用のおおまかな流れは次図のとおりである。

3-1-1 任意後見制度の流れ

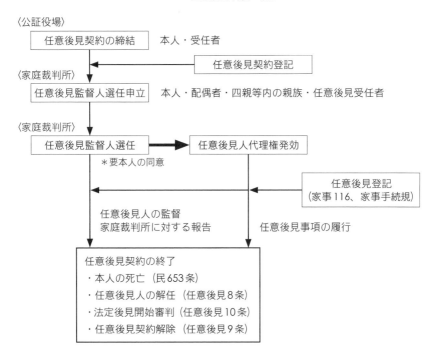

〈公証役場〉
任意後見契約の締結　本人・受任者

任意後見契約登記

〈家庭裁判所〉
任意後見監督人選任申立　本人・配偶者・四親等内の親族・任意後見受任者

〈家庭裁判所〉
任意後見監督人選任 → 任意後見人代理権発効
　＊要本人の同意

任意後見登記
（家事116、家事手続規）

任意後見人の監督
家庭裁判所に対する報告　　　　任意後見事項の履行

任意後見契約の終了
・本人の死亡（民653条）
・任意後見人の解任（任意後見8条）
・法定後見開始審判（任意後見10条）
・任意後見契約解除（任意後見9条）

❶ 任意後見契約の締結

上記のとおり、任意後見契約とは、「委任者が受任者に対し、精神上の障害により事理を弁識する能力が不十分な状況における自己の生活、療養看護及び財産の管理に関する事務の全部又は一部を委託し、その委託に係る事務について、代理権を付与する委任契約」であり、「任意後見監督人が選任された時からその効力を生じる定め」のあるものをいう（任意後見2条1項）。

この契約は、公正証書によって締結しなければならないことが定められている。契約であるため、これが有効であるためには、契約時本人および受任者が当該契約締結に足る意思能力を有していることが前提となる。また、公証人法

26条により、公証人は、無効の法律行為のほか、行為能力制限によって取り消すことができる法律行為について証書を作成することができないことが定められているので、委任者・受任者に行為能力があることも前提となる。

　法は、任意後見契約の方式につき、法務省令で定める様式の公正証書によってしなければならないと定めているため（任意後見3条）、任意後見契約を締結するためには、受任者と委任者本人が公証役場に赴くなどして作成する必要がある（詳細は本章2**1**(1)**3**参照）。

　任意後見契約公正証書作成にあたっては、受任者を誰とするかは言うまでもなく、代理権付与の範囲、委任報酬などを決めておく必要がある。

　任意後見契約公正証書作成後、その内容は、公証人の嘱託によって任意後見契約の登記が行われる（公証57条ノ3）。

❷　任意後見監督人選任手続

ア　申立て

　本人が、精神上の障害により事理弁識能力が不十分な状況になっていることが任意後見監督人選任、つまり、任意後見契約発効の要件となる。また、任意後見監督人選任にあらかじめ本人の同意があることが前提となる。もっとも、本人がその意思を表示することができないときは、この限りでない（任意後見4条3項）。

　次の場合には家庭裁判所は任意後見監督人を選任できない（任意後見4条1項）。
①本人が未成年者であるとき。
②本人が成年被後見人、被保佐人または被補助人である場合において、当該本人に係る後見、保佐または補助を継続することが本人の利益のため特に必要であると認めるとき。
③任意後見受任者が、後見人の欠格事由に該当するもの（民847条）であるとき（ただし同条4号を除く）、本人に対して訴訟をし、またはした者およびその配偶者並びに直系血族であるとき、不正な行為、著しい不行跡その他任意後見人の任務に適しない事由がある者であるとき。

　任意後見監督人選任時に、本人が成年被後見人、被保佐人または被補助人であるときは、家庭裁判所は、当該本人に係る後見開始、保佐開始または補助開始の審判を取り消さなければならない（任意後見4条2項）。

　任意後見監督人選任申立ての申立権者は、本人（任意後見契約の本人）、配偶

者、四親等内の親族、任意後見受任者とされている（任意後見4条1項）。本人については、手続行為能力、つまり意思能力があれば、選任申立てを自ら行うことができる（家事手続218条）。

申立て先は、本人の住所地を管轄する家庭裁判所となる（家事手続217条）。

申立ての際は、各家庭裁判所にもよるが、任意後見監督人選任申立書のほか、本人の財産目録およびその資料（不動産の全部事項証明書、預金通帳のコピー等）、本人の収支状況報告書およびその資料（領収書のコピー等）、成年後見用診断書、本人の戸籍個人事項証明書（戸籍抄本）、本人の住民票または戸籍の附票、任意後見受任者の住民票または戸籍の附票、登記事項証明書（任意後見）、本人が登記されていないことの証明書、任意後見契約公正証書のコピーなどが必要となる。

イ　審理

任意後見監督人選任の審判では、家庭裁判所は、本人の精神の状況につき医師その他適当な者の意見を聴かなければ、任意後見契約の効力を発生させるための任意後見監督人の選任の審判をすることができないとされているが（家事手続219条）、一般的には申立時提出にかかる診断書の記載内容により判断されている。

家庭裁判所は、任意後見監督人選任審判のためには本人の陳述（ただし、本人の心身の障害により本人の陳述を聴くことができないときは、この限りでない）ならびに、任意後見監督人となるべき者および任意後見受任者の意見を聴かなければならないとされており（家事手続220条1項～3項）、本人の同意については、家庭裁判所調査官が、本人方に赴くなどして、その意向を確認するのが一般的である。

申立て後は、審判前であっても、家庭裁判所の許可を得なければ、取り下げることができない（家事手続221条）。

ウ　任意後見監督人選任審判

任意後見監督人選任審判は、本人および任意後見受任者に告知しなければならない（家事手続222条）。任意後見監督人選任審判は、即時抗告が認められておらず（家事手続223条）、告知によって発効する（家事手続74条2項）。

裁判所書記官は、任意後見監督人選任審判が発効した場合、裁判所書記官が、後見登記法に定める登記嘱託を行う（家事手続規77条1項3号）。

❸ 任意後見事務の履行

任意後見監督人選任後、任意後見人は、任意後見監督人の監督の下、任意後見事務処理を履行していくことになる。詳細は、本章2節をご参照いただきたい。

❹ 任意後見契約の終了

任意後見契約の終了事由には、次のものがある。

ア 本人の死亡（民653条）

任意後見契約は委任契約であることから、委任契約の終了事由、すなわち委任者または受任者の死亡、委任者または受任者にかかる破産手続開始決定、受任者の後見開始審判が、契約終了事由となる。

イ 任意後見人の解任（任意後見8条）

任意後見人に不正な行為、著しい不行跡その他その任務に適しない事由があるときは、家庭裁判所は、任意後見監督人、本人、その親族または検察官の請求により、任意後見人を解任することができる。

ウ 法定後見開始審判（任意後見10条）

任意後見契約が登記されている場合には、家庭裁判所は、本人の利益のため特に必要があると認めるときに限り、後見開始の審判等をすることができるとされ、任意後見監督人が選任された後において本人が後見開始の審判等を受けたときは、任意後見契約は終了する（任意後見10条1項）。

その後見開始審判等請求は、任意後見受任者、任意後見人または任意後見監督人もすることができる（任意後見10条2項）。

エ 任意後見契約解除（任意後見9条）

任意後見契約は、任意後見監督人が選任される前においては、本人または任意後見受任者は、いつでも、公証人の認証を受けた書面によって、任意後見契約を解除することができるが、任意後見監督人が選任された後においては、本人または任意後見人は、正当な事由がある場合に限り、家庭裁判所の許可を得て、任意後見契約を解除することができる。

❷ 任意後見契約の類型（将来型、移行型、即効型）の選択

任意後見契約の3つの類型

任意後見契約には、将来型、移行型および即効型の3つの類型がある。いずれの形態を選択するかは、本人の自由である。

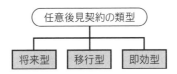

❶ 将来型

　将来型の任意後見契約とは、任意後見契約のみを締結する類型である。すなわち、本人の判断能力が低下する前において財産管理や身上保護等の事務を行うことを内容とする委任契約を締結せずに、本人の判断能力の低下後に任意後見人のサポートを受けることだけが目的とされている。

❷ 移行型

　移行型の任意後見契約とは、本人の判断能力が低下する前において財産管理や身上保護等の事務を行うことを内容とする委任契約と任意後見契約とを同時に締結する類型である。すなわち、当初は前者の契約に基づき財産管理や身上保護等の事務を行い、本人の判断能力低下後は後者に移行して、任意後見事務を行うことが目的とされている。

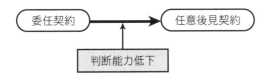

　前者の委任契約では、受任者は、主として、本人の健康状態等を把握するための見守り事務、財産管理事務および身上保護事務を行う。このうち財産管理事務および身上保護事務は、本人の判断能力または身体能力が低下した場合に、必要に応じて、必要な範囲で、受任者が行うものである。したがって、本人の判断能力または身体能力がしっかりしている通常のケースでは、受任者は、見守り事務だけを行うのが一般的である。

　ところで、本人の判断能力の低下は、委任契約の終了事由ではないので（民653条参照）、本人の判断能力が低下して任意後見契約が発効することになっても、法律上は、委任契約はそのまま存続することになる。しかし、その場合に委任契約を存続させるのは無意味であるので、任意後見契約の発効を委任契約の終了事由とする旨の契約条項を盛り込んでおくことが必要である。

　なお、委任契約書は、公正証書で作成することが義務付けられているわけで

はない。しかし、実務では、移行型の任意後見契約の場合には、委任契約と任意後見契約を1通の公正証書にまとめて作成することが一般的である（ただし、公正証書作成手数料は契約書2通分を要する）。

❸　即効型

　即効型の任意後見契約とは、任意後見契約の締結後、直ちに任意後見監督人の選任の申立てを行う形態である。

　任意後見契約を締結することのできる能力がありながら、これと同時期に、本人の能力が不十分であることを理由に任意後見監督人の選任の申立てを行うことは、一見すると矛盾しているようにも感じられる。しかし、「軽度の認知症・知的障害・精神障害等の状態にある補助制度の対象者（場合によっては、保佐制度の対象者）でも、契約締結の時点において意思能力を有する限り、任意後見契約を締結することが可能」であるので[1]、任意後見契約を締結した直後に、事理弁識能力が不十分であることを理由に任意後見監督人の選任の申立てを行うことも理論的にはできるのである。

　しかし、たとえ軽度とはいえ、判断能力の低下している本人と任意後見契約を締結すること自体、問題はないであろうか。任意後見契約は、本人の今後の生活に重大な影響を及ぼす契約であるから、本人が任意後見契約を締結するか否か、締結するとして、どのような契約内容にするかについては、慎重な検討が必要である。ところが、本人の判断能力が不十分である場合には、任意後見受任者を含む周囲の者の意向に迎合して、安易な判断で、周囲の者の「言うがまま」に任意後見契約を締結してしまう危険がある。

　しかも、任意後見制度は、公的機関である家庭裁判所が必ず第三者の任意後見監督人を選任すること、法定後見制度との関係で任意後見制度優先の原則があることなど、複雑な制度設計になっているので、本人が任意後見制度の仕組みを正確に理解するのは、容易なことではない。

　さらに、任意後見契約は任意後見報酬を伴う有償契約であるので、対価の相当性についても、よりいっそう慎重な検討が必要となる。にもかかわらず、本人の判断能力が不十分であるために、不当に高額な任意後見報酬を約束させられるという被害も生じかねない。

1）小林昭彦＝大門匡＝岩井伸晃編『新成年後見制度の解説〔改訂版〕』（金融財政事情研究会、2017年）239頁。

これらに鑑みると、すでに判断能力が不十分な者が任意後見契約を締結する即効型の任意後見契約は、原則として許されないと解するべきではないか。このように解しても、本人の判断能力が不十分である以上、必要に応じて補助制度を利用することで、本人を支援することは十分に可能である。

　この点については、「以下の４点をクリアできない限り補助開始の審判の申立てを選択すべきと考える。」として、

①本人に任意後見契約締結に必要な意思能力があるのか。

②本人は任意後見制度を理解しているのか。

③本人が任意後見契約を締結したいという積極的意思を有しているのか。

④本人が契約の内容に自分の希望を反映させる意欲を持ち、積極的な検討を行ったか。

の４点を掲げ、原則として即効型の任意後見契約を容認しない考え方が提唱されている[2]。これらの４点の存否の最終的なチェック機関は、任意後見契約の締結に関わる公証人であるので、公証人に期待される役割とその責任は大きい。また、弁護士等の専門家も、本人の判断能力に疑義があると思われる場合には、任意後見契約の締結には慎重を期すべきである。

❸　任意後見のニーズ

(1)　任意後見契約の必要性

　任意後見契約を締結する動機はいろいろと考えられるが、基本は、将来における認知症等の疾病や事故に備えて、安心の老後を送りたいとの不安の心情である。こうした心情を抱く契機は、年齢を重ねるにつれて、そうした疾病や事故のリスクを次第に自覚することが多いであろう。もっとも、こうしたリスクに関する本人自身の危機意識が希薄であっても、周囲の家族から強く促されて、任意後見契約の利用に結び付くこともある。壮年期では、任意後見契約を締結する者は少ないようである[3]。

2）新井誠＝赤沼康弘＝大貫正男編「成年後見制度　法の理論と実務〔第2版〕」（有斐閣、2014年）286頁。

3）日本公証人連合会法規委員会「任意後見契約に関するアンケート結果について」公証162号103頁記載のアンケート結果によると、任意後見契約を締結した委任者の多くは高年齢層であり、最も多い80歳代が40％、次に多い70歳代が36％で、50歳代はわずか4％にとどまる。

また、障害を持つ子を有する親が、自己の病後および死後における子の生活を憂慮して、元気なうちに信頼できる者との間で任意後見契約を締結しておくこともある。障害を持つ子に契約締結能力がある場合には、子自身が任意後見契約を締結することもできる。

　さらに、現下の必要性に迫られて任意後見契約を締結する場合もある。たとえば、有料老人ホームに入所するにあたって、親族の中に身元保証人になる者がいない場合に、入所の条件として、ホームから、適当な者と任意後見契約を締結することを求められるケースがある。ホームとしては、将来、利用者の判断能力が低下した場合であっても、任意後見人が本人に代わって財産を管理し、利用料を支払い、病院や福祉サービス等の手続を行うので、安心である。

　以上は、任意後見制度のいわば正常な利用形態であるが、なかには任意後見制度の濫用事例も散見される。たとえば、高齢の親と財産管理契約および任意後見契約を締結し、それ以後、受任者である子が、事実上、親の財産をほしいままに手中に収めてしまうケースがある。法律に疎い者に対して公正証書が醸し出す権威は大きな力を発揮し、他者の容喙を遮断する効果を生じさせることがあるのである。

(2)　親亡き後の障害者等の保護のための任意後見契約の活用

❶　親亡き後の問題の意義

　親亡き後の問題とは、知的障害者や精神障害者などを子に持つ親が子を世話しているところ、将来、親の死後または身体・判断能力が減退した後においては、子の財産管理や身上保護等を誰が、どのようにして行うのかという問題である。

　一般に、障害を有する子は、自分一人では生活を適切に維持することが難しい。そこで、親が元気なうちは、子と同居する親が子の世話をする。しかし、親の死後または身体・判断能力が減退した後は、子の世話をする者がいなくなってしまうので、子の安穏な生活が失われ、親から承継取得した遺産を含む財産が騙取される危険などに直面する。

　そこで、将来、このような事態に陥らないように、親は、まだ自分が元気なうちに、親亡き後の問題に対する周到な準備をしておく必要がある。

❷ 子が任意後見契約を締結する方法

ア 子による任意後見契約の締結

障害を有する子に任意後見契約を締結するだけの意思能力がある場合には、子自身が、信頼できる第三者（任意後見受任者）との間で任意後見契約を締結することができる。未成年の子も、親権者の同意を得て自ら任意後見契約を締結することができる。

障害を有する子は、すでに判断能力が不十分であることが多いので、理論上は、即効型の任意後見契約を利用することもできる。しかし、親の通常の意思とすれば、自分が元気なうちは自分自身で子の世話をすることを強く欲しているので、実際上は、任意後見契約締結後直ちに発効させるのではなく、親の死亡または身体・判断能力の減退が契機となってはじめて、任意後見受任者が家庭裁判所に任意後見監督人の選任の申立てを行うケースが少なくない。

任意後見契約が発効した後は、子は任意後見人による保護を受けることができる。

イ 子に任意後見契約を締結する意思能力がない場合

子に任意後見契約を締結する意思能力がない場合には、子自ら任意後見契約を締結することはできない。

では、子が未成年の場合、その親権者が子を代理して任意後見契約を締結することができるであろうか。

立法担当者によると、親は、親権に基づいて、子に代わって任意後見契約を締結することができるとされるが[4]、消極説も有力である[5]。

消極説は、任意後見制度の基本理念が自己決定の尊重にあることから、保護を受ける本人自身の自己決定によらない任意後見を認めることは、その制度趣旨に反すると主張する。

確かに、親権者は、子の利益のために子の監護および教育をする権利を有し（民820条）、また、子の財産を管理し、その財産に関する法律行為について子を代表するのであるが（民824条）、こうした親権者の権限は、あくまでも判断能力の不十分な未成年の子の利益を守るために付与されているのであって、成

4）小林ほか編・前掲注1）240頁。
5）佐久間毅「代理法からみた法定後見・任意後見」民商法雑誌122巻4＝5号（2000年）497頁、於保不二雄＝中川淳編「新版注釈民法㉕親族(5)〔改訂版〕」（有斐閣、2004年）649頁。

人後における、子自身の長い人生のあり方まで親権者が決めてしまうことは、やや行きすぎの感があることは否めない。

　しかし、親亡き後が問題となるケースでは、障害を有する子に代わって親権者が任意後見契約を締結する事実上の必要性があること、成人後に子が任意後見契約を解除する自由が留保されていること等に鑑みると、積極説が支持されてよいと考える。

❸　親が任意後見契約を締結する方法

ア　親による任意後見契約の締結

　親が信頼できる第三者との間で任意後見契約を締結し、その契約の一内容として、子の生活に配慮した自己の財産の処分（たとえば、子の生活費の支出）を盛り込むことは可能である[6]。こうすることによって、任意後見契約が終了するまでは、親自身の任意後見契約の効果として、子の保護を図ることができる。

イ　任意後見人に子の法定後見開始の申立てをさせる方法

　親が任意後見契約を締結し、将来、親の判断能力が減退し、親が子の世話をすることができなくなった時点で、親の任意後見契約を発効させるが、親の任意後見人に、子についての法定後見開始の申立てを行わせることができるであろうか。障害を持つ子の親が任意後見契約を締結する場合に、子の法定後見開始の申立手続が任意後見人の権限（任意後見2条1号）に含まれるか否かは、争いのあるところである。

　仮に親が任意後見契約の本人ではなく、法定後見における被後見人であった場合に、後見人が子の法定後見開始の申立てを行う代理権を有するか否かについては、後見人の代理権の範囲が「被後見人の財産」に関する法律行為に限定されているため（民859条1項）、実務においては、原則として認められていない。

　ただし、例外として、被後見人の財産に関する法律行為に関連する場合（た

6）於保＝中川編・前掲注5）649頁。

とえば、親子間で遺産分割協議を行う必要があることを、子の法定後見開始の申立ての理由とする場合）は、親の後見人は子の法定後見開始の申立てを行う代理権を有すると考えられている。

　思うに、法定後見開始の申立て自体は、家庭裁判所における一連の手続の端緒にすぎず、最終的判断は家庭裁判所が行うものである。また、本人以外の配偶者や四親等内の親族も法定後見開始の申立権者と規定されているので（民7条等）、子に関する親の法定後見開始の申立権限は一身専属権と解すべきではない。したがって、かかる申立手続に関しては、任意後見契約における委任事項とすることができると解すべきである。

　任意後見契約の要件である「自己の」「財産の管理」（任意後見2条1号）に関する法律行為にあたるかどうかについても、上記と同様に考え、法定後見開始の申立ての理由いかんによっては該当する場合も考えられるので、代理権目録に記載することも可能であると解すべきである[7]。

❹　法定後見制度の利用

　すでに子の判断能力が相当程度減退している場合には、任意後見制度ではなく、法定後見制度を利用することが考えられる。

　子の成年後見開始の審判の申立てに際し、親自身が後見人候補者になる希望を申し出ることもできるが、家庭裁判所の職権で後見人が選任されるので（民843条1項）、希望する者が後見人に就任できるとは限らない。諸般の事情が考慮されて後見人が選任されることになるが（同条4項）、一般に、親亡き後が問題となるケースでは、親が高齢であることが多いので、たとえ親自身が後見人になることを望んだとしても、弁護士などの第三者が後見人に選任されることが少なくない。

　第三者が子の後見人に就任した場合は、将来、親が死亡した後も引き続き同一の後見人によって子の財産管理や身上保護等が行われるので、子の利益に適う面もある。

7）新井ほか編・前掲注2）300頁。

(3)　任意後見支援信託

❶　高齢者・障害者の財産管理における信託の活用

　信託とは、受託者が委託者から移転された財産につき、信託契約等に基づき、一定の目的に従って財産の管理または処分およびその他の当該目的の達成のために必要な行為をすることである（信託2条1項）。

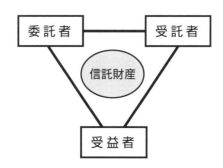

　信託は、成年後見制度を補完する機能を有する。第一に、判断能力が減退していないために成年後見制度を利用することができない者も、信託を活用することによって安全確実に財産を保全することができる。

　第二に、成年後見制度の利用者は、判断能力の減退に付け込まれて財産を騙取されてしまうリスクを抱えているが、信託を設定して、財産の名義を受託者に移転しておくことによって、これを阻止することができる。

　以上のように、成年後見制度を利用できない高齢者・障害者においても、信託を活用することによって、財産の保全を図ることができる。

❷　福祉信託

　高齢者や障害者が財産の保全・運用を目的として、自己を受益者として（自益信託）、信託を設定することを、一般に福祉信託と称している。

　受託者は、財産管理のノウハウを有する専門家が好ましいが、現状では信託業法の規制があるため、業として行う受託者の担い手は信託銀行等に限られる。これに対し、信頼できる親族等が受託者を引き受ける形態を家族信託と呼ぶことがある。

　委託者は、自分の判断能力が減退していなければ、自ら信託の運営について監督をする。委託者が受託者を監督することに自信がない場合には、専門家に

よる信託監督人を選任し、その監督機能を委託することもできる。

❸ 信託と任意後見の併用

福祉信託では、生活資金を本人に交付するまでが基本的な契約内容であり、一般に、受託者は、委託者の身上保護までは行わない。

そこで、将来、委託者の判断能力が減退したときに備えて、信託と任意後見制度を併用する方法が考えられる。

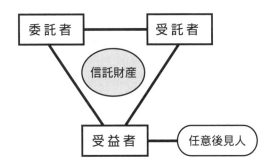

任意後見制度では、代理権の設定や財産管理の内容等につき、委任者が自由に決めることができるので、身上保護や日常生活に関する法律行為は親族等の任意後見人に委任し、他方で、基本的な財産の管理については信託を設定し、財産管理のノウハウを有する専門家に委託することが可能である。任意後見人は、本人の身上保護を行うにあたり、必要に応じて受託者に指図をして、生活費や医療費等を給付させる。

このように財産管理は受託者が主として行うことで、その分、任意後見人は財産管理の負担を減らすことができ、その結果、身上保護の充実により注力することができる。

❹ 任意後見制度の利用状況

❶ 任意後見契約の締結

登記された任意後見契約の件数は、以下のとおりである。

これによれば、任意後見制度が発足した平成12年から年々増加傾向にあることがわかる。平成12年から平成30年までの合計は13万2050件である。

任意後見契約締結登記の件数（平成12年〜30年）(単位：件)

12年	655	19年	6,669	26年	9,791
13年	938	20年	7,095	27年	10,704
14年	1,703	21年	7,809	28年	10,616
15年	2,169	22年	8,904	29年	12,045
16年	3,602	23年	8,289	30年	12,599
17年	4,732	24年	9,091	-	-
18年	5,420	25年	9,219	-	-

法務省民事局「種類別成年後見登記の件数」参照

❷ 任意後見監督人選任の審判の申立て

家庭裁判所に任意後見監督人選任の審判の申立てがなされた件数は、以下のとおりである。

任意後見監督人選任の審判の申立て（平成12年〜30年）(単位：件)

12年4月〜13年3月	51	19年	425	26年	738
13年4月〜14年3月	103	20年	441	27年	816
14年4月〜15年3月	147	21年	534	28年	791
15年4月〜16年3月	192	22年	602	29年	804
16年	220	23年	645	30年	764
17年	287	24年	685	-	-
18年	351	25年	716	-	-

最高裁判所事務総局家庭局「成年後見関係事件の概況」参照

これによれば、任意後見制度が発足した平成12年から概ね増加傾向にあったが、ここ数年は横這いであることがわかる。平成12年から平成30年までの合計は9312件である[8]。

登記された任意後見契約の件数が上記のとおり13万2050件であるから、このうち任意後見監督人選任の審判の申立てがなされたのは、わずか7％程度にすぎないことになる。

任意後見制度は、将来、判断能力が低下した場合に、任意後見契約を発効さ

8）ただし、平成16年の統計数値が一部重複しているので、実際の件数はこれよりも少ないと考えられる。

せる構造であるから、契約の締結から相当期間経過後に任意後見監督人選任の審判の申立てがなされることが予定されていることに加え、契約締結後、判断能力が低下せずに本人が死亡する場合には、任意後見監督人選任の審判の申立てはなされない。したがって、任意後見監督人選任の審判の申立件数が任意後見契約の件数と比べて少数であること自体は、構造上、当然のことではある。

しかし、なかには、本人の判断能力が低下しても、その審判の申立てをしないケースも相当数含まれていると考えられる。

3-1-2 任意後見受任者に正当な事由を条件とする場合の例

任意後見契約公正証書

甲：甲野　一郎
乙：乙山　花子

（契約の趣旨）
第1条　甲は、乙に対し、令和〇年〇月〇日、任意後見契約に関する法律に基づき、甲が同法第4条第1項所定の要件に該当する状況における甲の生活、療養看護及び財産管理等に関する事務を委任し、乙はこれを受任する。
（契約の効力の発生）
第2条　前条の契約（以下「本契約」という。）は、任意後見監督人が選任されたときからその効力を生ずる。
2　本契約の効力発生後における甲と乙との間の法律関係については、任意後見契約に関する法律及び本契約に定めるもののほか、民法の規定に従う。
（任意後見監督人の選任）
第3条　本契約締結後に、甲が精神上の障害により事理を弁識する能力が不十分な状況となり、乙が本契約による後見事務を行うことを相当と認めたときは、乙は、家庭裁判所に対し、任意後見監督人の選任の請求をしなければならない。
2　乙は、前項の任意後見監督人の選任の請求をしたときは、直ちに甲に対して通知する。
（後見事務の範囲）
第4条　甲は、乙に対し、甲の生活、療養看護及び財産の管理に関する事務とあわせて、別紙代理権目録記載の後見事務（以下「本件後見事務」という。）を委任し、その事務処理のための代理権を付与する。
（身上配慮の責務）
第5条　乙は、本件後見事務を処理するに当たっては、甲の意思を尊重し、かつ、甲の身上に配慮するものとし、その事務処理のため、適宜甲と面接し、ヘルパー

その他日常援助者から甲の生活状況につき報告を求め、主治医その他医療関係者から甲の生活状態につき説明を受けることなどにより、甲の生活状況及び健康状態の把握に努めるものとする。

（証書等の保管等）

第6条　乙は、本件後見事務の処理のために、甲から別紙代理権目録第7項記載の証書等（以下「証書等」という。）の引渡しを受けたときは、甲に対し、その明細及び保管方法を記載した預かり証を交付する。

2　乙は、本契約の効力発生後、甲以外の者が前項記載の証書等を占有保持しているときは、その者から当該証書等の引渡しを受けて、自らこれを保管することができる。

3　甲は、乙が本契約の効力発生後、後見事務を処理するため、引渡しを受けた証書等を使用するほか、甲宛の郵便物その他の通信を受領し、本件後見事務に関連すると思われるものを開封することができる権限を授与する。

（費用の負担）

第7条　乙が本件後見事務を処理するために必要な費用は、甲の負担とし、乙は、その管理する財産からこれを支出することができる。

（報酬）

第8条　甲は、本契約の効力発生後、乙に対し、本件後見事務処理のうち、標準事務に対する報酬として、毎月末日限り金〇万円を支払うものとする。

2　乙は、その管理する甲の財産から報酬の支払を受けることができる。

3　前項の報酬額が次の理由により不相当となった場合には、甲及び乙は、任意後見監督人と協議の上、これを変更することができる。

(1)　甲の生活状況又は健康状態の変化

(2)　経済情勢の変動

(3)　その他現行報酬額を不相応とする特段の事情の発生

4　前項の場合において、甲がその意思を表示することができない状況にあるときは、乙は、任意後見監督人の書面による同意を得てこれを変更することができる。

（報告）

第9条　乙は、任意後見監督人に対し、〇か月ごとに、本件後見事務に関する次の事項について書面で報告する。

(1)　乙の管理する甲の財産の管理状況

(2)　甲の身上保護につき行った措置

(3)　費用の支出及び使用状況

(4)　報酬の収受

2　乙は、甲又は任意後見監督人の請求があるときは、いつでも速やかにその求められた事項について報告する。

（契約の解除）

第10条　任意後見監督人が選任される前においては、甲又は乙は、いつでも公証人

の認証を受けた書面によって、本契約を解除することができる。

2　任意後見監督人が選任された後においては、甲又は乙は、正当な事由がある場合に限り、家庭裁判所の許可を得て、本契約を解除することができる。

（契約の終了）

第11条　本契約は、次の場合に終了する。

(1)　甲が死亡又は破産したとき

(2)　甲が後見開始、保佐開始又は補助開始の審判を受けたとき

（甲死亡時の特約事項）

第12条　甲は、乙に対し、甲死亡時における次の事項の事務処理を委託する。

(1)　医療費等の支払

(2)　家賃・地代・管理費等の支払と敷金・保証金等の受領

(3)　老人ホーム等の施設利用料の支払と入居一時金等の受領

(4)　葬儀に関する事項

(5)　火葬に関する事項

(6)　墓石建立に関する事項

(7)　菩提寺の選定に関する事項

(8)　供養に関する事項

(9)　祭祀承継に関する一切の事項

(10)　相続財産管理人選任の申立て

(11)　以上の各業務に関する費用の支払

第13条　前条の事務処理に関する報酬は金〇万円とし、乙は、甲の財産の中から、事務処理に要した費用とともにその支払を受けることができる。

　　　　　令和〇年〇月〇日
　　　　　　　委任者（甲）　住　所
　　　　　　　　　　　　　　氏　名

　　　　　　　受任者（乙）　住　所
　　　　　　　　　　　　　　氏　名

（別紙・代理権目録）

1　甲に帰属する不動産、動産、預貯金、投資信託、株式その他すべての財産の管理・保存及び処分等に関する一切の事項

2　金融機関、証券会社、保険会社との取引に関する一切の事項（貸金庫取引を含む。）

3　定期的な収入の受領、定期的な支出を要する費用の支払及びこれらの手続に関する一切の事項

4　生活に必要な費用の送金、金員の受領、物品の購入、代金の支払に関する一切の事項

5 (1)　医療契約、介護契約その他福祉サービス利用契約に関する一切の事項

　(2)　病院入院契約及び福祉関係施設への入所契約に関する一切の事項

　(3)　要介護認定の申請及び認定に関する承認又は異議申立て並びに福祉関係の措
置（施設入所措置を含む。）の申請及び決定に関する一切の事項

6　居住用不動産の購入、賃貸借契約及び住居の新築・増改築に関する請負契約の
締結又は解約等に関する一切の事項

7　登記済権利証、印鑑（実印、銀行印）、印鑑登録カード、マイナンバー（通知）カー
ド、各種キャッシュカード・クレジットカード、預貯金通帳、株券その他の有価
証券、保険証券、年金関係書類、健康保険証、介護保険証、重要な契約書類（不
動産賃貸借契約書等）その他重要書類の保管及び事務処理に必要な範囲内の使用
に関する一切の事項

8　事務処理に関連する登記、登録、供託の申請及び行政機関の発行する各種証明
書の交付請求、行政機関に対する申請・届出等の諸手続、不服申立手続並びに税
金の申告・納付に関する一切の事項

9　以上の各事項に関して生じる紛争の処理に関する一切の事項（民事訴訟法第55
条第2項の特別授権事項を含む。訴訟行為を弁護士に委任し、又は公証人に公正
証書の作成を嘱託することを含む。）

10　以上の各事項に関する復代理人の選任、事務代行者の指定

11　以上の各事項の処理に必要な費用の支払及び以上の各事項に関連する一切の事項

2 　任意後見契約の実務

1 　任意後見契約締結実務における留意点

(1) 　公正証書の作成手続

❶ 　契約締結前の確認事項

　任意後見契約を締結する際、委任者と任意後見受任者となる者との間で確認しておくべき事項は次のとおりである。これらはいずれも、任意後見契約の内容の確定、発効までの見守り、発効後の任意後見業務の円滑な遂行のために必要なものである。

　　①契約締結能力の存在

　　②契約締結意思の存在

　　③委任者が持つ財産の種類・額

　　④委任者の健康状態

　　⑤委任者の生活状態

　　⑥委任者の家族関係

　　⑦委任者を支える社会的資源（友人・知人・福祉関係者・各種専門職等）

　　⑧委任者の希望

❷ 　締結時における任意後見契約締結能力の存在

　任意後見契約も「契約」である以上、意思能力が必要である。意思能力とは、「自己の行為の法的な結果を認識・判断することができる能力」[1] のことをいい、意思能力がない者がした行為は、法律には明文の規定がないが、無効と解されている（大判明治38年5月11日民録11輯706頁）。一般的には、7歳から10歳くらいの精神的能力であると言われているが、意思能力の有無は、個別具体的に判断されるため、任意後見契約締結の場合には、契約締結時点において、締

---

1) 四宮和夫＝能見善久『民法総則〔第9版〕』（弘文堂、2018年）30頁。

結する任意後見契約の内容とその法的な結果を認識・判断することができていたことが必要である。補助や保佐の対象となりうる者であっても、判断能力の衰えの程度が軽く、まだ契約締結の能力があると判断されれば、任意後見契約を締結することができる。

とはいえ、任意後見は、委任者本人の身上監護および財産管理を他人に委ねるという契約であり、本人の生活全般に影響を与えることになるものであるから、ある程度高度な判断能力は必要である。本来、任意後見契約は、委任者本人が元気で判断能力も確かなうちに、自らの意思で、自身の将来に備え、自分が選んだ最も信頼できる人に身上監護や財産管理を委ねる契約をあらかじめしておくというものであることを考えると、すでに認知症の症状が出てきているような場合には、無理はせずに法定後見制度の利用を勧めたほうがよい場合もあるので、慎重な判断が求められる。

したがって、同契約を締結する際には、相談を受けた段階でその有無を確認することがまず必要となってくるが、意思能力の有無が問題とされる可能性がある人の場合（判断能力が低下している委任者との間で任意後見契約を締結した後、時間をおかずに同契約の効力を発行させる即効型任意後見契約の場合等）には、後日の紛争を防止するため、契約締結前の任意後見契約を締結する意思確認をする段階において、次のような資料を残し、公正証書とともに保管しておくと有効である。どれを選択するか、どこまでするかは、リスクの度合いによると思われる。

①医師の診断を受け、委任者に任意後見契約を締結できるだけの能力があることが確認できる医師の診断書をもらっておく。
②福祉関係者、家族、友人らから、委任者の病歴や体調、日常生活の様子等について情報収集し、記録に残しておく。
③委任者と面談する際の様子を録音や録画に残しておく。その際、委任者の意思能力が確認できるような質問（回答がイエスとなる問だけでなくノーとなるような問や、委任者に選択をさせるような質問）を入れ込むようにする。

意思能力があることを確認した後、任意後見契約の文案の作成等、準備を始めても、実際の契約締結までに相当の時間があいてしまったというような場合には、契約締結時に再度意思能力の有無を確認しておくべきであろう。契約締結後に意思能力をめぐる紛争が起こった場合には、その時点における本人の状態やか

かる資料等をもとに、契約締結時の病状や言動、精神上の障害の特性その他の事情を考慮して、契約締結時における精神上の障害の存否・内容・程度を認定した上で、個々の事案における意思能力の有無の判断を行うことになる[2]。

　裁判では、医学上の評価を参考にすることはもとより、行為者の年齢、行為の前後の言動や状況、行為の動機・理由、行為に至る経緯、行為の内容・難易度、行為の効果の軽重、行為の意味についての理解の程度、行為時の状況等が子細に検討され、判断材料として考慮されている[3]。

　なお、法定後見が開始している者であっても、法定後見人の同意又は代理によって、任意後見契約を締結すること自体は可能である。しかし、同契約に基づき任意後見監督人選任の申立てがあった場合においても、法定後見の継続が本人の利益のために特に必要というときは、裁判所がこれを認めることはない。とはいえ、任意後見契約の基本理念は自己決定権の尊重にあることを考えると、委任者本人の自己決定なくして任意後見契約を締結することは認められるべきではない。それゆえ、たとえば、法定後見の開始決定を受けて成年後見人になった者について、法定後見人が安易に任意後見契約をすることは避けるべきであろう。

❸　任意後見契約公正証書作成時における当事者の意思能力および契約意思の確認

　任意後見契約公正証書を作成する場合、委任者本人に、契約締結の能力があるかどうかは、医師の診断書、関係者の供述等を参考にして、公証人が判断することになる。

　そのため、公証人は委任者本人と面接することを原則としている[4]。公証人による公正証書の作成は原則として公証役場でされることになっているが、委任者が病気等のため公証役場に赴くことができない場合には、例外的に自宅や病院や施設等へ公証人の出張を求めることもできる（公証18条）。

　さらに、公証人は、委任者の意思能力に疑義があるときは、関係人に注意を促し、かつその者に必要な説明をさせなければならず（公証施規13条）、委任

2）澤井知子「意思能力の欠缺をめぐる裁判例と問題点」滝澤孝臣編『判例展望民事法Ⅰ』（判例タイムズ社、2005年）3頁。
3）前掲注2）18頁。
4）平成12年3月13日法務省民一第634号法務局長・地方法務局長宛民事局長通達。

者に対し、任意後見契約の有効性に関する証拠となる医師の診断書等の提出を求めるなどして、委任者の意思能力の有無について判断しなければならない。そして、これらの書類のほか、本人の状況等の要領を公証人が録取した書面は、後日、任意後見契約の有効性が争われた場合に備えて、公正証書の原本とともに公証役場に保存されることになっている[5)]。

　これは、任意後見契約においては、委任者の意思能力、さらには契約締結意思の有無を確認する必要性を重要視しているためである。

　また、当事者は、自衛策として、念のため、契約締結時にも、前記❷③の録音や録画を行い、その様子を記録に残しておくことや、その場に、事実上の証人として医師ら利害関係のない第三者に立ち会ってもらうことも有効であるが、事前に公証人の了承を得ておく必要がある。

❹　任意後見受任者の適格性

　任意後見人になることができる資格に法律上の制限は存在せず、誰にするかは委任者本人の選択（自己決定）に委ねられている。それゆえ、弁護士・司法書士・社会福祉士等の専門家でなくても、本人の親族や知人等、誰でも任意後見人になることが可能である。ただし、任意後見契約の効力を発効させようとした時点において、任意後見受任者が次の①～⑥に該当する場合には、任意後見監督人が選任されない（任意後見4条1項3号）ため、任意後見契約は発効しない。

　①未成年者
　②家庭裁判所で免ぜられた法定代理人、保佐人または補助人
　③破産者
　④行方の知れない者
　⑤本人に対して訴訟をし、またはした者およびその配偶者ならびに直系血族
　⑥不正な行為、著しい不行跡その他任意後見人の任務に適しない事由がある者
　とはいえ、任意後見人は、前記のとおり、委任者の身上監護や財産管理といった生活全般に関わる業務を担う者であるから、これらの業務を行えるだけの心身の能力を備えていることは不可欠である。同時に、委任者はもちろんであるが、できれば、その親族や福祉関係者等、委任者に関わる人たちと信頼関

5）前掲注4）通達。

係を築ける者であることが望ましい。

　かかる観点からすると、最近の長寿化傾向や、通常、任意後見契約の発効はある程度先であること等も加味して、任意後見契約発効時における任意後見人の年齢や生活状況等をよく考えた上で、任意後見人候補者を選ぶ必要がある。任意後見契約発効時に、任意後見受任者が委任者よりも先にすでに死亡してしまっていたり、高齢のため心身の能力が低下してしまっていたり、海外赴任中であるといった場合には、後見事務を適切に行うことができないおそれがあるからである。

　この点、法人[6]も任意後見人になることができ、上記のようなリスクは存在しないが、組織対応となるため、個人的な信頼関係を築くことが難しく、法人内の複数の人に委任者のプライバシーや個人情報を知られてしまうといった問題がある。

　また、委任者の入所施設を経営する法人ならびに同法人の職員および顧問弁護士らが任意後見人となる場合には、委任者本人の身近で臨機応変に対応し、後見事務を遂行できるというメリットがある一方で、委任者の生活の場で、任意後見人にとって、日常的に利益が相反する事務が生じることになる。任意後見人と本人の利害が対立する行為については、本人を害するおそれがあるため任意後見人は本人を代理することができず、代わりに任意後見監督人が本人を代理することになっているが（任意後見7条1項4号）、このケースの場合は、利益相反行為が単発的にではなく日常的に発生することから、避けたほうがよいであろう。

　任意後見人の役割は重大であるところ、移行型の任意後見契約の場合、委任者本人の判断能力が低下し、任意後見監督人選任の必要があるにもかかわらずその申立てをせず、監督を受けない任意の財産管理者の立場のまま、本人の財産を使い込んでしまう等の問題事例も生じている。このような任意後見制度の濫用等を防止するため、移行型の任意後見契約においては、公証人は、あらかじめ受任候補者と面接して、契約意思とともにその資質・適格性について確認することが求められている[7]。

6）市区町村の社会福祉協議会等の社会福祉法人、成年後見センターリーガルサポートセンター、都道府県の社会福祉士会、家庭問題情報センター等。
7）前掲注4）通達。

❺ 複数の任意後見受任者

　任意後見契約では、複数の者を任意後見受任者とすることも認められている。ただし、その場合には、将来、各任意後見人が担当することになる後見事務を分掌とするのか否か、また、権限を単独行使とするのか共同行使とするのかを決めて契約上定めておく必要がある。

　複数の任意後見人をつけようとする場合、任意後見契約は、任意後見受任者ごとに締結することになるが、任意後見契約公正証書は、それぞれ別個に作成することも、あるいは、複数の任意後見受任者について一括して1通作成することも可能である。ただし、権限の共同行使を定める任意後見契約の場合は、一体として1個の委任契約となるため、一括して1通の公正証書を作成しなければならない[8]。この場合、共同任意後見人のうちの1人について委任契約の終了事由が発生すると、1個の同契約が一体として、効力発効前であれば効力を生ぜず、発効後であれば終了してしまうことになる。

ア　権限の単独行使の適否

　後見事務の分掌は、身上監護は親族に任せつつ、財産管理は弁護士等の専門家に依頼するというように、任意後見人となる者の能力に応じた適切な権限行使を依頼したい場合に有効である。

イ　権限の共同行使の適否

　権限の共同行使は、複数の任意後見人（共同任意後見人）が互いに協力し、あるいはチェックし合って後見事務を遂行することができるため、権限の濫用を防止しつつ、適正に後見事務を履行することができるというメリットがある。

　しかし、共同任意後見人の意見に相違があると、権限の共同行使ができず、後見事務の遂行に支障が生じるおそれがあるので注意が必要である。

ウ　予備的任意後見受任者の可否

　任意後見受任者や任意後見人が死亡・病気・事故等のため任意後見事務を遂行できなくなった場合に備え、かかる事由が発生した時、別の任意後見人が職務を開始できるよう、予備的任意後見受任者を定めておくことも契約上は可能である。

　この場合、任意後見契約の委任者は、任意後見人になってもらいたいAのほ

8）前掲注4）通達第2の2の(3)。

か、予備的な任意後見人の候補者であるBと、それぞれ任意後見契約を締結し、Bとの間の任意後見契約には、たとえば、「委任者とBとの間の契約は、Aの死亡・病気または事故等のため、Aの任意後見人としての職務の遂行が不可能もしくは困難となった時、Bが家庭裁判所に対し、Bについて任意後見監督人の選任の請求をするものとし、任意後見監督人が選任された時からその効力を生じる。」等の条件付就任の特約を付ける必要がある。ただし、任意後見契約の成年後見登記では、このようにBが予備的任意後見受任者であることや、予備的任意後見受任者の任意後見監督人選任の請求時期に関する特約の登記は認められていない。

この特約は、契約当事者（委任者、受任者A、受任者B）を拘束するため、受任者Bは、先順位受任者である任意後見人Aが死亡・病気または事故等により後見事務を遂行することが不可能もしくは困難となった場合に限って、任意後見監督人選任の申立てをする権利があることになるが、この特約に反して、Bが家庭裁判所に任意後見監督人選任の請求をした場合に、家庭裁判所がこれに拘束されることはないので注意が必要である。

❻　任意後見契約公正証書を公証役場外で作成する際の注意事項

前記❸のとおり、委任者が病気等のため公証役場に赴くことができない場合には、例外的に自宅や病院や施設等へ公証人の出張を求めることもできる（公証18条）。ただし、公証人は、自分が所属する法務局や地方法務局の管轄外で職務を行うことはできないので（たとえば、東京都内にある公証役場の公証人は、東京都内であれば出張できるが、東京都外には出張できない）、公正証書の作成を嘱託する際は注意を要する。

公正証書作成のため公証人が当事者に意思確認等を行う時には、プライバシーが確保された、静かな環境が不可欠である。それゆえ、出張先で公正証書の作成を行う場合には、あらかじめそのような環境の部屋を用意してもらっておく必要がある。ただし、委任者によっては、任意後見契約公正証書を作成すること自体を秘密にしておきたい場合もあるので、特に病院や施設等で部屋を借りる際の理由の説明には気を付けたい。

❼　弁護士の通称使用および法律事務所を住所とした任意後見契約の可否

弁護士の中には、婚姻に伴い戸籍上は氏を変更したが、業務の際は旧姓をそのまま通称として使用している者が少なくない。

しかし、法定後見のように、戸籍上の氏名とは異なる通称や法律事務所を住所として使用し、任意後見契約を締結することや成年後見登記をすることは認められていないので注意が必要である。

❽　必要書類、作成費用

任意後見契約公正証書作成の際、当事者は実印を持参し、委任者は印鑑登録証明書、戸籍謄本、住民票を、任意後見受任者は印鑑登録証明書、住民票を公証役場に提出しなければならない。書類はいずれも、発行後3か月以内のものに限られる。住民票はマイナンバーの記載がないものがよい。

また、任意後見契約公正証書作成の際に必要となる費用は、公証役場の公正証書作成手数料（1契約につき1万1000円を基本手数料として、証書の枚数が法務省令で定める枚数の計算方法により4枚を超えるときは、超える1枚ごとに250円を基本手数料に加算）と正本謄本の作成手数料（1枚につき250円×枚数）のほか、成年後見登記のため法務局に納める印紙代（2600円）、法務局への登記嘱託料（1400円）および書留郵便料（約540円）である。

複数の任意後見受任者について一括して1通の任意後見公正証書を作成した場合には、受任者の数だけ契約数が増えることになるため、その分別途上記費用が必要となる。ただし、権限の共同行使の場合は、一体として1個の契約であるから1通分のみの費用で足りる。

自宅や病院等に公証人に出張してもらった場合には、上記基本手数料額が50％加算される（1契約につき1.5倍の1万6500円となる）ほか、日当（1日2万円、4時間まで1万円）と現場までの交通費（実費）を別途支払わなければならない。

また、任意後見契約と併せて、通常の委任契約も締結する場合（移行型の場合）には、報酬月額の10年分の金額を2倍した額を目的価額とし、それに応じて定められた額（手数料令9条、11条1号、13条1項）が、無報酬の場合は、目的価額は算定不能として1万1000円が加算される。

(2)　代理権の内容

❶　法定の委任事項

任意後見契約法2条1号は、任意後見契約を「委任者が、受任者に対し、精神上の障害により事理を弁識する能力が不十分な状況における自己の生活、療養看護及び財産の管理に関する事務の全部又は一部を委託し、その委託にかか

る事務について代理権を付与する委任契約」と定義している。よって、自己の生活、療養看護および財産の管理に関する全部または一部が法定の委任事項であり、委任契約である以上、法律行為の代理を行うことが大前提となっている。したがって、この法定の委任事項のみが任意後見契約において代理権目録として記載され、登記されることとなる。

これら法定の委任事項以外にも、任意後見契約の中に、別途委任をすることは可能であるが、当該委任事項は、法定の任意後見契約の範疇外の別個の契約と評価されることとなり、法定の委任事項とは明確に区別されることとなる。

具体的に任意後見契約としては委任できない事項としては、法律行為ではない事実行為や、代理になじまない身分行為、第三者の生活や療養看護の事務や、死後の事務などが挙げられる。いずれも法で定められた定義に当てはまらない委任事項（または準委任事項）となるからである。

❷ 代理権の記載方法

任意後見契約書に添付する代理権目録は、「任意後見契約に関する法律第3条の規定による証書の様式に関する省令」（平成12年法務省令第9号）により様式が定められており、附録第1号様式か第2号様式のいずれかを選択して作成する必要がある（任意後見3条）。

第1号様式については細かく委任事項が記載されており、必要な項目にチェックを入れ、不要部分には斜線を引き、公証人が職印を押すことになっている。また、別途目録が必要となっているものには、必ず目録を付けることとなっているため、委任事項に漏れがなくなる。

第1号様式を利用しない場合には、すべて第2号様式を利用することとなる。【3-2-1、3-2-2参照】

また、重要な委任事項については、任意後見人がその事務を行うにあたって個別に任意後見監督人の同意を必要とする旨を特約で規定することができ、その場合は同意を要する旨の特約目録を作成しなければならない。【3-2-3参照】

重要な委任事項については、同意を要する旨の特約以外にも、代理権の共同行使の特約をすることもできる。その場合には、代理権の共同行使の特約目録を作成しなければならない。【3-2-4参照】

3-2-1 代理権の記載（任意後見3条、附録第1号様式）

代 理 権 目 録

A　財産の管理・保存・処分等に関する事項
A1□　甲に帰属する別紙「財産目録」記載の財産及び本契約締結後に甲に帰属する財産（預貯金［B1・B2］を除く。）並びにその果実の管理・保存
A2□　上記の財産（増加財産を含む。）及びその果実の処分・変更
　　　□売却
　　　□賃貸借契約の締結・変更・解除
　　　□担保権の設定契約の締結・変更・解除
　　　□その他（別紙「財産の管理・保存・処分等目録」記載のとおり）
B　金融機関との取引に関する事項
B1□　甲に帰属する別紙「預貯金等目録」記載の預貯金に関する取引（預貯金の管理、振込依頼・払戻し、口座の変更・解約等。以下同じ。）
B2□　預貯金口座の開設及び当該預貯金に関する取引
B3□　貸金庫取引
B4□　保護預り取引
B5□　金融機関とのその他の取引
　　　□当座勘定取引　　□融資取引
　　　□保証取引　　□担保提供取引
　　　□証券取引〔国債、公共債、金融債、社債、投資信託等〕
　　　□為替取引
　　　□信託取引（予定（予想）配当率を

付した金銭信託（貸付信託）を含む。）
　　　□その他（別紙「金融機関との取引目録」記載のとおり）
B6□　金融機関とのすべての取引
C　定期的な収入の受領及び費用の支払に関する事項
C1□　定期的な収入の受領及びこれに関する諸手続
　　　□家賃・地代
　　　□年金・障害手当金その他の社会保障給付
　　　□その他（別紙「定期的な収入の受領等目録」記載のとおり）
C2□　定期的な支出を要する費用の支払及びこれに関する諸手続
　　　□家賃・地代　　□公共料金
　　　□保険料　　□ローンの返済金
　　　□その他（別紙「定期的な支出を要する費用の支払等目録」記載のとおり）
D　生活に必要な送金及び物品の購入等に関する事項
D1□　生活費の送金
D2□　日用品の購入その他日常生活に関する取引
D3□　日用品以外の生活に必要な機器・物品の購入
E　相続に関する事項
E1□　遺産分割又は相続の承認・放棄
E2□　贈与若しくは遺贈の拒絶又は負担付の贈与若しくは遺贈の受諾

E3□　寄与分を定める申立て
E4□　遺留分減殺の請求
F　保険に関する事項
F1□　保険契約の締結・変更・解除
F2□　保険金の受領
G　証書等の保管及び各種の手続に関する事項
G1□　次に掲げるものその他これらに準ずるものの保管及び事項処理に必要な範囲内の使用
　　　□登記済権利証
　　　□実印・銀行印・印鑑登録カード
　　　□その他（別紙「証書等の保管目録」記載のとおり）
G2□　株券等の保護預り取引に関する事項
G3□　登記の申請
G4□　供託の申請
G5□　住民票、戸籍謄抄本、登記事項証明書その他の行政機関の発行する証明書の請求
G6□　税金の申告・納付
H　介護契約その他の福祉サービス利用契約等に関する事項
H1□　介護契約（介護保険制度における介護サービスの利用契約、ヘルパー・家事援助者等の派遣契約等を含む。）の締結・変更・解除及び費用の支払
H2□　要介護認定の申請及び認定に関する承認又は審査請求
H3□　介護契約以外の福祉サービスの利

用契約の締結・変更・解除及び費用の支払
H4□　福祉関係施設への入所に関する契約（有料老人ホームの入居契約等を含む。）の締結・変更・解除及び費用の支払
H5□　福祉関係の措置（施設入所措置等を含む。）の申請及び決定に関する審査請求
I　住居に関する事項
I1□　居住用不動産の購入
I2□　居住用不動産の処分
I3□　借地契約の締結・変更・解除
I4□　借家契約の締結・変更・解除
I5□　住居等の新築・増改築・修繕に関する請負契約の締結・変更・解除
J　医療に関する事項
J1□　医療契約の締結・変更・解除及び費用の支払
J2□　病院への入院に関する契約の締結・変更・解除及び費用の支払
K□　A～J以外のその他の事項（別紙「その他の委任事項目録」記載のとおり）
L　以上の各事項に関して生ずる紛争の処理に関する事項
L1□　裁判外の和解（示談）
L2□　仲裁契約
L3□　行政機関等に対する不服申立て及びその手続の追行
L4・1　任意後見受任者が弁護士である場合における次の事項
L4・1・1□　訴訟行為（訴訟の提起、

E３□　寄与分を定める申立て
E４□　遺留分減殺の請求
F　　保険に関する事項
　　F１□　保険契約の締結・変更・解除
　　F２□　保険金の受領
G　　証書等の保管及び各種の手続に関する事項
　　G１□　次に掲げるものその他これらに準ずるものの保管及び事項処理に必要な範囲内の使用
　　　　　□登記済権利証
　　　　　□実印・銀行印・印鑑登録カード
　　　　　□その他（別紙「証書等の保管等目録」記載のとおり）
　　G２□　株券等の保護預り取引に関する事項
　　G３□　登記の申請
　　G４□　供託の申請
　　G５□　住民票、戸籍謄抄本、登記事項証明書その他の行政機関の発行する証明書の請求
　　G６□　税金の申告・納付
H　　介護契約その他の福祉サービス利用契約等に関する事項
　　H１□　介護契約（介護保険制度における介護サービスの利用契約）、ヘルパー・家事援助者等の派遣契約等を含む。）の締結・変更・解除及び費用の支払
　　H２□　要介護認定の申請及び認定に関する承認又は審査請求
　　H３□　介護契約以外の福祉サービスの利

用契約の締結・変更・解除及び費用の支払
　　H４□　福祉関係施設への入所に関する契約（有料老人ホームの入居契約等を含む。）の締結・変更・解除及び費用の支払
　　H５□　福祉関係の措置（施設入所措置を含む。）の申請及び決定に関する審査請求
I　　住居に関する事項
　　I１□　居住用不動産の購入
　　I２□　居住用不動産の処分
　　I３□　借地契約の締結・変更・解除
　　I４□　借家契約の締結・変更・解除
　　I５□　住居の新築・増改築・修繕に関する請負契約の締結・変更・解除
J　　医療に関する事項
　　J１□　医療契約の締結・変更・解除及び費用の支払
　　J２□　病院への入院に関する契約の締結・変更・解除及び費用の支払
K□　A〜J以外のその他の事項（別紙「その他の委任事項目録」記載のとおり）
L　　以上の各事項に関して生ずる紛争の処理に関する事項
　　L１□　裁判外の和解（示談）
　　L２□　仲裁契約
　　L３□　行政機関等に対する不服申立て及びその手続の追行
　　L４・１　任意後見受任者が弁護士である場合における次の事項
　　L４・１・１□　訴訟行為（訴訟の提起、

3-2-2　代理権の記載（任意後見３条、附録第２号様式）

　　　　　　　代　理　権　目　録

一、　　何　　　　　　何

一、　　何　　　　　　何

一、　　何　　　　　　何

一、　　何　　　　　　何

一、　　何　　　　　　何

注１　附録第１号様式を用いない場合には、すべて本号様式によること。
　２　各事項（訴訟行為に関する事項を除く。）の全部又は一部について、数人の任意後見人が共同して代理権を行使すべき旨の特約が付されているときは、その旨を別紙「代理権の共同行使の特約目録」に記載して添付すること。
　３　各事項（任意後見受任者が弁護士である場合には、訴訟行為に関する事項を除く。）の全部又は一部について、本人又は第三者の同意（承認）を要する旨の特約が付されているときは、その旨を別紙「同意（承認）を要する旨の特約目録」に記載して添付すること（第三者の同意（承認）を要する旨の特約の場合には、当該第三者の氏名及び住所（法人の場合には、名称又は商号及び主たる事務所又は本店）を明記すること。）。
　４　別紙に委任事項・特約事項を記載するときは、本目録の記号で特定せずに、全文を表記すること。

3-2-3　同意を要する旨の特約目録

> 同意を要する特約目録
>
> 　任意後見人が以下の行為を行うには、個別に任意後見監督人の書面による事前の同意を要する。
>
> 　1　不動産その他重要な財産の処分
> 　2　…………
>
> 以　　上

3-2-4　代理権の共同行使の特約目録

> 代理権の共同行使の特約目録
>
> 　任意後見人〇〇〇〇及び△△△△（以下、「乙等」という。）は、以下のとおり、委任事務を共同して処理（又は代理権を行使）するものとする。
> 　(1)　乙等は、協議して本件貢献事務を処理（又は代理権を行使）しなければならない。
> 　(2)　乙等は、前号の協議に基づき、各自、本件後見事務を行うことができる。
> 　(3)　次の行為は乙等全員が共同で行わなければならない。
> 　　a　不動産又は重要な財産に関する権利の得喪を目的とする行為
> 　　b　乙等が受任した訴訟行為のうち、訴訟の提起、調停の申立又は保全処分行為
> 　　c　甲の居住場所の変更を伴う事項の決定
> 　　d　〇〇万円以上の債務負担行為又は支出
> 　　e　毎月の〇〇万円以上の債務負担行為又は支出。ただし、被後見人の生活のための支出であり、毎月の支払額が一定している場合は、最初の月の支出
> 　　f　任意後見監督人選任の申立て
> 　　g　復代理人の選任
> 　　h　（その他）
>
> 以　　上

❸　注意を要する代理行為

ア　訴訟行為

　任意後見において、法律行為に関して紛争が発生する場合がある。この場合において、裁判手続が関与する場合、任意後見人において、弁護士等に訴訟行為を委任する場合がある。

この場合、任意後見契約締結時において将来発生する訴訟行為を特定しておくことは不可能であることから、一般的には委任事項をすべて記載した上で、「以上の各事項に関して生じる紛争の処理に関する一切の事項（任意後見受任者が弁護士に対して訴訟行為および民事訴訟法第55条第2項の特別授権事項について授権をすることを含む）」等記載することになっている。第1号様式も、詳細に委任事項を分けてはいるが、すべての紛争の処理に関する事項について、包括的に委任事項を記載する様式となっている。

　この点、弁護士が任意後見人になる場合には、任意後見人自ら訴訟行為を行うことが可能であるため、訴訟行為、民事訴訟法55条2項の特別授権事項をそのまま委任事項とすることができる。この場合、代理権目録に訴訟代理権の記載のある登記事項証明書が訴訟委任状の機能を果たすため、訴訟の場合には裁判所に委任状のかわりに登記事項証明書を提出することとなる。

イ　遺産分割

　遺産分割協議に関する事項が委任事項に含まれている場合には、任意後見人が遺産分割協議に参加し意見を述べることができる。この場合、本人に判断能力があれば本人の意思に従い、判断能力のない場合には判断能力低下前になされた本人の意思が明確であれば、現状その意思に変更がないかどうかを正確に判断してその意思を述べ、これらが明らかでない場合には、少なくとも本人の法定相続分に沿った意見を述べることとなる。

　任意後見人が親族である場合、遺産分割協議をする際相続人の一人となる場合がある。この場合、本人と任意後見人は利益相反の関係に立つこととなるので、任意後見監督人が選任されている場合には任意後見監督人が本人を代理することとなり、任意後見監督人が選任される前であれば、任意後見人は本人のために中立的立場の第三者に代理人となってもらうようにすることが必要となる。利益相反行為をそのまま行ってしまった場合、その行為は無効となる上、任意後見人の職を解任されるおそれもあることから注意が必要である。

ウ　マイナンバー

　マイナンバーは重要な個人情報であり、その取扱いについては「行政手続における特定の個人を識別するための番号の利用等に関する法律」（番号法）で定められている。本人の代理人は、以下の場合に、本人の代わりにマイナンバーを提供したり、特定個人情報を受け取ったりすることができる。

①個人番号利用事務等実施者に対し、当該本人の個人番号を含む特定個人情報を提供するとき

②個人番号利用事務実施者が個人番号利用事務を処理するために必要な限度で特定個人情報を提供するとき

したがって、任意後見人が確定申告をしたり、財産管理上の手続をする場合にはマイナンバーが必要となるため、任意後見人が本人のためにマイナンバーを預かり、利用する場面が発生する。本人のマイナンバーを取得した場合には番号法に抵触する行為を行わないようにして適切に管理する必要がある。

マイナンバーの管理に際しては、相応の管理責任が生じることとなるため、封緘するなどして別途管理をすることが必要となる。また、マイナンバーに関わる書類を受け取る際、手続には暗証番号が必要となることが多いため、あらかじめ暗証番号を確認しておくことも必要となる。

エ　医療行為の同意・代行決定

医療契約の法的性質は、諸説あるが、一般的には適切な診療・治療をするという事実行為を契約の目的とし、事実行為を依頼した側は報酬支払義務が発生することとなる有償の準委任契約と解されている。病気の治癒という結果までは要求されていないことから請負契約とは解されず、医療行為は法律行為ではないことから委任契約ともならない。

医療契約を締結することを、委任事項とすることはもちろん可能であり、任意後見人は本人に代わって医療契約を締結することができる。

しかし、医療行為の中には、患者の生命・身体に危険を及ぼすおそれのある医療侵襲行為（注射、手術などがこれに含まれる）が含まれる場合があり、この場合には、医療侵襲行為を受ける患者本人の同意が必要とされている。そして、この同意に関しては、患者本人の自己決定権に基づく固有のものであり、一身専属的なものであるから、委任や代理行為に馴染まないものとされ、任意後見契約の代理権には含まれない。

したがって、医療契約を締結する際、医療侵襲行為が含まれる場合には、任意後見人は本人が同意する能力がある場合かどうかを見極め、同意能力がある場合には本人の意向を確認することとなる。

本人の同意が得られないような場合、厳密に言えば同意する者がいないため医療侵襲行為を医療機関側は行えないこととなる。しかし、それでは適切な医

療行為が受けられず、本人の生命の危機を招きかねない。この点については、医療行為の内容を決定することについても第三者に委ねられるようにするための法整備が求められるところであるが、実務上は親族の同意などを得て本人の同意として医療契約を締結するケースが多いようである。任意後見人としては、本人の同意能力がないと判断される場合、医療契約を締結する段階で親族の同意を得られるよう働きかけることとなる。親族がいない場合には、結論として具体的方策はなく、法整備が望まれるところであるが、なるべく本人の意思を医療機関に伝えられるよう、代理権目録には入れることはできないが、別途任意後見契約公正証書の本文中に同意能力が喪失した場合の医療行為への関わり方などを希望事項として記載しておくことなどが考えられる。

この場合、任意後見人としては、本人に代わって医療行為についての同意をすることはできないが、契約締結時の本人の意向を代理で伝えることが必要となると思われる。

オ　終末期医療

医療行為の内容の決定に関する同意権が認められていない以上、終末期の延命治療の実施や中止を同意、決定する権限は、任意後見人には認められていない。

この点、「終末期医療の決定プロセスに関するガイドライン」（厚生労働省2007年5月）には、終末医療に関する治療方針などについての一定の指針が示されているが、ここには成年後見人や任意後見人の役割は記載されていない。

したがって、任意後見人は終末期医療に関する同意権限を委任事項とすることはできないのは、医療行為の同意権と同じである。

この点についても、任意後見契約の中に、本人の希望事項として、終末医療に関する本人の希望を記載することは可能である。本人の希望が記載されている場合は、任意後見人は任意後見契約締結時の本人の意向がどうであったかについて、医療機関に伝えることが必要となると思われる。

カ　居所指定権

本人が在宅で生活することが困難になった場合、任意後見人としては有料老人ホーム等、施設への入居を検討することとなる。そして、その施設の入居契約に関しては、本人の代理人として任意後見人が行うこととなるため、委任事項として施設入所契約に関する代理権を入れておくことが任意後見契約としては一般的である。

しかし、いかに生活が困難となるとはいえ、本人に判断能力があり、本人が入所を拒んでいる場合には、強制的に居所を指定することは任意後見人としては許されない。任意後見人には、入所契約の締結をする権限はあるが、嫌がる本人を無理やり移動させるなど、身体に対する強制を伴う事項は権限には含まれないからである。

　したがって、たとえ施設への入居が本人にとって適切であると判断されるような場合であったとしても、任意後見人としては本人の説得に努力すべきであり、強制的に契約を締結することは相当ではない。

　本人に判断能力がない場合には、任意後見人の判断で入所契約等を行うこととなるが、この場合には、任意後見監督人に相談するなどして、本人の利益に資する適切な判断であることを担保させることが望ましいと考えられる。

キ　身元保証人

　施設入所契約などをする際、施設の方から身元保証人になることを求められるケースがある。しかし、親族などではない専門職の者が任意後見人である場合、身元保証人などを引き受けるのは相当ではない。仮に債務が発生した場合、本来ならば任意後見人は、本人の財産から支払うところ、これが払えない場合には保証人として本人の代わりに立て替えるということが考えられるが、この場合、任意後見人は本人に求償することができることとなり、利益相反行為となりかねない。

　本人の死後の遺体や遺品の受取りなどは、死後の事務であり任意後見契約の委任事項には含まれないが、別途個人と死後の事務についても委任契約を締結しておくなどして、施設には身元保証人の就任の必要がないことの理解を得る努力をすべきである。

ク　株主としての議決権行使

　任意後見契約管理対象財産の中に株式が入っている場合には、その財産の保全、管理またはそれに含まれる諸手続の一環として、議決権行使は許容される。

　ただし、当該株式がオーナー会社の株式であり、事業承継について明確な指針がなく当該株式会社の支配権を有したまま任意後見が開始されるような場合には、当該議決権の行使は会社の支配権としての側面が大きく、財産管理の枠を超えているとも考えられ、これを財産の保全、管理と評価できるかについては疑問がある。とはいえ、何もしない状況では会社の運営が滞る可能性もある

ため、被後見人の死亡までの暫定的なものにすぎないという前提で議決権行使を認めるべきという議論がある。この場合でも、本人の意思が確認できるのであれば本人の意思を確認しつつ進めるべきであり、本人の意思が確認できない状況の場合にはあくまで事業承継がなされるまでの暫定的なものであることを前提に、なるべく従前確認していた本人の意思を反映させるべく行動することが望まれる[9]。

ケ　取消権の行使

本人が悪徳商法に騙されるなどして契約を結んでしまった場合、民法や消費者契約法や特定商取引法に基づき、本人は当該契約の取消しを主張することができる。

それゆえ、任意後見人が契約の取消しを行うためには、本人から取消権行使の代理権が付与されていることが大前提となる。この点、任意後見人の委任事項に「不動産、動産等すべての財産の保存管理に関する事項」「紛争の処理に関する事項」が記載されていれば、前記本人の取消権を代理主張することは可能であるためこの委任事項を入れておくことが一般的となっている。

コ　「新たな任意後見契約締結に関する件」を代理権に含めること

本人に意思能力がなくなった後、任意後見人が何らかの事情で任意後見を継続することができなくなるような事態が発生する事態が生じうる。このような場合、本人には意思能力はないため、新たに任意後見人を選任することはできない。このような事態を避けるため、任意後見契約締結時に、任意後見人が職務の遂行が困難になった場合に、あらかじめ本人から任意後見人に新たな任意後見契約の事務を委任しておけば、任意後見人が別途本人のために任意後見契約を締結することができることとなる。

サ　広範な権限の委任

代理権の登記は、一定の法律行為を代理する権限を有する任意後見人の権限の範囲を第三者に公示する機能を有するものであり、法律上特定することが要求されている。したがって、あまりに広範な範囲の代理権を付与した委任事項の記載は認められていない。たとえば「代表取締役としてなしうる行為のすべて」「日常生活一般」「本人の虐待の監視一般」などという委任事項は、代理権

9）山本修＝冨永忠祐＝清水恵介『任意後見契約書の解説と実務』(三協法規出版、2014年) 113
　頁以降参照。

の範囲が不明確となるため代理権目録に記載することができない。

(3) 任意後見契約の登記

❶ 登記制度の趣旨

　成年後見（法定後見および任意後見）について、取引の安全の観点からすれば、代理権限等が何らかの形で公示されていることが望ましい。平成11年の改正前の民法における「禁治産・準禁治産」の制度では、「禁治産・準禁治産」が宣告されると本人の戸籍にその旨が記載されていたが、戸籍に記載されることについて心理的抵抗を抱く人が多く、制度の利用の妨げになっていた。そこで、新しい成年後見制度では、取引の安全と本人のプライバシー保護の調和を図り、新たに登記制度が設けられた。

❷ 登記制度の内容

　成年後見に関する登記については、「後見登記等に関する法律」、「後見登記等に関する政令」、「後見登記等に関する省令」で定められており、具体的な取扱いについては、「民法の一部を改正する法律等の施行に伴う公証事務の取扱について」（平成12年3月13日通達）に定められている。

　任意後見の登記は、磁気ディスクをもって調製する後見登記等ファイルに次の事項が記録される（後見登記5条）。

①任意後見契約に係る公正証書を作成した公証人の氏名および所属ならびにその証書の番号および作成の年月日

②本人（任意後見契約の委任者）の氏名、出生の年月日、住所および本籍（外国人の場合は国籍）

③任意後見受任者または任意後見人の氏名または名称および住所

④任意後見受任者または任意後見人の代理権の範囲

⑤数人の任意後見人が共同して代理権を行使すべきことを定めたときは、その定め

⑥任意後見監督人が選任されたときは、その氏名または名称および住所ならびにその選任の審判の確定の年月日

⑦数人の任意後見監督人が、共同してまたは事務を分掌して、その権限を行使すべきことが定められたときは、その定め

⑧任意後見契約が終了したときは、その事由および年月日

⑨任意後見人または任意後見監督人の職務の執行を停止する審判前の保全処分がされたときは、その旨

⑩上記⑨に規定する規定により任意後見監督人の職務代行者を選任する審判前の保全処分がされたときは、その氏名または名称および住所

⑪登記番号

なお、現在、任意後見登記の取扱法務局は東京法務局のみである。

❸ 登記の種類

ア　任意後見契約の締結の登記および任意後見監督人に関する登記

▶**任意後見契約の締結の登記**　任意後見契約は、法務省令（任意後見契約に関する法律第3条の規定による証書の様式に関する省令）で定める様式の公正証書によってしなければならないため（任意後見3条）、任意後見契約を締結しようとする当事者は、公証人に対し、任意後見契約の公正証書の作成を依頼しなければならない。公証人は、任意後見契約の公正証書を作成したときは、嘱託書に任意後見契約の公正証書の謄本を添付して、登記所（法務局）に任意後見契約の締結の登記の嘱託をする（公証57条ノ3）。したがって、本人および任意後見受任者が登記の申請をする必要はない。

▶**任意後見監督人に関する登記**　任意後見監督人の選任の審判が確定した場合、裁判所書記官は、登記所（法務局）に対し、任意後見監督人に関する登記の嘱託をする（家事手続116条）。したがって、本人および任意後見受任者が登記の申請をする必要はない。

イ　変更の登記

▶**住所等の変更**　本人、任意後見受任者、任意後見人、任意後見監督人および任意後見監督人の職務代行者に、氏名、住所等の変更があった場合、当該変更が生じた者は、その変更が生じた事実を知ったときは、変更の登記を申請しなければならない（後見登記7条1項4号・5号）。この変更の登記は、本人の親族その他の利害関係人も申請することができる（同条2項）。

登 記 事 項 証 明 書

任意後見契約

　【公証人の所属】東京法務局

　【公証人の氏名】山田太郎

　【証書番号】平成28年第××××号

　【作成年月日】平成28年×月××日

　【登記年月日】平成28年×月◇日

　【登記番号】第2016－××××号

任意後見契約の本人

　【氏名】甲野太郎

　【生年月日】昭和20年××月××日

　【住所】東京都○○区△△×丁目×番××号

　【本籍】東京都○○区△△×丁目○番地

任意後見受任者

　【氏名】甲野一郎

　【住所】東京都○○区△△×丁目×番◇◇号

　【代理権の範囲】別紙目録記載のとおり

　　上記のとおり後見登記等ファイルに記録されていることを証明する。

　　　　令和2年×月××日

　　　　　　　　東京法務局登記官　法務太郎　　公印

　　　　　　　　　[証明書番号]2020-0100-×××××　（1／3）

※実際の証明書では，用紙が数枚にわたる場合，最終頁に認証文のみの用紙が添付される。

3-2-5②　別紙目録（代理権目録）

代 理 権 目 録

1．財産の管理・保存・処分等に関する事項
　・甲に帰属するすべての財産及び本契約締結後に甲に帰属する財産（預貯金を除く。）並びにその果実の管理・保存
　・上記の財産（増加財産を含む。）及びその果実の処分・変更
　　　　売却
　　　　賃貸借契約の締結・変更・解除
　　　　担保権の設定契約の締結・変更・解除
2．定期的な収入の受領及び費用の日払いに関する事項
　・定期的な収入の受領及びこれに関する諸手続
　　　　家賃・地代
　　　　年金・障害手当金その他の社会保障給付
　・定期的な支出を要する費用の支払及びこれに関する諸手続
　　　　家賃・地代
　　　　公共料金
　　　　保険料
　　　　ローンの返済金
3．生活に必要な送金及び物品の購入等に関する事項
　・生活費の送金
　・日用品の購入その他日常生活に関する取引
　・日用品以外の生活に必要な機器・物品の購入
4．介護契約その他の福祉サービス利用契約等に関する事項
　・介護契約（介護保険制度における介護サービスの利用契約、ヘルパー・家事援助者等の派遣契約等を含む。）の締結・変更・解除及び費用の支払
　・要介護認定の申請及び認定に関する承認又は異議申立て
　・介護契約以外の福祉サービスの利用契約の締結・変更・解除及び費用の支払
　・福祉関係施設への入所に関する契約（有料老人ホームの入居契約等を含む。）の締結・変更・解除及び費用の支払
　・福祉関係の措置（施設入所措置等を含む。）の申請及び決定に関する異議申立て
5．医療に関する事項・医療契約の締結・変更・解除及び費用の支払
　・病院への入院に関する契約の締結・変更・解除及び費用の支払

登記年月日　平成28年×月◇日　　　[証明書番号]2020-0100-×××××　(2／3)

※「代理権目録」の内容は、実際の任意後見契約の内容に基づく。

▶**代理権の範囲等の変更**　代理権の範囲を変更した場合の変更の登記については、後見登記法等に規定がない。代理権の範囲を拡張する場合および代理権の範囲を縮減する場合の契約方法等については本節**2**(4)を参照のこと。

ウ　終了の登記

本人、任意後見受任者、任意後見人および任意後見監督人は、本人の死亡その他の事由により任意後見契約が終了したことを知ったときは、嘱託による登記がされる場合を除き、終了の登記を申請しなければならない（後見登記8条2項）。なお、任意後見監督人が選任され、任意後見契約が効力を生じた後、任意後見契約の解除により契約が終了する場合、任意後見人の代理権は消滅するが、取引の安全の観点から、終了の登記をしなければ善意の第三者に対抗することができないため（任意後見11条）、任意後見人であった者が任意後見人の登記が残っていることを奇貨して本人の財産を処分する等、本人に不利益を生じさせるおそれがある。このため、任意後見契約発行後に契約を解除した場合、速やかに終了の登記申請をする必要がある。【3-2-6①、3-2-5②、3-2-6②参照】

任意後見監督人が選任され、任意後見契約が効力を生じた後、任意後見人の解任の審判が確定したとき（任意後見8条）、法定後見の開始の審判が確定したとき（任意後見10条3項）にも任意後見契約は終了するが、この場合、裁判所書記官が登記所（法務局）に対し登記を嘱託する（家事手続116条）。したがって、本人および任意後見人等が登記の申請をする必要はない。

エ　その他の登記

裁判所書記官は、次の場合に、登記所（法務局）に対し、登記を嘱託する（家事手続116条）。

①任意後見監督人が欠けた場合および任意後見監督人をさらに選任する場合における任意後見監督人の選任の審判が確定したとき

②任意後見監督人の解任または辞任についての許可の審判が確定したとき

③任意後見監督人の権限の行使についての定めおよびその取消しの審判が確定したとき

④任意後見監督人の職務の執行を停止しまたはその職務代行者を選任する審判前の保全処分および職務代行者を解任する審判前の保全処分がされたとき

3-2-6①　登記事項証明書（任意後見契約の効力が生じていない場合、複数の任意後見人の代理権の共同行使の定めがあるもの）

登 記 事 項 証 明 書

任意後見契約
　【公証人の所属】東京法務局
　【公証人の氏名】山田太郎
　【証書番号】平成28年第××××号
　【作成年月日】平成28年×月××日
　【登記年月日】平成28年×月◇日
　【登記番号】第2016－××××号

任意後見契約の本人
　【氏名】甲野太郎
　【生年月日】昭和20年××月××日
　【住所】東京都○○区△△×丁目×番××号
　【本籍】東京都○○区△△×丁目○番地

任意後見受任者
　【氏名】甲野一郎
　【住所】東京都○○区△△×丁目×番◇◇号
　【代理権の範囲】別紙目録記載のとおり

任意後見受任者
　【氏名】甲野花子
　【住所】東京都○○区△△×丁目×番◇◇号
　【代理権の範囲】別紙目録記載のとおり

　　　上記のとおり後見登記等ファイルに記録されていることを証明する。
　　　　　令和2年×月××日
　　　　　　　　東京法務局登記官　法務太郎　　公印
　　　　　　　　　　[証明書番号]2020-0100-×××××　（1／3）

※実際の証明書では，用紙が数枚にわたる場合，最終頁に認証文のみの用紙が添付される。

●別紙目録（代理権目録）
　3-2-5②に同じ。

代理権の共同行使の特約目録

　任意後見人甲野一郎及び任意後見人甲野花子は、共同して代理権を行使しなければならない。

登記年月日　平成28年×月◇日　　[証明書番号]2020-0100-×××××（2／3）

※「代理権の共同行使の特約目録」の内容は、実際の任意後見契約の内容に基づく。

※任意後見契約は、1個の契約につき一つの登記記録が作成される。このため、数人の任意後見人がいる場合に、代理権の共同行使の特約（後見登記5条5号）がないときは、任意後見人ごとに登記記録が作成される（登記事項証明書も別々になる。）。公正証書が任意後見人ごとに作成された場合でも、1通で作成された場合でも同様である。しかし、共同行使の特約がある場合、その任意後見契約は不可分で1個とされるため、登記記録も一つとなり、登記事項証明書上も任意後見人（任意後見受任者）は連名で記載され、「代理権の共同行使の特約目録」が別紙として追加される。

⑤任意後見人の職務の執行を停止する審判前の保全処分がされたとき

❹　登記手続

　本人および任意後見人等が登記の申請をする場合、①書面による申請、②オンライン申請の2つの方法がある。書面による登記の申請は、所定の法務局の窓口に直接書面を提出するほか、郵便により書面を提出することもできるが、郵便による場合、書留郵便（またはこれに準じる信書便であって事業者において引受けおよび配達の記録が行われるもの）によらなければならない（後見登記省令8条）。

　一方、上記のとおり、公証人または裁判所書記官が登記所（法務局）に対し、登記を嘱託する場合、本人および任意後見人等が登記の申請をする必要はない。

❺　登記事項証明書および閉鎖登記事項証明書

　ア　登記事項証明書

　登記事項証明書とは任意後見契約が登記されていることを証明する書面である。これにより、任意後見契約の内容が証明される。【3-2-5①②参照】

●登記事項証明書（任意後見契約の効力が生じていない場合、同意を要する旨の特約が あるもの）
3-2-5①に同じ。

●別紙目録（代理権目録）
3-2-5②に同じ。

3-2-7　別紙目録（同意を要する特約目録）

登記事項証明書（別紙目録）

同意を要する特約目録

　任意後見人が以下の行為を行う場合には、個別に任意後見監督人の書面によ る同意を要する。

　１．居住用不動産の購入及び処分
　２．不動産その他重要な財産の処分
　３．復代理人の選任

登記年月日　平成28年×月◇日　　　［証明書番号］2020-0100-×××××　（2／3）

※「同意を要する特約目録」の内容は、実際の任意後見契約の内容に基づく。

※代理行為の一部又は全部につき、任意後見契約の委任者（本人）又は第三者（任意後見監 督人等）の同意を要する旨の特約が付されているときは、「同意を要する特約目録」が添 付される。

　本人、任意後見受任者、任意後見人および任意後見監督人は、任意後見契約 締結の事実、任意後見人および任意後見監督人であることの事実、任意後見人 に授与された代理権の範囲等を証明するため、登記事項証明書の交付を請求す ることができる（後見登記10条）。また、本人の配偶者または四親等内の親族 も、登記事項証明書を請求することができる（同条1項3号）。**【3-2-11①②参照】**

　イ　閉鎖登記事項証明書

　閉鎖登記事項証明書とは終了の登記がされた任意後見契約の内容が記されて いる書面である。

　本人、任意後見受任者、任意後見人および任意後見監督人は、自己がそれぞ れの立場にあった閉鎖登記簿記録について、閉鎖登記事項証明書の交付を請求 することができる（後見登記10条3項）。また、本人の相続人その他の承継人も、 交付請求することができる（同条4項）。

登 記 事 項 証 明 書

任意後見契約
　【公証人の所属】東京法務局
　【公証人の氏名】山田太郎
　【証書番号】平成28年第××××号
　【作成年月日】平成28年×月××日
　【登記年月日】平成28年×月◇日
　【登記番号】第2016－××××号

任意後見契約の本人
　【氏名】甲野太郎
　【生年月日】昭和20年××月××日
　【住所】東京都〇〇区△△×丁目×番××号
　【本籍】東京都〇〇区△△×丁目〇番地

任意後見受任者
　【氏名】甲野一郎
　【住所】東京都〇〇区△△×丁目×番◇◇号
　【代理権の範囲】別紙目録記載のとおり

　任意後見監督人
　【氏名】鈴木三郎
　【住所】東京都〇〇区△△×丁目◇番◇◇号
　【選任の裁判確定日】平成29年××月××日
　【登記年月日】平成29年××月◇日

　　上記のとおり後見登記等ファイルに記録されていることを証明する。
　　　　令和2年×月××日

　　　　　　　　　　　東京法務局登記官　法務太郎　　　　公印

　　　　　　　　　　　　[証明書番号]2020-0100-×××××　（1／3）

※実際の証明書では，用紙が数枚にわたる場合，最終頁に認証文のみの用紙が添付される。

●**別紙目録（代理権目録）**
　3-2-5②に同じ。

3-2-9　登記申請書（変更の登記）

東京法務局　　御中
令和　年　月　日申請

1　申請人等

<table>
<tr><td rowspan="4">ア　申請される方
（申請人）</td><td>住　　所</td><td></td><td></td></tr>
<tr><td>氏　　名</td><td></td><td>㊞</td></tr>
<tr><td colspan="2">資格(本人との関係)</td><td>連絡先 (電話番号)</td></tr>
</table>

（注）申請人が法人の場合は、「名称又は商号」「主たる事務所又は本店」を記載し、代表者が記名押印してください。

<table>
<tr><td rowspan="3">イ　上記の代理人
（上記の申請人から委
任を受けた方）</td><td>住　　所</td><td></td><td></td></tr>
<tr><td>氏　　名</td><td></td><td>㊞</td></tr>
<tr><td>連絡先（電話番号）</td><td></td><td></td></tr>
</table>

（注1）代理人が申請する場合は、アの欄とともにイの欄にも記入してください（この場合アの欄の押印は不要です。）。
（注2）代理人が法人の場合は、「名称又は商号」「主たる事務所又は本店」を記載し、代表者が記名押印してください。

2　登記の事由

<table>
<tr><td>ア　変更の対象者</td><td>□成年被後見人、□被保佐人、□被補助人、□任意後見契約の本人、□成年後見人、□保佐人、□補助人、□任意後見受任者・任意後見人、□成年後見監督人、□保佐監督人、□補助監督人、□任意後見監督人、□その他（　　　　　）
（　　　　　　　　　　　　）の</td></tr>
<tr><td>イ　変更事項</td><td>□氏名の変更、□住所の変更、□本籍の変更、□その他（　　　　　　　）</td></tr>
</table>

（記入方法）上記のそれぞれの該当事項の□に☑のようにチェックしてください。
　　　　　　（例：☑成年後見人　の　☑住所の変更）

3　登記すべき事項

<table>
<tr><td>変更の年月日</td><td>平成・令和　　　年　　月　　　日</td></tr>
<tr><td>変更後の登記事項</td><td></td></tr>
</table>

（記入方法）変更の年月日欄には住所移転日等を記入し、変更後の事項欄には新しい住所又は本籍等を記入してください。

4　登記記録を特定するための事項

（本人（成年被後見人、被保佐人、被補助人、任意後見契約の本人）の氏名は必ず記入してください。）

<table>
<tr><td>フ　リ　ガ　ナ</td><td></td></tr>
<tr><td>本 人 の 氏 名</td><td></td></tr>
</table>

（登記番号が分かっている場合は、本欄に登記番号を記入してください。）

<table>
<tr><td>登 記 番 号</td><td>第　　　　　　　　　　号</td></tr>
</table>

（登記番号が分からない場合は、以下の欄に本人の生年月日・住所又は本籍を記入してください。）

<table>
<tr><td>本人の生年月日</td><td>明治・大正・昭和・平成・令和／西暦　　　年　　　月　　　日生</td></tr>
<tr><td>本 人 の 住 所</td><td></td></tr>
<tr><td>又は本人の本籍
（国籍）</td><td></td></tr>
</table>

5　添付書類

該当書類の□に☑のようにチェックしてください。

①□法人の代表者の資格を証する書面（※申請人又は代理人が法人であるときに必要）
②□委任状、□その他（　　　　　　　　　）（※代理人が申請するときに必要）
③□登記の事由を証する書面（□住民票の写し（欄外注参照）　□戸籍の謄本又は抄本）□その他（　　　　　　　）
④□上記添付書類は、本件と同時に申請した他の変更の登記申請書に添付した。

（注）住所変更の場合、法務局において住民基本台帳ネットワークを利用して住所変更の事実を確認することができるときは、住民票の写しの添付を省略することができます。法務局において住所変更の事実を確認することができないときは、住民票の写し等の送付をお願いすることがあります。
※登記手数料は不要です。

3-2-10 登記申請書（終了の登記）

1　申請人等

ア　申請される方 （申請人）	住　　所	
	氏　　名	㊞
	資格（本人との関係）	連絡先（電話番号）

(注)　申請人が法人の場合は、「名称又は商号」「主たる事務所又は本店」を記載し、代表者が記名押印してください。

イ　上記の代理人 （上記の申請人から委 任を受けた方）	住　　所	
	氏　　名	㊞
	連絡先（電話番号）	

(注1)　代理人が申請する場合は、アの欄とともにイの欄にも記入してください（この場合アの欄の押印は不要です。）。
(注2)　代理人が法人の場合は、「名称又は商号」「主たる事務所又は本店」を記載し、代表者が記名押印してください。

2　登記の事由

ア　終了の事由	□成年被後見人の死亡、□被保佐人の死亡、□被補助人の死亡、□任意後見契約の本人の死亡、□任意後見受任者の死亡、□任意後見人の死亡、□任意後見契約の解除、□その他（　　　　　　　　　　　　　　　）

（記入方法）上記の該当事由の□に☑のようにチェックしてください。

イ　終了の年月日	平成・令和　　年　　月　　日

(注)　〇死亡の場合は、その死亡日　〇任意後見契約の合意解除の場合は、合意解除の意思表示を記載した書面になされた公証人の認証の年月日等　〇任意後見契約の一方的解除の場合は、解除の意思表示を記載した書面が相手方に到達した年月日等

3　登記記録を特定するための事項

（本人（成年被後見人、被保佐人、被補助人、任意後見契約の本人）の氏名は必ず記入してください。）

フ　リ　ガ　ナ	
本 人 の 氏 名	

（登記番号が分かっている場合は、本欄に登記番号を記入してください。）

登 記 番 号	第　　　　　　－　　　　　　号

（登記番号が分からない場合は、以下の欄に本人の生年月日・住所又は本籍を記入してください。）

本人の生年月日	明治・大正・昭和・平成・令和／西暦　　　年　　　月　　　日生
本 人 の 住 所	
又は本人の本籍 （国籍）	

4　添付書類 該当書類の□ に☑のように チェックして ください。	①□法人の代表者の資格を証する書面（※申請人又は代理人が法人であるときに必要） ②□委任状、□その他（　　　　　　　　　　）（※代理人が申請するときに必要） ③□登記の事由を証する書面 　ア□死亡の場合（□戸籍（除籍）の謄抄本（欄外注参照）、□死亡診断書、 　　　　　　　□その他（　　　　　　　　　　）） 　イ□任意後見監督人選任前の一方的解除の場合（解除の意思表示が記載され公証人の 　　　認証を受けた書面＝配達証明付内容証明郵便の謄本＋配達証明書（はがき）） 　ウ□任意後見監督人選任前の合意解除の場合（合意解除の意思表示が記載され、公証 　　　人の認証を受けた書面の原本又は認証ある謄本） 　エ□任意後見監督人選任後の解除の場合（上記イ又はウの書面（ただし、公証人の認 　　　証は不要）＋家庭裁判所の許可審判書（又は裁判書）の謄本＋確定証明書） 　オ□その他（　　　　　　　　）

(注)　死亡の場合、法務局において住民基本台帳ネットワークを利用して死亡の事実を確認することができるときは、戸籍（除籍）の謄抄本の添付等を省略することができます。法務局において死亡の事実を確認することができないときには、戸籍（除籍）の謄抄本等の送付をお願いすることがあります。
※登記手数料は不要です。

3-2-11① 登記事項証明申請書

<table>
<tr><td colspan="2" align="center">登 記 事 項 証 明 申 請 書
（成年後見登記用）</td><td colspan="2">＿＿＿＿ 法務局　御 中
年　月　日申請</td></tr>
</table>

□ **閉鎖登記事項証明書（閉鎖された登記事項の証明書を必要とする場合はこちらにチェックしてください。）**

<table>
<tr>
<td rowspan="3">請求される方
（請求権者）</td>
<td>住　　　所</td>
<td></td>
<td rowspan="9">収入印紙を
貼るところ

収入印紙は割印
をしないでここに
貼ってください。

印紙は申請書ご
とに必要な通数分
を貼ってください。

収入印紙は
1 通につき
550 円です

（ただし、1 通の枚
数が 50 枚を超え
た場合は、超える
50 枚ごとに 100 円
が加算されます）</td>
</tr>
<tr>
<td>（フリガナ）</td>
<td></td>
</tr>
<tr>
<td>氏　　　名</td>
<td>㊞
連絡先（電話番号）　　－　　　－　　　　）</td>
</tr>
<tr>
<td rowspan="2">請求される
方 の 資 格</td>
<td colspan="2">1 □ 本人（成年被後見人、被保佐人、被補助人、任意後見契約の本人、後見・保佐・補助命令の本人）
2 □ **成年後見人**　6 □ 成年後見監督人 7 □ 保佐監督人　8 □ 補助監督人
3 □ **保佐人**　　　9 □ 任意後見監督人　10 □ **本人の配偶者**
4 □ **補助人**　　　11 □ **本人の四親等内の親族**　12 □ 未成年後見人
5 □ **任意後見受任者**　13 □ 未成年後見監督人 14 □ 職務代行者　15 □ 財産の管理者
（**任意後見人**）　16 □ 本人の相続人　17 □ 本人の相続人以外の承継人</td>
</tr>
</table>

<table>
<tr>
<td rowspan="3">代 理 人
（上記の方から
頼まれた方）</td>
<td>住　　　所</td>
<td></td>
</tr>
<tr>
<td>（フリガナ）</td>
<td></td>
</tr>
<tr>
<td>氏　　　名</td>
<td>㊞
連絡先（電話番号）　　－　　　－　　　　）</td>
</tr>
<tr>
<td>添 付 書 類

下記**注**参照</td>
<td colspan="2">□ 戸籍謄本または抄本など本人との関係を証する書面
（上欄中 10、11、12、13、16、17 の方が申請するときに必要。発行から 3 か月以内の原本）
□ 委任状（代理人が申請するときに必要）
□ 法人の代表者の資格を証する書面
（請求される方が法人であるとき、代理人が法人であるときに必要。いずれも発行から 3 か月以内の原本）</td>
</tr>
<tr>
<td>後見登記等
の 種 別 及 び
請 求 の 通 数</td>
<td colspan="2">□ 後見　□ 保佐　□ 補助　　　（　　　　通）
□ 任意後見契約　　　　　　　　（　　　　通）
□ 後見命令　□ 保佐命令　□ 補助命令　（　　　　通）</td>
</tr>
<tr>
<td>特 別 の 請 求</td>
<td colspan="2">□ 氏名や住所等の変更履歴を必要とする場合はこちらにチェックして、必要な理由を記入してください。
理由：</td>
</tr>
</table>

● **登記記録を特定するための事項**

<table>
<tr>
<td>（フリガナ）</td>
<td></td>
<td rowspan="8">本 人 確 認 書 類
□ 請 求 権 者
□ 代 理 人

□ 運 転 免 許 証
□ 健 康 保 険 証
□ マイナンバーカード
□ 住 基 カ ー ド
□ 資格者証明書
　□ 弁 護 士
　□ 司 法 書 士
　□ 行 政 書 士
　□ そ の 他
□ パ ス ポ ー ト
□（　　　　　　）

□ 封　　筒</td>
</tr>
<tr>
<td>本人の氏名
（成年被後見人等）</td>
<td></td>
</tr>
<tr>
<td colspan="2">（登記番号がわかっている場合は、記入してください。）</td>
</tr>
<tr>
<td>登 記 番 号</td>
<td>第　　　　　－　　　　　　号</td>
</tr>
<tr>
<td colspan="2">（登記番号が不明の場合に記入してください。）</td>
</tr>
<tr>
<td>本人の生年月日</td>
<td>明治・大正・昭和・平成・令和 / 西暦　　　年　　　月　　　日生</td>
</tr>
<tr>
<td>本人の住所
（登記上の住所）</td>
<td></td>
</tr>
<tr>
<td>または本人の本籍
（国籍）</td>
<td></td>
</tr>
</table>

<table>
<tr>
<td colspan="2">交付通数</td>
<td>交付枚数</td>
<td>手 数 料</td>
<td>交付方法</td>
<td>受
付</td>
<td>年　　　月　　　日</td>
</tr>
<tr>
<td>50枚まで</td>
<td>51枚以上</td>
<td>（合計）</td>
<td></td>
<td>□ 窓口交付
□ 郵送交付</td>
<td>交
付</td>
<td>年　　　月　　　日</td>
</tr>
</table>

記入方法等 1　二重線の枠内の該当事項の □ に ☑ のようにチェックし、所要事項を記入してください。
2　「登記記録を特定するための事項」には、登記番号がわかっている場合は、本人の氏名と登記番号を、不明な場合は
本人の氏名・生年月日・住所または本籍（本人が外国人の場合には、国籍）を記載してください。
3　郵送請求の場合には、返信用封筒（あて名を書いて、切手を貼ったもの）を同封し下記のあて先に送付してください。
申請書送付先：〒102－8226　東京都千代田区九段南1－1－15　九段第2合同庁舎
東京法務局民事行政部後見登録課

注 窓口請求の場合は、請求される方（代理請求の場合は代理人）の本人確認書類（運転免許証・健康保険証・マイナンバーカー
ド・パスポート等）を窓口で提示していただきますようお願いいたします。
郵送請求の場合は、申請書類とともに、上記本人確認書類のコピーを同封していただきますようお願いいたします。
申請書に添付した戸籍謄本等の還付（返却）を希望される場合は、還付のための手続が必要です。

3-2-11② 委任状

委 任 状

受任者
　　住　　所　_____

　　氏　　名　_____

　私は、上記の者を代理人と定め、次の権限を委任する。

1.　登記事項証明書＿＿通の申請及び受領に関する一切の権限
　　　（登記されている人（成年被後見人など）の氏名＿＿＿＿＿＿）

　　　　　　　　　　　　　　　　　　　　　　　　以　上

　　令和　　年　　月　　日

　　　　委任者
　　　　住　　所　_____

　　　　氏　　名　_____㊞

ウ　請求方法

　登記事項証明書等を申請するには、①窓口申請、②郵送申請、③オンラインによる申請の3つの方法がある。窓口申請の場合、全国の法務局および地方法務局（本局）の戸籍課で申請することができるが、郵送申請の場合、現在、東京法務局のみの取扱いである。また、オンラインによる申請の場合、添付書類を併せて送信することができないため、添付書類が不要な、本人、任意後見受任者、任意後見人および任意後見監督人のみ申請することができる。

(4)　任意後見人の報酬の額

❶　任意後見人の報酬

　任意後見契約は委任契約であるから（任意後見2条1号）、契約報酬の特約がなされなければ、任意後見人には報酬請求権がない（民648条1項）。任意後見人に報酬請求権を付与する特約を設けるか否かは、本人と任意後見受任者との

間で自由に決めることができる。親族が任意後見人になる場合には、無報酬とすることも少なくないであろう。これに対し、親族以外の弁護士などの第三者が任意後見人になる場合には、任意後見人に報酬請求権を付与することが通常である。

報酬に関する特約は、具体的な報酬額またはこれを導き出す算定基準、支払時期、支払方法等について定めるものである。実務では、たとえば月額5万円というように月額報酬とすることが一般的である。

もっとも、任意後見人が不動産の処分などの特別な事務処理を行った場合には、月額報酬以外に特別報酬を受領できる旨の特約を設けることが少なくない。

任意後見人の報酬は、任意後見人が管理している本人の財産の中から支弁される。

❷　委任事項に照らして報酬額が高すぎる場合

任意後見人の報酬額は、本人と任意後見受任者との間で自由に定めることができる。家庭裁判所にも任意後見監督人にも報酬額を変更する権限がない。

ただし、任意後見人の報酬額が高額すぎる場合には、任意後見契約が効力を生ぜずに、法定後見が開始されることがありうることに注意を要する。すなわち、大阪高決平成14年6月5日（家月54巻11号54頁）は、任意後見契約に関する法律10条1項にいう「本人の利益のため特に必要がある」の意義について、「諸事情に照らし、任意後見契約所定の代理権の範囲が不十分である、合意された任意後見人の報酬額があまりにも高額である、法4条1項3号ロ、ハ所定の任意後見を妨げる事由がある等、要するに任意後見契約によることが本人の保護にかける結果となる場合を意味すると解される。」と述べ、合意された任意後見人の報酬額があまりにも高額である場合には、任意後見契約が登記されていても法定後見が開始される余地があることを判示している。

また、委託事務に照らしてあまりにも報酬額が高すぎる場合は、公序良俗（民90条）に違反する可能性があり、そのような高額報酬を領得する任意後見受任者は「任意後見人の任務に適しない事由がある者」（任意後見4条1項3号ハ）に該当しうることも否定できない。

報酬額の適正性の評価は難しいところであるが、たとえば、本人の生活本拠が在宅か施設かによって任意後見人の行うべき事務量には雲泥の差があるにもかかわらず、両者の報酬額に違いを設けていない現在の一般的運用は再考の余

地があろう。

❸　任意後見人の費用

　任意後見人が職務を遂行するにあたっては、交通費、通信費等の様々な費用がかかる。

　民法上、委任事務を処理するについて費用を要するときは、委任者は、受任者の請求により、その前払をしなければならず（民649条）、また、受任者は、委任事務を処理するのに必要と認められる費用を支出したときは、委任者に対し、その費用および支出の日以後におけるその利息の償還を請求することができる（民650条1項）。

　しかし、任意後見の実務においては、任意後見人が本人の財産を管理することが一般的であるので、費用の前払請求という概念になじまないし、費用支出後の利息を本人に請求するというのも適当ではない。したがって、任意後見契約書においては、こうした任意後見事務に要する費用については、適宜、本人の財産から支弁できる旨を規定するのが一般的である。

　ただし、任意後見事務に要するすべての費用を本人の財産から支弁することができるわけではない。任意後見事務の目的達成のために不必要な費用を本人の財産から支弁することは、業務上横領罪（刑法253条）にも該当しうる所為であって、許されないことは言うまでもないが、たとえ任意後見事務の目的達成のために必要な費用であるとしても、本人の財産管理を任されている任意後見人としては、できるだけ低額に抑えて、本人の経済的負担が軽減されるように努めなければならない。たとえば、任意後見人が任意後見事務を行うために移動する場合には、まず徒歩で行くことが可能であれば徒歩で行き、徒歩で行くことが困難であれば、バスや電車等の公共交通機関を利用すべきである。また、電車を利用する場合には、特段の理由がない限り、指定席ではなく、自由席に乗車する。タクシーを利用するのは、公共交通機関を利用することのできない例外的な場合（公共交通機関が存在しない場合等）に限定されなければならない。

　もっとも、本人との間で任意後見人の費用に関する具体的取決め（グリーン車に乗ることを許容する等）が合意されており、これが任意後見契約書に明記されている場合には、この取決めに従うことになる。

2 任意後見契約締結後、任意後見監督人選任申立てまでの実務

(1) 任意後見監督人選任申立義務

❶ 契約上の義務か、信義則上の義務か

　任意後見受任者は、本人の判断能力が低下したときは、任意後見契約を発効させるために任意後見監督人の選任を家庭裁判所に申し立てることになる（任意後見4条1条）。

　任意後見契約の発効については、一般に、任意後見契約において、「本契約締結後、甲（本人）が精神上の障害により事理を弁識する能力が不十分な状況になり、乙（任意後見受任者）が本契約による後見事務を行うことを適当とする状況に至ったときは、乙は、家庭裁判所に対し、任意後見監督人選任の申立てをしなければならない。」との条項が設けられているので、任意後見受任者は、契約上の義務として、任意後見監督人の選任を申し立てるのが通常である。

　ところが、本人の判断能力が低下しても、任意後見受任者が任意後見監督人の選任申立てをしないケースが実務上しばしば散見される。

　本人の判断能力が低下しているにもかかわらず、任意後見受任者が任意後見監督人の選任申立てをしない理由としては、①しっかりとした有料老人ホームに入所しているなど、生活が安定しているため、今すぐに任意後見契約を発効させる必要性に乏しい、②第三者（任意後見監督人）の監督が入ることを嫌う、③任意後見監督人の報酬の負担を回避したい、④本人の判断能力の低下に気が付かない、⑤家庭裁判所に対する任意後見監督人選任申立ての手続がわからない、面倒であるといった事情があるようである。

　しかし、判断能力の低下に伴い任意後見契約を発効させなければ、せっかく任意後見契約を締結した意味がない。そこで、任意後見受任者には、時機を失することなく任意後見監督人の選任申立てを行う義務を負わせる必要がある。

　そもそも任意後見制度は、本人の判断能力が不十分な状況では本人による任意代理人の監督ができず、その権限濫用を防止できないため、裁判所の関与によって選任された任意後見監督人が任意後見人の監督を担当する制度である。したがって、こうした制度を利用すべく任意後見契約を締結した以上、任意後見受任者には任意後見監督人選任申立義務が課されているのであって、これ

は、任意後見制度の本質から導かれる信義則上の義務であると考えられる[10][11]。

❷ 任意後見監督人選任申立てのタイミング

　家庭裁判所が任意後見監督人選任の審判をする要件は、「精神上の障害により本人の事理を弁識する能力が不十分な状況にある」ことである（任意後見4条1項）。

　この要件は、補助開始の審判をする要件（民15条1項）と同義であるから、補助相当以上の能力低下が認められる場合には任意後見監督人が選任されることになる。

　ただし、家庭裁判所が職権で任意後見監督人を選任する制度ではないので、任意後見受任者等の申立権者は、本人の事理弁識能力が不十分な状況になった場合には、能動的に任意後見監督人選任申立てをしなければならない。

　前述のとおり任意後見受任者には任意後見監督人選任申立義務が課されているので、この申立てをする必要があるにもかかわらず、これを怠った場合には、債務不履行責任が生じ得ることになる[12]。

(2) 見守り義務

❶ ホームロイヤー契約

　ホームロイヤーとは、個人や家庭の法律問題の相談相手となる弁護士、毎月一定の顧問料を支払うかかりつけの弁護士を指し、和製英語であるホームドクターからの造語（home + lawyer）である。

　ホームロイヤー契約は、本人が心身ともに健やかで安定した生活を送ることができるように、今後の生活設計や財産管理など生活上のあらゆる問題について助言することを目的とする。標準的なホームロイヤー契約は、①定期的な見

10）赤沼康弘「成年後見制度施行1年で見えてきた課題」実践成年後見（民事法研究会）No.2（2001年）11頁は、選任申立て前は、任意後見契約が効力を生ずる前の段階であるが、選任申立てが信義則上の義務とされることもありうるとする。

11）土肥尚子「任意後見受任者の義務」実践成年後見No.14（2005年）74頁は、任意後見契約締結の経緯、そのときの本人の生活状況、判断能力の程度、本人と任意後見受任者との関係（親族なのか第三者か）、委任される事務の種類など（限定的なのか包括的なのか）に鑑み、任意後見選任申立てが義務となる場合があるとし、かつ任意後見受任者は、本人の状況を適宜確認する義務（見守り義務）を負うとする。

12）於保不二雄＝中川淳編『新版注釈民法㉕親族(5)〔改訂版〕』（有斐閣、2004年）642頁は、任意後見受任者が申立ての必要性を認識しつつ、長時間不当な放置を継続したような場合については、民法128条および130条の趣旨に鑑みて、任意後見受任者に対して不法行為ないし債務不履行に基づく損害賠償責任を認める余地があるとする。

ホームロイヤー契約書

　依頼者〇〇〇〇を甲とし、〇〇〇〇を乙として、甲乙間で以下の内容のホームロイヤー契約（以下「本契約」といいます。）を締結します。

第1条（目的）
　　本契約は、甲に対する総合的かつ継続的な支援により、甲が豊かで安心した生活を営むことができることを目的とします。

第2条（委任事務の範囲）
　　甲は、乙に対し、次の事務（以下「本件委任事務」といいます。）を委託し、乙はこれを受諾します。
① 　法律相談
② 　☑ 　月に1回、電話で、甲の安否を確認します。
　　 ☑ 　〇か月に1回、甲と面接します。
　　 ☑ 　必要に応じて甲の援助者等に甲の生活状況について報告を求めます。

第3条（ライフプランノートの作成）
　　乙は、甲に対する必要かつ適切な支援をするため、甲から生活全般にわたる事情を聴取した上で、それらの情報が記載されたライフプランノートを甲とともに作成することとします。

第4条（報酬等）
1　甲は、乙に対し、本契約の報酬として、毎月〇〇日までに金〇〇円（消費税込み）を支払います。
2　乙が本件事務の処理等を目的として甲のために乙の事務所以外の遠隔地に出向いたときは、乙の報酬規程により、甲は、乙に対し、旅費日当及び実費を支払うこととします。
3　甲が本件委任事務の範囲を超えて事務処理を行うときは、別途甲乙間で契約を締結するものとします。

第5条（守秘義務）
　　乙は、甲の同意がない場合は、本契約により知り得た甲の個人情報を正当な理由なく第三者に提供してはいけません。

第6条（契約の終了）
　　次の各号のいずれかに該当する事由が生じたときは、本契約は当然に終了します。
① 　甲又は乙が死亡したとき。
② 　甲乙間で別途締結した任意後見契約が発効したとき。

　本契約の証しとして本書2通を作成し、甲及び乙が各1通を保有します。
　　　　令和　　　年　　　月　　　日
　　　　　　　　　　　　甲（委任者）　　住　所＿＿＿＿＿＿＿＿＿＿＿＿＿＿
　　　　　　　　　　　　　　　　　　　　氏　名＿＿＿＿＿＿＿＿＿＿＿＿㊞
　　　　　　　　　　　　乙（受任者）　　住　所＿＿＿＿＿＿＿＿＿＿＿＿＿＿
　　　　　　　　　　　　　　　　　　　　氏　名＿＿＿＿＿＿＿＿＿＿＿＿㊞

守り、②法律相談を含む、生活上の様々な悩み事の相談、③ライフプランノートの作成の３要素が盛り込まれる[13]。

このうち定期的な見守りは、自宅や施設を訪問する面談と電話連絡を組み合わせるのが通常である。これらの頻度については、依頼者の希望と見守りの必要性とを総合的に勘案して決めることになる。一般的には、訪問面談は１か月ないし３か月に１回程度、電話連絡は毎月１回程度実施することが多い。

ホームロイヤー契約においては、特約により報酬を請求することができ（民648条１項）、これは月額報酬が基本である。月額報酬の金額は、一般的には5000円〜１万円程度であることが多い[14]。ただし、架電または面談の頻度によって具体的な金額は増減する。また、相談にとどまらない特別な法律事務等については、別途費用が発生する旨をあらかじめ定めておく。

❷　有償の見守り契約に基づく見守りと、任意後見受任者の義務としての見守りの関係

任意後見契約の締結後、任意後見受任者が本人と没交渉になってしまうと、任意後見契約を発効させる契機を見過ごしてしまう。特に独居高齢者の場合、見守る者がいないと、生命・身体の危険や消費者被害に遭うリスクがある。そこで、任意後見受任者には、本人を見守る義務を負わせる必要がある。

この点、まだ任意後見契約は未発効であるため、任意後見受任者の見守り義務を任意後見契約の効果として導くことは、理論上、困難である。

しかし、そもそも任意後見制度は、本人が自らの生活や療養看護、財産管理等に関する事務をあらかじめ任意後見受任者である任意代理人に委任しておくことにより、自らの判断能力が低下した場合に、速やかに任意後見人による支援が受けられるようにする制度である。したがって、こうした制度を利用すべく任意後見契約を締結した以上、特段の事情がない限り、任意後見契約に付随して、本人と任意後見受任者との間で見守り義務を履行する旨の黙示の合意が成立していると解することができる[15]。

この合意は準委任契約であり、特約がなければ報酬請求権は発生しないので（民656条、648条１項）、専門職が任意後見受任者となる場合には、報酬請求権

13）日本弁護士連合会高齢社会対策本部編『改訂 超高齢社会におけるホームロイヤーマニュアル』（日本加除出版、2015年）18頁。
14）日本弁護士連合会高齢社会対策本部編・前掲注13）304頁。
15）土肥・前掲注11）参照。

の点を含めて権利義務を明確にしておくことが必要である。実務上、任意後見契約とともに、別途見守り契約を締結することが多いのは、その趣旨であり、前述のホームロイヤー契約もその一環である。

では、任意後見受任者が負う見守り義務と、有償の見守り契約（ホームロイヤー契約）に基づく見守り義務とはどのような関係に立つのであろうか。この点については、無償・有償の相違に鑑み、後者は前者に比して、より充実した内容の見守りを求めるのが当事者の合理的意思に合致する。

(3) 任意後見契約の解除

❶ 任意後見契約の解除の意義

任意後見制度とは、本人が判断能力が不十分となったときの生活、療養看護および財産の管理に関する事務について、あらかじめ任意後見受任者に代理権を付与する旨を約しておくものであるから、任意後見契約締結後、信頼関係の変化等、本人、任意後見受任者（任意後見人）の事情により、関係解消を望む事態が生じうる。

任意後見契約も契約である以上、契約の解除によって終了する。また、任意後見契約は、委任契約の一種であることから、民法の規定に従えば、各当事者は、いつでも、いかなる理由によっても、相手方との合意によらずに契約を解除することができることになる（民651条1項）。しかし、自由に任意後見契約を解除できるとすると、本人に不利益が生じる可能性があり、本人の権利保護という任意後見制度の趣旨がないがしろにされかねない。

そこで、任意後見法は、任意後見契約の解除について、民法上の委任と異なり、本人保護の必要性の程度に応じ、解除の要件や方式を制限している（任意後見9条）。

❷ 任意後見監督人選任前の解除（任意後見9条1項）

ア 解除理由

任意後見監督人選任前であれば、本人に判断能力が備わっているため、実体的要件に制限を加える必要性はなく、本人または任意後見受任者は、委任契約の一般原則どおり、いつでも、いかなる理由によっても、契約を解除することができる（一方からの解除）。また、双方の合意により解除することもできる（合意解除）。

イ　公証人の認証

　しかし、当事者の真意の確認・立証の確実性等の観点から任意後見契約の締結が公正証書による要式行為とされていることとの均衡を考慮する必要がある。

　そこで、任意後見監督人の選任前の解除は、方式に関して「公証人の認証（公証58条以下）を受けた書面」によることを要件とし、当事者の真意に基づく解除であることを担保している（公正証書の作成までは要求されていない）。

　公証人の認証の方法は、①当事者が公証人の面前で証書に署名または押印をする方法（目撃認証・面前認証）、②当事者が公証人の面前で証書の署名または押印を自認する方法（自認認証）、③代理人が公証人の面前で証書の署名または押印が本人のものであることを自認する方法（代理嘱託・代理自認・代理認証）がある。東京地判平成19年4月27日（成年後見法研究7号146頁）は、任意後見法9条1項は代理人による嘱託の方法により認証を受けることも排除していないとしている。

ウ　合意により解除事由を制限することの可否

　方式に関する制限を満たしている限り、本人および任意後見受任者は、いつでも、いかなる理由によっても、契約を解除することができるが、自由な解除を認めると、契約への信頼を損なう可能性があるため、両者の合意により解除事由を制限することができると解されている。

　しかし、仮にそのような特約がされた場合でも、公証人は、もっぱら当事者の真意に基づく解除であることを審査すれば足り、正当な事由の有無まで審査する必要はないとされている。

3-2-13　任意後見受任者に正当な事由を条件とする場合の例

> 1　任意後見監督人が選任される前においては、甲はいつでも、乙は正当な事由がある場合に、公証人の認証を受けた書面によって、本後見契約を解除することができる。
> 2　任意後見監督人が選任された後においては、甲又は乙は、正当な事由がある場合に限り、家庭裁判所の許可を得て、本後見契約を解除することができる。

エ　一方からの解除

　一方からの解除の場合、解除の意思表示を記した書面に公証人の認証を受け、その書面を配達証明付内容証明郵便として相手方に送付し、当該書面が到達したときに解除の効力が生じる。

3-2-14　任意後見契約解除の内容証明の例（委任者（本人）が解除する場合）

通　知　書

　当方は、貴殿との間で、平成〇〇年〇月〇日××法務局所属公証人山田太郎作成同年第〇〇〇号任意後見契約公正証書により任意後見契約を締結しましたが、本日、公証人の認証を得たこの書面により同契約を解除いたします。

　　令和〇〇年×月×日
　　　　　　　　　住所　東京都〇〇区△△×丁目×番××号
　　　　　　　　　（委任者）甲野　太郎　　㊞
　　東京都〇〇区△△×丁目×番◇◇号
　　（受任者）甲野　一郎　殿

　なお、一方からの解除をした当事者は、①解除の意思表示を記した書面を送付したときに交付される郵便局引受記載印のある控え（配達証明付内容証明郵便の謄本）、②配達証明の葉書を添付して、解除による任意後見終了の登記申請を行う。

オ　合意解除

　合意解除の場合、合意解除の意思表示を記した書面に公証人の認証を受けることにより、解除の効力が生じる。

3-2-15　任意後見契約解除の合意書の例

契　約　解　除　合　意　書

　委任者甲野太郎（以下「甲」という。）と受任者甲野一郎（以下「乙」という。）は，平成〇〇年〇月〇日××法務局所属公証人山田太郎作成同年第〇〇〇号任意後見契約公正証書により任意後見契約（以下「本件任意後見契約」という。）を締結したが，本日，本件任意後見契約を合意解除する。
　本書締結の証として本書2通を作成し，各々各1通を保有する。

　　令和〇〇年×月×日

　　（甲）　住所　東京都〇〇区△△×丁目×番××号
　　　　　　氏名　甲野　太郎　　㊞
　　（乙）　住所　東京都〇〇区△△×丁目×番◇◇号
　　　　　　氏名　甲野　一郎　　㊞

　本人または任意後見受任者のどちらかが、合意解除の意思表示を記した書面を添付して、解除による任意後見終了の登記申請を行う。

3-2-16　登記申請書（変更の登記）

1　申請人等

ア　申請される方 （申請人）	住　　所	
	氏　　名	㊞
	資格(本人との関係)	連絡先 (電話番号)

(注) 申請人が法人の場合は、「名称又は商号」「主たる事務所又は本店」を記載し、代表者が記名押印してください。

イ　上記の代理人 （上記の申請人から委任を受けた方）	住　　所	
	氏　　名	㊞
	連絡先 (電話番号)	

(注1) 代理人が申請する場合は、アの欄とともにイの欄にも記入してください（この場合アの欄の押印は不要です。）。
(注2) 代理人が法人の場合は、「名称又は商号」「主たる事務所又は本店」を記載し、代表者が記名押印してください。

2　登記の事由

ア　変更の対象者	□成年被後見人、□被保佐人、□被補助人、□任意後見契約の本人、□成年後見人、□保佐人、□補助人、□任意後見受任者・任意後見人、□成年後見監督人、□保佐監督人、□補助監督人、□任意後見監督人、□その他 （　　　　　　　）
	（　　　　　　　　　　　　　）の
イ　変　更　事　項	□氏名の変更、□住所の変更、□本籍の変更、□その他 （　　　　　　　）

(記入方法) 上記のそれぞれの該当事項の□に☑のようにチェックしてください。
　　　　　　（例：☑成年後見人　の　☑住所の変更）

3　登記すべき事項

変更の年月日	平成・令和　　　年　　　月　　　日
変更後の登記事項	

(記入方法) 変更の年月日欄には住所移転日等を記入し、変更後の事項欄には新しい住所又は本籍等を記入してください。

4　登記記録を特定するための事項

（本人（成年被後見人、被保佐人、被補助人、任意後見契約の本人）の氏名は必ず記入してください。）

フ　リ　ガ　ナ	
本 人 の 氏 名	

（登記番号が分かっている場合は、本欄に登記番号を記入してください。）

登 記 番 号	第　　　　一　　　　号

（登記番号が分からない場合は、以下の欄に本人の生年月日・住所又は本籍を記入してください。）

本人の生年月日	明治・大正・昭和・平成・令和／西暦　　年　　月　　日生
本 人 の 住 所	
又は本人の本籍 （国籍）	

5　添付書類 該当書類の□に☑のようにチェックしてください。	①□法人の代表者の資格を証する書面（※申請人又は代理人が法人であるときに必要） ②□委任状、□その他 （　　　　　　　）（※代理人が申請するときに必要） ③□登記の事由を証する書面（□住民票の写し（欄外注参照）　□戸籍の謄本又は抄本）□その他 （　　　　　　　） ④□上記添付書類は、本件と同時に申請した他の変更の登記申請書に添付した。

(注) 住所変更の場合、法務局において住民基本台帳ネットワークを利用して住所変更の事実を確認することができるときは、住民票の写しの添付を省略することができます。法務局において住所変更の事実を確認することができないときは、住民票の写し等の送付をお願いすることがあります。
※登記手数料は不要です。

❸ 任意後見監督人選任後の解除（任意後見9条2項）

ア 「正当な事由」および「家庭裁判所の許可」の必要性

任意後見監督人選任後では、本人の判断能力が不十分な状態にあるため、任意後見人からの自由な解除を認めることは、無責任な自認を容認する結果となるおそれがあり、また、誤った判断によって本人自身の利益を害する結果となるおそれもある。

そこで、任意後見監督人の選任後の解除については、実体的要件として「正当な事由」を必要とするとともに、方式に関して「家庭裁判所の許可」を得ることを要件とし、家庭裁判所の関与を通じて本人の保護を図っている。

なお、任意後見契約を解除するためには、許可の審判を受けた上で解除の意思表示が必要であり、許可の審判により任意後見契約が終了するわけではない。

イ 「正当な事由」の内容

「正当な事由」の具体的な内容としては、①任意後見人が職業上の必要等から遠隔地に住居を移転し、任意後見人としての事務の遂行に支障が生じた場合、②高齢・疾病等により任意後見人としての事務の遂行に支障が生じた場合、③本人またはその親族との間に不和が生じた場合等が挙げられる。

なお、債務不履行による解除の場合にも、家庭裁判所の許可が必要になるが、その場合には、債務不履行の事実が「正当な事由」に該当するものと考えられている。また、合意解除の場合にも、家庭裁判所の許可が必要になるが、本人の意思能力や真意を確認した上で、双方の真意に基づく合意が成立しているものと認められる場合には、原則として、合意の事実自体が「正当な事由」に該当するものと考えられている。

ウ 解除の意志表示

一方からの解除の場合、解除の意思表示を記した書面（公証人の認証は不要）を配達証明付内容証明郵便として相手方に送付した上、家庭裁判所に任意後見契約の解除許可の審判の申立てを行い、許可の審判を得る必要がある。解除通知の送付と家庭裁判所の許可審判の先後が逆でもかまわない。

一方から解除の意志表示をした当事者は、①解除の意思表示を記した書面を送付したときに交付される郵便局引受記載印のある控え（配達証明付内容証明郵便の謄本）、②配達証明の葉書、③許可の審判書、④許可審判の確定証明書を添付して、解除による任意後見終了の登記申請を行う。

合意解除の場合、合意解除の意思表示を記した書面（公証人の認証は不要）を作成し、家庭裁判所に任意後見契約の解除許可の審判の申立てを行い、許可の審判を得る必要がある。

本人または任意後見人であった者のどちらかが、①合意解除書、②許可の審判書、③許可審判の確定証明書を添付して、解除による任意後見終了の登記申請を行う。

❹　一部解除の可否

任意後見法9条の「任意後見契約を解除する」とは、契約の全部解除の意味であり、任意後見監督人の選任の前後を問わず、契約の一部解除は認められていない。

❺　親族による任意後見契約の取り合い

本人の推定相続人等の間に不和が生じている場合、任意後見をめぐる紛争が生じることがある。任意後見をめぐる紛争は、遺産相続争いの前哨戦としての様相を呈し、任意後見契約の取り合いのような事態が生じる。つまり、いったん任意後見契約が締結されても、その内容に不満を持つ推定相続人等が、本人の加齢に伴う意思能力の減退に乗じて解除を行う一方、自己に有利な方向で、他の任意後見契約の締結や法定後見の申立てを行うケースが想定される。

前述のとおり、任意後見監督人の選任前における任意後見契約の解除において要求される公証人の認証を受けた書面について、いわゆる代理嘱託の方法も排除されていない。しかし、漫然と代理嘱託の方法を認めると、本人の意思の確認が骨抜きにされるおそれがあり、いったん締結された任意後見契約に不満を持つ推定相続人が容易に任意後見契約を解除できることになり、任意後見をめぐる紛争に拍車をかけかねない。そこで、公証事務の運用面で本人への面接を徹底すべきである。

また、本人の加齢に伴う意思能力の減退に乗じて解除を行うことが想定されるため、本人の意思能力の確認も厳格に行われるべきである（東京地判平成18年7月6日判時1965号75頁は、先行の任意後見契約が締結された後、高齢者である本人によって解除され、後行の任意後見契約が締結された場合について、本人に意思能力がないことから、先行の契約の解除および後行の契約の締結を無効としている）。

⑷ 任意後見契約の内容の変更

❶ 総論

任意後見契約の契約期間はしばしば長期にわたるため、その間には本人の財産や健康状態、社会情勢等の変化により、契約内容の変更が必要となる場合が想定される。

しかし、任意後見法には任意後見契約締結後の内容変更に関する規定がまったくない。また、後見登記法上も当事者の氏名・住所等に関する変更登記の規定があるものの、代理権の範囲など契約内容にかかる変更登記の規定は置かれていない（後見登記7条1項4号。なお、変更登記の申請書について書式**3-2-15**参照）。

したがって、登記事項となっている代理権の範囲または行使方法を変更しようとする場合、変更登記によることが不可能なため、新たな任意後見契約の締結が必要となる。その手続については「民法の一部を改正する法律等の施行に伴う公証事務の取扱いについての民事局長通達」（法務省民一第634号・平成12年3月13日公証128号222頁）に記載があり、既存の任意後見契約を解除して新たに締結し直す方式と、代理権の範囲拡張の場合は追加的に新たな契約をする方式が認められている。他方、登記を要しない代理権の範囲または行使方法以外の事項、たとえば報酬額等の変更は、任意後見監督人の選任の前後を問わず、随時、変更契約を締結することにより変更可能であるが、その場合にも公正証書の作成が必要と解されている。

既存契約の解除を伴う方式の場合、解除についての一般的な規律が適用されるため、任意後見監督人の選任後の場合は正当事由と裁判所の許可が要件となる（任意後見9条2項）。この場合の正当事由については、一般的に任意後見の事務遂行が困難であることと解されており、契約内容の変更のための解除の場合は、既存の任意後見契約のままでは十分な事務遂行が困難で、契約内容の変更の必要性が高いことが正当事由にあたると思われる。

❷ 契約変更時の意思能力の問題

任意後見契約の内容変更が新たな任意後見契約の締結によって行われるとしても、いわゆる将来型の任意後見契約で、契約変更時点でまだ本人の判断能力にまったく問題がない場合は、本人と任意後見受任者との間で、契約内容変更のため新たな任意後見契約を締結することにつき意思能力の問題は生じない。

他方、本人の判断能力が不十分となった後に、任意後見契約の内容変更のため新たな任意後見契約を締結しようとする場合、いわゆる即効型の任意後見契約の一種となるため、本人の判断能力の程度について、任意後見契約を締結するに足りる意思能力があるかが問題となる。公証実務上も、任意後見監督人選任後の変更契約については、公証人がより慎重に事理弁識能力や真意の確認を行う必要があるとされている[16]。

　本人に意思能力が欠けている場合に契約内容の変更をするには、任意後見人が本人に代わって新たな任意後見契約を締結することについて、代理権が必要となる。任意後見契約の参考文例でも、「新たな任意後見契約の締結に関する事項」[17]等として代理権の定めを置いている例が見られる。ただし、かかる広範な代理権の付与には疑問を呈する見解もある（任意後見人に新たな任意後見契約の締結についての代理権を与えることについては、本書第3章2❶(2)②サも参照）。

　本人に意思能力が欠け、既存の任意後見契約において新たな任意後見契約締結についての代理権の定めもない場合、法定後見の申立て（任意後見10条）を検討することになる。なお、本人が任意後見人に委託した代理権を行うべき事務の範囲が狭すぎる上、本人の精神の状況が任意の授権も困難な状態にあるため、法定代理権の付与が必要な事態は、任意後見契約開始後に法定後見を開始する「本人の利益のために特に必要があると認めるとき」（任意後見10条1項）の例として立法当初から想定されている状況である[18]。

❸　任意後見契約の代理権の範囲を拡張する場合

　任意後見人の代理権の範囲を拡張する場合、既存の任意後見契約を解除した上で、新たに代理権の範囲を拡張した任意後見契約を締結する方式と、既存の任意後見契約は維持したままで、拡張したい代理権のみを付与する追加的な任意後見契約を締結する方式が認められている。

　代理権の範囲拡張の必要が生じた時点において、本人の事理弁識能力が低下していて任意後見契約を締結できる意思能力がない場合、新たな任意後見契約を締結することができないため、前述のとおり法定後見の申立てによって対処することになる。

---

16) 小林昭彦＝原司『平成11年民法一部改正などの解説』（法曹会、2002年）475頁。
17) 日本公証人連合会『新版 証書の作成と文例　家事関係編〔改訂版〕』（立花書房、2017年）124頁。
18) 小林＝原・前掲注16）478頁。

❹ 任意後見契約の代理権の範囲を縮減する場合

任意後見人の代理権の範囲を縮減する場合には、既存の任意後見契約を解除するとともに、縮減した範囲で代理権を定める新たな任意後見契約書を作成する。

この点、任意後見契約のうち削除したい代理権にかかる部分のみの一部解除が可能であれば、実質的に代理権の範囲を縮減する契約内容の変更と同じ結果になる。しかし、立法担当者によれば、「解除」（任意後見9条）とは契約の全部解除の意味であり、任意後見契約を公正証書による要式行為とした趣旨や取引の安全等の観点から、任意後見監督人の選任の前後を問わず、契約の一部解除はできないとされる[19]。

❺ 任意後見契約の代理権の行使方法を変更する場合

単独行使とされていた代理権を共同行使へ変更する場合やその逆の場合、あるいは代理権行使について本人または第三者の同意を要する定めを追加したい場合等、代理権の行使方法に関する定めを変更しようとする場合には、既存の任意後見契約を解除した上で、代理権の行使方法を変更した新たな任意後見契約を締結する（前記平成12年3月13日民事局長通達第2、3⑹ウ）。

代理権の共同行使の定めがあるときは、共同行使の定めがあるのが代理権の一部のみの場合であっても、任意後見契約は全体として不可分で1個の契約となり、公正証書も一括して一通として作成されるため（前記平成12年3月13日民事局長通達第2、3⑶イ）、代理権の一部についてのみ行使方法を変更しようとする場合も、任意後見契約の全部を解除して、新たな任意後見契約を締結しなおす必要がある。

これに対して、複数の任意後見人が選任されている場合であっても、共同行使の定めがなく、それぞれが同一の後見事務について代理権を単独行使できるときや分掌して別個の代理権を有するときは、受任者ごとに別個の任意後見契約となり、各人ごとに1通の公正証書を作成することも可能である（前記平成12年3月13日民事局長通達第2、3⑶ア）。そのため、受任者ごとに分けた公正証書としておけば、代理権を変更したい任意後見人との間の任意後見契約のみを解除して締結しなおし、そのほかの既存の任意後見契約は維持することが可能と思われる。

19）原司「任意後見人の解任・任意後見契約の解除（任意後見人の辞任）」判例タイムズ1100号（2002年）249頁。

なお、受任者複数で共同代表の定めをする場合、受任者の一方が死亡して、行使方法の変更が必要となる可能性がある。その時点で本人に意思能力がなく新たな任意後見契約が締結できないというリスクに備えるため、共同代表の定めをする場合には各受任者に任意後見契約締結の単独代理権を付与しておき、健在な受任者が代理権を行使して新規の任意後見契約を締結することを可能にしておくべきとの指摘がある[20]。

❻　代理権の範囲または行使方法以外の内容を変更する場合

　任意後見契約の内容のうち登記事項以外、すなわち代理権の範囲または行使方法以外の事項を変更する場合は、当該事項を変更した旨の変更契約の公正証書を作成することとなる（前記平成12年3月13日民事局長通達第2、3(6)エ）。この場合の書面を、私署証書によることはできない（前記平成12年3月13日民事局長通達第2、3(6)エ）。

　登記事項以外の内容変更の典型的な例としては、任意後見人の報酬額である。本人の生活状況や健康状態の変化、経済情勢の変動その他報酬額が不相当となる一定の事由が発生したときに、協議の上で公正証書によって報酬金額を変更できる旨の条項をあらかじめ置くことが一般的である[21]。被後見人の事理弁識能力が低下している場合、たとえ意思能力が欠けるには至っていないとしても、任意後見人が不当な契約内容変更をして被後見人の利益を害するおそれがあることから、本人に加えて任意後見監督人と協議することを報酬額変更の要件として定めることが考えられる。なお、報酬の変更契約は利益相反行為に該当し、任意後見監督人の選任後は、任意後見人ではなく任意後見監督人が本人を代表して変更契約を締結すべきことになると思われる（任意後見7条1項4号）。

　また、任意後見契約で定められた報酬が過度に高額である場合、法定後見を開始すべき本人の利益のため特に必要がある事由にあたると解され（大阪高決平成14年6月15日家月54巻11号54頁）、任意後見人が変更契約による減額を拒む場合には法定後見への移行も選択肢となる。

---

20) 公証問題研究会（高柳輝雄担当）「公証Q＆A　事業用定期借地権の変更及び任意後見契約の変更」民事法情報281号（2010年）76頁。
21) 報酬に関しては、本文のように変更に関する条項を置くことのほか、そもそも頻繁な変更が必要とならないよう、詳細に場合分けした報酬算定基準を任意後見契約締結時に定めておくことも一つの方法であると思われる。

第○条（報酬）

1　甲は、乙に対し、本件後見事務処理に関する報酬として、毎月末日限り○円を支払うものとする。

2　前項の報酬額が次の事由により不相当となった場合、甲及び乙は、合意により報酬額を変更することができる。この場合、任意後見監督人選任後は、変更につき任意後見監督人の同意を得なければならない。

　　(1)　甲の生活状況または健康状態の変化による乙の職務内容の加重または軽減

　　(2)　経済情勢の変動

　　(3)　その他現行報酬額を不相当とする特段の事情

3　前項の場合において、甲がその意思を表示することができない状況にあるときは、乙は、任意後見監督人との合意により、報酬額を変更することができる。

4　前2項の変更契約は、公正証書によってしなければならない。

(5)　任意後見監督人選任の審判手続

❶　審判手続

　任意後見監督人は、家庭裁判所における審判手続によって選任される（家事手続217条以下）。

　申立権者は、本人、配偶者、四親等内の親族または任意後見受任者である（任意後見4条1項）。なお、本人以外の申立てによる場合は、本人の自己決定権尊重の観点から、本人がその意思を表示することができない場合を除き、本人の同意が必要である（同条3項）。本人が成年被後見人となるべき者等である場合でも、本審判手続に関しては手続行為能力を有する（家事手続218条）。

　管轄は、本人の住所地を管轄する家庭裁判所である（家事手続217条1項）。

　申立ては、申立書を提出して行う（家事手続49条1項）。必要記載事項は、申立ての趣旨、申立ての理由および事件の実情とされている（同条2項、家事手続規37条1項）。申立書書式は裁判所のウェブサイトからダウンロードが可能であるが、各家庭裁判所が、申立書のほかに、申立て時に必要な情報が整理される書式を用意していることがあるため、申立てを行う家庭裁判所に関する調査や問合わせをするのがよい（たとえば東京家庭裁判所では、申立書のほか、「申立実情説明書」、「任意後見受任者事情説明書」、「親族関係図」、「財産目録」、「収支状況報告書」などを提出することになっている。いずれも書式は東京家庭裁判所・後見

サイトでダウンロードできる）。なお、事件の実情としては、本人が精神障害により事理弁識能力が不十分になっていることについて、生活状況などに照らし具体的に記載する（書式では「申立ての理由」欄に記入する）。

　添付書類は、任意後見契約公正証書の写し、本人の戸籍全部事項証明書、戸籍附票、登記事項証明書および診断書である。本人以外の申立ての場合は、申立人の戸籍全部事項証明書の添付も必要である。また、任意後見監督人候補者を挙げる場合には、候補者の戸籍全部事項証明書、住民票、身分証明書、登記されていないことの証明書も添付する。

　一度申立てがされると、審判がされる前であっても、家庭裁判所の許可がなければ取り下げることはできない（家事手続221条）。

　申立てがされると、家庭裁判所は、任意後見契約が登記されていること、精神上の障害により本人の事理を弁識する能力が不十分な状況にあることなどの要件の有無を審理する（任意後見4条1項）。

　審理において、家庭裁判所は、原則として本人の陳述を聴くこととされている（家事手続220条1項1号）。また、任意後見監督人となるべき者および任意後見受任者の意見の聴取も行われる（同条2項・3項）。さらに、本人の精神の状況につき医師その他適当な者の意見の聴取も行われる（家事手続219条）。

　そして、任意後見監督人が選任された旨の審判書謄本を、任意後見監督人が受け取ることにより、任意後見契約の効力が発生する。

❷　本人の精神の状況の認定

　家庭裁判所は、任意後見監督人選任の中心的な要件である「精神上の障害により本人の事理を弁識する能力が不十分な状況にある」か否かの判断にあたり、医師その他の適当な者の意見を聴くことになる。任意後見監督人が選任されると、任意後見契約が発効し、任意後見人による代理権行使が可能となるなど重大な効果が発生するため、専門的知見を踏まえた慎重な要件判断が必要とされるのである。医師作成の診断書を提出するのが一般的であり、成年後見開始等の際のような鑑定は必要とされないことが多いが、あくまで鑑定の要否は事案ごとに判断されるから、鑑定が実施される場合もある。

　なお、医師ではなく、その他の適当な者の意見でも足りるが、医師その他の適当な者の意見を聴取する趣旨に鑑みれば、本人の精神の状況につき専門的知見を有する者の意見であることが求められる。たとえば、経験十分なソーシャ

ルワーカー等、本人の日常の生活の状況をよく把握し、それを的確に評価できる者などが想定される。

❸　本人の同意・陳述聴取

任意後見監督人選任においては本人の意思を尊重する必要があるため、本人以外の申立てには本人の同意が要件とされ（任意後見4条3項）、また、審理においては本人の陳述聴取が行われるのが原則である（家事手続220条1項1号）。聴取内容は、任意後見契約の効力を生じさせることについての意向および任意後見監督人に選任される者についての意向である。

申立て時には、本人の意思能力は一定程度減退しているのが通常であることから、適切に本人の状態を把握し、意向を汲みとるため、陳述聴取は家庭裁判所調査官によって行われることが多い。なお、本人の同意が必要な場合は、併せて同意の確認も行われるのが通常である。

なお、本人に意思能力がなく、その意思を表示することができないときは、本人の同意を得る必要はない（任意後見4条3項ただし書）。また、本人の心身の障害により本人の陳述を聴くことができない場合には、本人の陳述を聴く必要はない（家事手続220条1項ただし書）。

ア　本人の同意がない場合

本人の同意は、本人に意思能力がある限り、任意後見監督人の選任申立てにおける手続上の要件である。調査官によるなどの方法で、適切に本人の真の意向を確認した結果、本人の同意がない状況が明らかになれば、申立ては要件を欠き、却下されることになる。

イ　本人の陳述が事実に反する場合

本人の陳述が客観的には事実に反することもありうる。もっとも、任意後見監督人選任の場面では、本人の能力が一定程度減退していることが前提であるため、本人の能力を適切に踏まえ、また、どのような問答により導かれた陳述であるかなどを検討し、本人の意図するところは何かについて慎重に推察することが求められる。発言が支離滅裂であるなどして、十分に推察を重ねても本人の意図が不明である場合は、本人の心身の障害により本人の陳述を聴くことができない場合（家事手続220条1項ただし書）に該当することもあろう。また、能力や発言内容を踏まえ、客観的事実に反する陳述が任意後見監督人選任への異議の現れであると理解される場合は、本人の同意がないと整理することにも

なろう。

ウ 任意後見法4条3項ただし書「意思を表示することができないとき」の意義

本人の症状によっては、任意後見監督人選任申立てのときにはすでに意思能力を失っている場合も想定できる。このような場合には、「意思を表示することができないとき」に該当するものとして、本人の同意を得る必要はないとされている（任意後見4条3項ただし書）。

エ 任意後見受任者・任意後見監督人候補者の意見聴取

任意後見監督人は、任意後見契約関係が終了するまでの長い間、任意後見人の事務を監督し、家庭裁判所に定期的に報告する義務等を負う（任意後見7条）などの職責が生じ、選任後は、任意に辞任することもできない（任意後見7条4項により準用する民844条）。したがって、任意後見監督人候補者の意向等は重要であり、任意後見受任者・任意後見監督人候補者の意見聴取が必要的とされている（家事手続220条2項・3項）。

もっとも、任意後見受任者に対し、自らを監督する立場となる任意後見監督人の人選等に関して意見を求めるのは適切でないため、任意後見受任者に対しては、任意後見契約の効果が生ずることについてのみの意見を聴取し、人選等については尋ねないのが通常である。

▶任意後見監督人の候補者

家庭裁判所は、本人の心身の状態ならびに生活および財産の状況、任意後見監督人となる者の職業および経歴ならびに本人との利害関係の有無、本人の意見その他一切の事情を考慮して、任意後見監督人として適切な者を選任する（任意後見7条4項、民843条4項）。

上記のその他一切の事情としては、任意後見監督人候補者の心身の状態および財産の状況や、任意後見監督人候補者と本人との親族関係の有無などが該当する。

法律上、任意後見監督人の資格には制限がないが、実際には、弁護士や司法書士といった専門職が選任される事例が多い。

本人の意思の尊重が重視される制度ではあるものの、客観的な観点も重要であるため、家庭裁判所は本人の意見に拘束されるものではない。もっとも、本人の真の意向であり、それが内容としても適切であれば、任意後見監督人選任にあたって大きな考慮要素となるため、任意後見監督人の候補者に関する本人

の希望をあらかじめ任意後見契約に記載して明示しておく方法も活用しうる。

　法人を任意後見監督人に選任することも可能である。その際は、法人の事業の種類および内容ならびにその法人およびその代表者と本人との利害関係の有無が考慮される（任意後見7条4項、民843条4項）。一般には、市区町村社会福祉協議会等の社会福祉法人や、その他福祉関係の法人等が想定されるが、考慮要素を検討した結果適切であれば、営利法人が選任されることもありうる。

　▶候補者を指定した場合の取扱い

　申立人は、任意後見監督人選任の申立てに際し、任意後見監督人の候補者を特定することができる。もっとも、裁判所への拘束力はないので、上記のような考慮要素を用いた検討を経た結果、本人保護を踏まえ、他の者が選任されることもある。

③　任意後見開始当初における実務

(1)　任意後見監督人との面談

　任意後見監督人は、任意後見人の事務の監督、任意後見人の事務に関する家庭裁判所への定期的な報告、窮迫の事情がある場合の必要な処分、任意後見人との利益相反行為について本人を代表すること、が主な職務として定められている（任意後見7条1項）。

　このため、任意後見人に就任した際には、なるべく速やかに任意後見監督人と面談し、今後の任意後見事務遂行にあたっての方針や、報告の仕方、報告の頻度、面談の頻度などを決めることとなる。

　任意後見監督人からの報告要求や調査依頼に対して誠実に対応をしない場合、任意後見監督人は任意後見人に対し、是正の指示、解任請求の申立て、職務執行停止申立てなどの検討をすることとなる。任意後見人の職務を十分理解した上で当初面談において任意後見契約の内容の相互理解と、本人の身上、財産・収支、本人の意向などについての共通認識を有しておくこと、必要な報告の頻度などを確認しておくことが重要である。

(2)　本人との面談

　任意後見人は、受任者として当然に善管注意義務（民644条）を負うが、さ

らに任意後見契約に関する法律6条により、本人から委託された事務について、「本人の意思を尊重し、かつ、その心身の状態及び生活の状況に配慮」する義務（身上配慮義務）を負うとされている。したがって、任意後見人に選任された場合に、確認できる限りの本人の意思と、その心身の状態および生活の状況を、面談の上確認することが必要である。

❶ 任意後見監督人を同行して本人訪問

任意後見監督人は、任意後見人の事務を監督することが主な職務であるから、就任後速やかに任意後見契約の内容を確認の上、本人と面談して本人の身上を確認する必要がある。任意後見人としても、任意後見事務遂行にあたっての任意後見人の方針について任意後見監督人に理解してもらうためにも、任意後見監督人が就任された後に速やかに任意後見監督人を同行して本人と面談をする機会を設けることが必要である。

❷ 必要な書類等の引渡し

任意後見人は、就任後、保管者から財産管理事務・身上監護事務に必要な書類を預かることとなる。この点すでに財産管理契約を締結している場合には、受任者はすでに保有している状況であると思われる。財産管理契約のない状況の場合、通帳、印鑑やマイナンバーに関する書類などを、本人または保管している者から受領することとなる。また、別項で説明する財産管理目録を作成するために必要な資料についても受領することとなる。通帳やマイナンバーに関する資料で暗証番号が付されているものについては、あらかじめ確認しておく必要がある。

(3) 第三者との面談

❶ 親族との面談

本人との関わりの深い親族がいる場合、当該親族と面談し、管理している書類等があるならば引き継いでもらう必要がある。

また、本人の判断能力が明白であった時の、本人の生活状況、身上、財産に対する考え方など、適切な任意後見事務の遂行のために必要な情報をヒアリングする必要がある。

とはいえ、親族の意向が本人の意向であるとは限らない場合もあるため、親族からのヒアリングを前提に、最終的に本人の意向がどういうものか、または

本人のために最善の事務は何かについては任意後見人の責任と判断で行うこととなる。

❷ 委任事項である契約の相手方等との面談

　賃貸物件の貸主、医療機関、介護施設などがある場合、任意後見人に就任したこと、今後の財産管理事務および身上監護事務を行うことを伝える必要がある。

　その際、介護、医療関係者や担当医については、現在までの本人の身上および医療行為に関する意向など、今後の任意後見事務の遂行のために必要な情報をヒアリングする必要がある。

④ 任意後見開始後、終了までの実務

(1) 任意後見人の義務

　任意後見人は、任意後見人の事務を行うにあたっては、本人の意思を尊重し、かつ、その心身の状態および生活の状況に配慮しなければならない（任意後見6条）。

❶ 身上配慮義務

　身上配慮義務とは、本人の心身の状態および生活の状況に配慮する義務のことである。任意後見法6条の「その心身の状態及び生活の状況に配慮しなければならない」との文言は、成年後見人について定めた民法858条の文言と同一であるが、任意後見は、法定後見よりも本人の自己決定権の尊重を重視する制度であるから、任意後見契約の内容等から汲み取ることのできる本人の意向にできる限り従うのが望ましいといえる。

　立法担当者によれば、身上配慮義務は、受任者としての善管注意義務（民644条）を具体化、明確化したものであるとされている[22]。もっとも、受任者の善管注意義務は任意規定であり、特約により減免することができると解されるのに対し、任意後見人の身上配慮義務は、本人の判断能力が不十分な状況において、本人の生活、療養看護および財産管理を行うという任意後見契約の委任事務の性質に鑑み、任意後見人の事務遂行上の一般的な責務を改めて定めたものといえるから、特約により加重することはできるものの、減免することは

22）小林昭彦＝大門匡編著『新成年後見制度の解説』（金融財政事情研究会、2000年）249頁。

許されないと解される。

❷ 本人の意思の尊重義務

本人の意思の尊重義務についても、受任者としての善管注意義務（民644条）の内容を具体化、明確化したものであると解される。

任意後見契約が発効したということは、本人の能力がある程度減退していることが前提であり、そのような中で、本人の意思を尊重しながら職務を遂行することには事実上困難も伴う。そこで、改めて本人の意思の尊重義務について明文で定め、注意喚起しているものと考えられる。

もっとも、本人の判断能力が低下していることについては配慮が必要であり、ときには本人の表明した意思に沿わない選択をすべき場面があることは当然である。なお、そうした場合、本人が、自己の意思が通らないことをもって、任意後見契約の解除を希望することもありうるが、任意後見契約の解除には「正当な事由」が必要であり、かつ、家庭裁判所の許可を要すると定められている（任意後見9条2項）。

任意後見契約締結時と任意後見契約発効後とで本人の表明する意思が異なっている場合もあるところ、上記のような理由で、任意後見契約発効後の本人の意思の尊重には慎重さが求められるのはもちろんであるが、任意後見契約締結時からの期間経過により、本人の価値観や生活環境、さらには社会経済情勢などが変化し、真に意思が変容していることも十分ありうる。したがって、本人の親族と十分な協議を行い、あるいは任意後見監督人からの助言を受けるなどしながら、真の本人の意思の内容に注意を払い、適切に職務を遂行することが求められる。

(2) 任意後見監督人の職務

任意後見監督人は、善管注意義務のもと（任意後見7条4項、民644条）、任意後見法7条に規定された各職務にあたることになる。

❶ 任意後見人の事務の監督（任意後見7条1項1号）

任意後見監督人の主たる職務は、任意後見人の事務を監督することである。任意後見人が不適切な事務を行っている場合には、それを是正することが求められる。任意後見人が適切に事務を行っている場合であっても、任意後見監督人による監督が存在することにより、事務の適正が担保され、任意後見に対す

る信用が高められるといえる。

　具体的には、就任直後に記録一式の閲覧謄写を行い、申立ての事情、本人の財産や収支、さらに任意後見人の代理権の範囲を十分に確認した上で、任意後見人と面談するなどして、任意後見の趣旨等の理解を確認し、当該任意後見事務の方針や問題点も確認する。任意後見人が親族であるなど、類型的に本人の財産と自己の財産等の混同のおそれが想定される場合などには、より注意喚起に努め、個別に財産管理の注意点を伝えることも求められる。面談の際は、任意後見契約の定めや家庭裁判所からの指図をもとにして、任意後見人が作成すべき各書類（年間収支予定表、現金出納帳、後見事務報告書、財産目録、収支状況報告書等。書式は裁判所のウェブサイトに掲載されているものもある。該当家庭裁判所への問合せなどを行うのもよい）の作成方法や任意後見監督人への提出時期の確認も行われる。なお、提出時期（報告時期）は家庭裁判所からの指示に従うことになるが、家庭裁判所から特に指示がない場合は、初回の提出は法定後見に準じて任意後見契約の発効後1か月以内を目安にすることが考えられる。また、その後の定期報告については、3か月ごと程度とされることが多い。

　そして、その後実際に、定期的に任意後見人から上記の各書類や通帳等の資料の提出を受けるなどして、事務処理状況や財産状況等の報告を受けることになる。

　もっとも、任意後見監督人は、必要に応じ、それ以外の時期に報告を求めることもできるのであり、その要否を判断するため、普段から任意後見人の事務遂行のあり方に具体的な注意を払っておく必要がある。

　また、監督を実効的に行うため、就任後早めに本人と面談し、本人の状況や意向を把握することも重要である。本人の状況次第では、本人の身辺の世話などを担当する施設職員やケアマネージャー、あるいは担当医等との面談も行う。

❷　**家庭裁判所への定期的な報告**（任意後見7条1項2号）

　任意後見監督人は、任意後見人の事務に関し、家庭裁判所に定期的に報告をすることとされている。

　家庭裁判所は、報告を実効的なものとするため、上記定期的報告のほかにも、必要があると認めるときには、任意後見人の事務の報告を求め、任意後見人の事務もしくは本人の財産の状況の調査を命じ、その他必要な処分を命じることができるとされている（任意後見7条3項）。この必要な処分として、家庭裁判

所調査官に任意後見監督人の事務を調査させるなどして、任意後見監督人の監督の方法についての具体的な指示を行うこともあると解されている。

❸ **任意後見人に対する報告請求権および調査権**（任意後見7条2項）

任意後見監督人による監督を実効あらしめるため、任意後見監督人は、いつでも、任意後見人に対し、任意後見人の事務の報告を求めることができ、また、任意後見人の事務もしくは本人の財産の状況を調査できるとされている。

任意後見監督人が報告請求に応じない場合や、任意後見監督人による調査の結果、不適切な後見事務を行っていることが判明した場合などには、任意後見監督人は、家庭裁判所と相談の上、適切な対応をとる必要がある。本人に損害が生じている場合には、まずは原状回復を指導する。その上で、不適切な事務に至った経緯や指導に対する対応等を考慮し、必要がある場合には、任意後見監督人が本人を代理して（後記❹参照、任意後見7条1項4号）不当利得返還請求訴訟等を提起し、あるいは刑事告訴・告発をすることも考えられる。また、任意後見監督人は、任意後見人に不正な行為、著しい不行跡その他任意後見人の任務に適しない事由があると認めたときには、家庭裁判所に対し、任意後見人の監督を請求することができる（任意後見8条）。「不正な行為」とは、違法な行為または社会的に非難されるべき行為を意味し、「著しい不行跡」とは、品行ないし操行がはなはだしく悪いことを意味すると解されている。具体的には、その行状が本人の財産の管理に危険を生じさせている場合など、任意後見人としての適格性の欠如を推認させる場合がこれにあたると考えられる。また、「その他任意後見人の任務に適しない場合」とは、権限の濫用を行うことや、財産の管理方法が不適当であること、任務怠慢などを意味するものと解される。

さらに、任意後見監督人は、本人の利益のために特に必要がある場合には、法定後見開始の申立てを行うことができる（任意後見10条）。法定後見が開始した場合は、任意後見は終了する。

❹ **任意後見人の事務の監督以外の任意後見監督人の職務**

任意後見人の事務の監督以外の任意後見監督人の職務としては、「急迫の事情がある場合に、任意後見人の代理権の範囲内において、必要な処分をすること」（任意後見7条1項3号）および「任意後見人又はその代表する者と本人との利益が相反する行為について本人を代表すること」（同条同項4号）が挙げられる。

まず、「急迫の事情がある場合に、任意後見人の代理権の範囲内において、必要な処分をすること」は、任意後見人が病気等により一時的にその職務を行えない場合や、任意後見人が死亡した後新たに成年後見人等が選任される前等に、本人の権利が害されることのないよう、任意後見監督人自らが必要な法律行為等の処分を行うことができるように定められたものである。

　もっとも、任意後見制度はあくまで本人による授権に基づいた制度であるため、この場合であっても、任意後見監督人の代理権の範囲は、任意後見人の権限の範囲内に限られる。

　次に、「任意後見人又はその代表する者と本人との利益が相反する行為について本人を代表すること」については、任意後見人又はその代表する者と本人の利益が相反する場合に、当該任意後見人等に本人を代理する行為を行わせると本人の利益を害する可能性があるため、本人の権利擁護の観点から、任意後見監督人に当該行為についての代理権を認め、任意後見監督人において、本人を代理して当該行為を自ら行えることとされたものである。

　なお、任意後見法7条4項は、成年後見監督人についての定めである民法859条の3を準用していないから、任意後見監督人が本人の居住用不動産を処分する場合であっても、家庭裁判所の許可は不要である。

(3)　任意後見人と任意後見監督人との関係

❶　報告の時期

　上記のとおり、任意後見監督人は、任意後見人の事務を監督し、その事務に関し、家庭裁判所に定期的に報告することとされている（任意後見7条1項1号・2号）。

　前述のとおり、実務上、任意後見人の任意後見監督人に対する報告は、3か月に1回程度行われる例が多い。当該期間中に行われた事務全般について、報告書類を作成し（書式は各家庭裁判所ウェブサイトからダウンロードできる場合がある）、適宜口頭で補足するなどし、費用に関しては通帳の写し等の資料を添付して報告することになる。もっとも、緊急を要する事態が発生した場合には、直ちに報告が行われることになるのは当然である。

　任意後見人による報告が滞る事例も存在するが、報告のない期間があまりに長期間にわたる場合や、任意後見監督人からの催促に応じない状況が継続する場合などには、任務懈怠に該当する可能性が高くなる。任務懈怠に該当すると

考えられれば、任意後見監督人により、家庭裁判所に対し、任意後見人の解任請求が行われることになる。

❷　任意後見監督人によるチェック

任意後見監督人は、任意後見人からの報告をもとに、通帳類の資料を精査するなどして、事務処理状況、預貯金等の資産の残高や収支状況等を確認する。実効的な監督を行うため、不明点等があれば、いつでも更なる報告を求めることができ、または、任意後見人の事務もしくは本人の財産の状況を調査することもできる（任意後見7条2項参照）。

❸　任意後見監督人から家裁への報告と報酬付与申立て

任意後見監督人は、任意後見人の事務に関し、家庭裁判所に定期的に報告をする（任意後見7条1項2号）。報告の時期や内容については、家庭裁判所から指示があり、事案ごとに定められるものの、通常は1年ないし2年に1回程度の頻度で、身上監護事務および財産管理事務の執行状況を中心として報告を求められる場合が多いようである。なお、家庭裁判所は、必要があると認めるときは、任意後見監督人に対し任意後見人の事務の報告を求め、任意後見人の事務もしくは本人の財産の状況の調査を命じ、その他、任意後見監督人の職務について必要な処分を命じることができるとされている（同条同項4号）。この必要な処分には、任意後見監督人に対し、監督の方法などについて具体的に指示を行うことなどが該当すると解される。

ところで、任意後見監督人の報酬は、任意後見監督人の選任の審判を行った家庭裁判所に対して報酬付与の申立てを行い、審判を得ることによって、本人の財産から支払われる（任意後見7条4項により準用される民862条、家事手続217条2項）。報酬付与の申立ての時期等は定められておらず、いつでも行うことができるため、実務上、家庭裁判所への定期報告に併せて申立てを行う例が多いようである。申立てに際しては、申立書のほか、報酬付与申立事情説明書（書式は裁判所のウェブサイトでダウンロードできる）の提出を求められる。

❹　任意後見監督人の報酬の支払

任意後見監督人の報酬は、家庭裁判所が、報酬付与の申立てを受け、任意後見人および本人の資力その他の事情を考慮して、相当な額の報酬を審判によって定め、これを本人の財産の中から与えることとされている（任意後見7条4項、民862条）。

参考までに、東京家庭裁判所における専門職（弁護士等）の報酬額の目安は次のとおりである。

通常の後見監督事務を行った場合の報酬（基本報酬）は、管理財産額が5000万円以下の場合には月額1万円～2万円、管理財産額が5000万円を超える場合には月額2万5000円～3万円とする。身上監護等に特別困難な事情があった場合には、上記基本報酬額の50パーセントの範囲内で相当額の報酬を付加するものとする（付加報酬）。また、たとえば、報酬付与申立事情説明書の書式に列挙されているような特別の行為（訴訟や調停、不動産処分・管理など）をした場合には、相当額の報酬を付加することがある（付加報酬）。

❺　任意後見人および任意後見監督人の事務経費の支払

記録謄写費用、報告書等の郵送費用、交通費といった職務遂行のために必要な費用については、本人の財産から支弁される（任意後見7条4項により準用される民861条2項）。適宜の時期に、本人または任意後見人（ただし、代理権があること）に領収証等を示して請求する。なお、報酬付与の申立てにかかる費用は、事務経費には含まれない。

(4)　任意後見人と本人との関係

❶　任意後見契約の内容の変更

任意後見契約は長期にわたって効力が維持されることが多いため、状況の変化等に合わせて、内容を変更する必要性が生じることもある。変更する内容により、既存の契約をいったん解除して新契約を締結する方法、既存の契約の効力は維持したまま、付加したい内容につき新契約を締結する方法が考えられる。いずれにせよ、新たに締結する契約については、改めて公正証書を作成した上で、登記をすることが必要である。

まず、任意後見人予定者あるいは任意後見人を変更することは、契約当事者の変更にあたるため、既存の契約をいったん解除し、新たに任意後見契約を締結する必要がある。既存の契約を一部解除することはできないことから、代理権の範囲や管理すべき財産の範囲を縮減したい場合も同様である。他方、代理権の範囲や管理すべき財産の範囲を拡大したい場合は、既存の契約を維持し、拡大したい部分に関して新契約を締結することも可能である。もっとも、その場合、複数の登記事項証明書を用いなければ代理権の範囲が明らかにならない

などの不便がある。なお、報酬の額など、代理権や管理すべき財産の範囲に関わらない事項の変更の場合は、既存の契約を維持した上で、新たに変更契約を締結する方法が一般的である。

❷ 任意後見から見た法定後見への移行

　上記のとおり、任意後見契約の内容を実質的に変更することは可能であるが、ことに任意後見契約発効後は、本人の意思能力が低下していることが前提であり、新契約の締結が困難な場合も相当程度存在する。そうした場合は、法定後見への移行を検討するのが相当である。

　任意後見契約が登記されている場合であっても、家庭裁判所が「本人の利益のため特に必要があると認めるとき」（任意後見10条1項）には、例外的に法定後見開始の審判がされるところ、「本人の利益のため特に必要があると認めるとき」の具体例として、任意後見人の代理権の範囲が狭すぎて本人を保護するのに不都合がある場合、合意された任意後見人の報酬額が著しく高額にすぎる場合などが挙げられている。

(5) 任意後見人と第三者との関係

❶ 施設入所の身元保証人

　任意後見人は、通常、本人に授与された代理権の範囲内において、第三者との間で契約を締結し、その契約に基づく義務を履行するなどの法律行為を行う。任意後見契約の場面では、病院入院や施設入所に関し、入院・入所契約を締結したり、費用の支払を行ったりすることが多く想定される。

　ところで、入院や施設入所に際し、任意後見人は、病院や施設から、身元保証人となることを求められる例もある。しかしながら、身元保証人となると、利用料等について保証債務を履行する必要が生じることがあり、その場合、本人との利益が相反することになる。したがって、任意後見人が身元保証人になることは適切ではない。施設等に対しては、立場上相応しくないこと、費用は本人の資産から支弁することなどを説明して理解を求めることになる。

❷ 登記関係

　本人死亡などにより任意後見契約が終了した場合、任意後見人は、終了の登記を申請しなければならない（後見登記8条2項）。裁判所書記官等からの嘱託登記はされないため、申請が必要である。代理権の消滅は、登記をしなければ、

善意の第三者に対抗できない（任意後見11条）。

(6)　任意後見人の解任

❶　職権解任の不存在

　任意後見人の解任は、解任の申立てに基づき、任意後見監督人の選任の審判を行った家庭裁判所において、審判によって行われる。申立権者は、任意後見監督人、本人、その親族または検察官である（任意後見8条）。

　法定後見においては、家庭裁判所の職権による解任手続も定められているが（民846条ほか）、任意後見においては職権での解任手続の定めはない。任意後見制度には私的自治が妥当することから、家庭裁判所による監督は、あくまで任意後見監督人を通じた間接的なものとされているためである。

　本人の判断能力は低下している状況にあるため、任意後見監督人において任意後見人の事務をよく監督し、必要な際には適切に解任の申立てを行うことが重要となる。なお、任意後見人が解任されると任意後見契約が終了し、任意後見監督人の立場も失われることになるため、本人保護に鑑み、解任申立てと同時に法定後見等の開始審判の申立てを行うことも検討するのが相当である。

❷　解任の実体的要件

　解任の実体的要件は、任意後見人に不正行為や著しい不行跡その他その任務に適さない事由があるときである（任意後見8条）。

　「不正行為」とは、財産管理に関する不正のことで、違法行為や社会的に非難される行為を指す。たとえば、本人の財産の使い込み、自分の利益のための流用など、民法上の不法行為や犯罪が成立するような場合である。

　また、「著しい不行跡」とは、行状が大変悪く、その行状が本人の財産管理に危険を生じさせるような場合を指す。たとえば、自らの浪費により多額の借金を抱えている任意後見人は、実際に本人の財産を使い込んでいなくても、使い込みを行う危険があり、後見人としての適格性の欠如を推認させるから、こうした場合は著しい不行跡と認められる可能性が高い。

　「その他その任務に適さない事由があるとき」とは、不正行為や著しい不行跡には該当しなくても、権限の濫用、財産管理の不適切不適当、任務懈怠が認められる場合などであると考えられる。

❸　蒸し返しの禁止

　任意後見契約は任意後見監督人が選任されたときからその効力を生ずるものであるから（任意後見2条1号）、任意後見監督人の解任事由としての任務に適しない事由とは、原則として、任意後見監督人が選任されて任意後見受任者が任意後見人になった後の事由であると解される（名古屋高決平成22年4月5日裁判所ウェブサイト）。任意後見監督人選任の審判時に主張した事情につき、改めて任意後見人の解任事由として主張することは許されない。

(7)　任意後見監督人の責任

❶　善管注意義務（任意後見7条4項、民644条）

　任意後見監督人は、善管注意義務を負っている。したがって、任意後見監督人が不適切な後見事務に対する対応を怠った場合には、善管注意義務違反によって責任を問われる可能性がある。

❷　任意後見人による違法または不当な所為に対する責任

　任意後見人本人の財産管理の状況を把握しないまま、任意後見人による横領等で本人が損害を被った場合などには、善管注意義務違反により賠償責任が生じることになろう（大阪地堺支判平成25年3月14日金融商事判例1417号22頁）。

⑤　任意後見契約終了時における実務

　任意後見契約は委任契約の一種であるから（任意後見2条1号）、任意後見契約が終了した場合、任意後見人が行うべき事務は、基本的に民法上の委任契約終了時の規律に従うことになる。具体的には、遅滞なく後見事務の経過および結果を報告し（民645条後段）、保管していた財産を権限ある者に引き継ぐことになる。さらに、一定の応急処分義務を負うほか（民654条）、本人の死亡による終了の場合、死後事務委任契約を締結していればその契約上の事務を引き続き遂行すべきことになる。

　また、後見登記法上の義務として、終了登記の申請義務を負う。

(1)　任意後見人と任意後見監督人との関係

❶　任意後見人による任意後見監督人への報告

　任意後見終了の場面においても、任意後見監督人を通じた間接的な監督の仕

組みが貫かれており、任意後見人は裁判所ではなく任意後見監督人に対して、後見事務の経過および結果を記載した報告書を提出し、任意後見監督人がこれを精査した上、家庭裁判所に対して報告することになる。

　任意後見人の任務終了に関する報告の内容や提出期限は委任終了時の一般的な条項（民645条後段）以外の法律上の特別の定めがなく、任意後見契約に定めがあればそれに従うほか、任意後見監督人からの指示による。法定後見の場合と異なり、財産目録の作成は法律上の義務ではないが、日本公証人連合会の任意後見契約書文例では「速やかに財産目録及び計算書を作成し、（中略）報告しなければならない。」[23]との規定を設けており、同様の規定を置くことが一般的と思われる。報告書等の書式については法定後見のものが参考となるほか、家庭裁判所によって書式が作成されている例がある[24]。提出期限については、法文上では「遅滞なく」（同条後段）と規定されるのみだが、法定後見の場合（民870条）と同様に終了後2か月以内が目安となるだろう。

❷　任意後見監督人による家庭裁判所への報告

　任意後見監督人は任意後見人の終了報告を受けて精査の上、家庭裁判所に報告する。任意後見監督人の報告書についても、家庭裁判所により書式が指定されている例があるので[25]、管轄の家庭裁判所に確認すべきである。

　なお、任意後見人が親族等で報告書の作成に不慣れな場合、円滑な終了報告のためには、専門職の任意後見監督人が任意後見人に対して積極的、具体的に報告事項や形式を指示すべき場合もあるように思われる。

(2)　保管財産の引渡し

❶　本人死亡で、相続人がいる場合

　本人死亡による任意後見終了の場合、任意後見人の保管していた財産は相続財産となり、相続人があれば相続人に引き渡すことになる。任意後見監督人の選任申立書類として親族関係図が提出されているので、相続人を調査する際の参考となる。調査の結果、相続人が1名のみであれば当該相続人に引き渡せばよい。相続人が複数の場合も、遺産共有者である相続人のうちの1名に引き渡

23）日本公証人連合会『新版 証書の作成と文例 家事関係編〔改訂版〕』（立花書房、2017年）。
24）千葉家庭裁判所では書式を掲載した「任意後見のしおり」を任意後見人に交付しているほか、ウェブサイトでも任意後見用の書式集を公開している。
25）例として前掲注24）の千葉家庭裁判所。

せば足りるとの解釈はあるが[26]、当該相続人が相続財産を費消してしまった場合などに任意後見人が他の相続人から責任を問われて紛争に巻き込まれるリスクがある。実務上は、任意後見人から相続人全員に対して計算書や財産目録を送付して連絡し、日時場所を決めて相続人全員同席の場で引き渡すか、相続人間の合意により相続人代表者を決めてもらい、代表者に保管財産を引き渡すことが多いとみられ、それが妥当な取扱いであろう。引渡しの際には財産引継書（参考書式）に、相続人全員または代表者の署名捺印を受けて、後見監督人に対して提出し報告することが考えられる。

　遺言が存在して遺言執行者の定めがある場合には、遺言執行者に対して執行対象となる保管財産を引き渡すことも考えられる。自筆証書遺言であれば、検認後に引き渡すことになる。公正証書遺言の存在が判明している場合にも、念のため相続人全員に対して当該遺言が最新の遺言であるのか確認した上で、遺言執行者への引継ぎを行うのが無難であろう。遺言が存在しても遺言執行者の定めがない場合、原則どおり相続人に引き渡すことになるが、利害関係人として遺言執行者の選任申立てをすることも考えられる。

　複数の相続人間で遺産分割に関する対立が激しく、相続人代表者を合意できない場合もある。その場合、残余財産の引渡しができず、任意後見人が事実上、保管を継続せざるをえない事態が想定される。しかし、任意後見人としては本来の財産管理権が失われているので、あくまで応急処分義務や事務管理として、管理責任を負い続けることになり、好ましくない。そこで、任意後見人としては、まず、相続人に対して遺産分割調停・審判前の保全処分（家事手続200条1項）として、財産管理者の選任申立てを促すべきである[27]。

　そして、保全処分に相続人の協力が得られないときは、任意後見人自身が利害関係人として、民法918条2項による相続財産管理人の選任申立てを検討することになる。相続人の一部が行方不明や認知症の場合、遠隔地居住や高齢で事実上引取りが困難かつ元後見人による管理を希望している場合なども、同様に民法918条2項の相続財産管理人の利用が選択肢となろう[28]。選任手続費用

26）東京家裁後見問題研究会「東京家裁後見センターにおける成年後見制度運用の状況と課題」判例タイムズ1165号（2005年）120頁。
27）東京三弁護士会研修会「成年後見実務の運用と諸問題」LIBRA2014年7月号（2014年）14頁。
28）東京三弁護士会合同研修会「成年後見実務の運用と諸問題」LIBRA2018年5月号（2018年）44頁。

3-2-18 財産引継書

事件番号　平成　　年（家）第　　　号（本人　　　　　　　　）

＿＿＿＿＿＿＿家庭裁判所　御中

元号　　年　　月　　日

住　　所＿＿＿＿＿＿＿＿＿＿＿＿＿

氏　　名＿＿＿＿＿＿＿＿＿＿＿㊞

本人との関係＿＿＿＿＿＿＿＿＿＿＿
（相続人の方が署名・押印してください。）

引　継　書

　亡＿＿＿＿＿＿の任意後見人であった＿＿＿＿＿＿から、本日、下記の財産の引継ぎを受けました。

記

1
2
3

以　　上

※本書式は、東京家庭裁判所後見センターの法定後見用の書式を参考として作成したが、裁判所が独自の書式を公開している例もあるので、実際の終了報告時には管轄裁判所に確認すべきと思われる。

は申立人の負担とする旨の費用負担の裁判がされることが通常であるが、任意後見人が最終的に費用を負担すべき理由は乏しいことから、選任された相続財産管理人から事務管理の有益費として償還を受けることになる。民法918条2項の相続財産管理人の場合、事情に精通した専門職の任意後見人が、そのまま相続財産管理人として選任されることが多いようである[29]。東京家庭裁判所の運用では、元後見人による選任申立ての場合、元後見人が弁護士または司法書士であるときに限り、そのまま相続財産管理人に選任される可能性がある[30]。任意後見人が相続財産管理人に選任されれば、財産の保管を続けることは同じ

29）東京三弁護士会合同研修会・前掲注28）44頁。
30）東京三弁護士会研修会・前掲注27）14頁。

でも権原が明確になるほか、相続財産管理人として報酬を受けることが可能となる。

また、残余財産が現金であれば、債権者不確知を理由とした弁済供託（民494条2項）も可能と思われる[31]。

❷　本人死亡で、相続人がいない場合

本人死亡による任意後見終了で、相続人全員が相続放棄した場合など相続人の存在することが明らかでない場合、残余財産について相続財産法人が成立する（民951条）。

この場合、任意後見人は、家庭裁判所に対して利害関係人として民法952条1項に基づく相続財産管理人の選任申立てをすることになる。この際に相続関係を確認するための戸籍の収集や相続放棄の申述の有無の照会に要する費用は、事務管理の費用にあたると解される。相続財産管理人の選任申立て費用の負担者は、第一次的には費用負担の裁判により決められる[32]。これらの費用は民法918条2項の相続財産管理人選任の場合と同じく、最終的には選任された相続財産管理人から償還を受けることになる。ただし、相続人不存在の場合の相続財産管理人の選任申立てでは、高額の予納金納付を求められることも多く（東京家庭裁判所の一般的な取扱いでは100万円）、予納金の捻出方法が問題になるが、事前に裁判所に相談するべきであろう[33]。

❸　法定後見への移行の場合

法定後見の開始により任意後見が終了した場合は、任意後見人は、新たに選任された成年後見人等に対して、保管財産を引き渡すことになる。

(3)　任意後見人と第三者との関係

❶　任意後見終了の届出

任意後見人は、任意後見契約の終了を知ったときは、嘱託による登記がされる場合を除き、法務局に終了の登記申請をしなければならない（後見登記8条2項）。任意後見監督人の選任前の場合も、任意後見受任者は終了登記の申請義

31）東京家裁後見問題研究会・前掲注26）120頁。
32）東京三弁護士会研修会・前掲注27）15頁。
33）東京三会合同研修会「成年後見実務の運用と諸問題」NIBEN Frontier 2016年7月号（2016年）48頁。

務を負う。任意後見人の代理権消滅は、登記をしなければ善意の第三者に対抗できない（任意後見11条）。

金融機関等に対して任意後見開始の届出をしている場合、終了時にも同様に終了の届出をすることになる。本人死亡の場合、金融機関に後見終了の届出をすると通常は預金口座の取引が停止されるが、口座凍結を避けるために届出をしないことは不適当と思われる[34]。

❷ 死後事務委任契約の履行

死後事務委任契約が存在する場合、元任意後見人は、引き続き同契約に基づいて死後の委任事務を遂行することになる。死後事務委任契約の詳細については、本書第2章1を参照。

❸ 死後事務委任契約が存在しない場合

死後事務委任契約が存在しない場合、元任意後見人は、委任終了後の応急処分義務（民654条）のみを負うことになる。応急処分義務の範囲を超える行為については、事務管理として行うことになる。なお、「成年後見の事務の円滑化を図るための民法及び家事事件手続法の一部を改正する法律」（平成28年法律第27号）により法定後見のうち成年後見類型については死後事務許可の制度が設けられたが（民873条の2）、任意後見には適用されない。

応急処分義務の範囲は、無権代理人としての責任が生じる危険性も考えると、急迫性を考慮しつつ限定的に解して対応せざるをえないのではないか。また、相続放棄との関係で元後見人の行為が法定単純承認事由（民921条）に該当するおそれもあり、相続財産による債務弁済等は差し控えるべきと思われる。

本人の遺体引取りや葬儀等も問題となるが、財産の応急処分義務の範囲は超えている。本人に身寄りがない場合は市区町村長に遺体引取義務があると解され（墓地埋葬法9条）、自治体に対応を求めるべきであろう。やむをえず元後見人が対処する場合は事務管理となり、費用は立替払いして後日償還となる。

❹ 弁護士の特殊性

前記のとおり死後事務委任契約がない場合でも、親族が任意後見人であった場合は、任意後見終了後も相続人として財産管理が可能であり、遺体引取りや葬儀等も遺族として本人の信条信仰等にも配慮して対応しやすいように思われる。

---

34) 東京三弁護士会研修会・前掲注27）15頁。

これに対して弁護士等の専門職後見人の場合、限定的な応急処分義務しか負わないにもかかわらず、事実上対応を迫られる困難な事態に陥りかねない。かかる事態を予防するためにも、任意後見契約を締結する際には、併せて死後事務委任契約を締結することを検討することが有益であろう。

　なお、弁護士の元後見人は、相続人から遺産分割等の相談を受ける可能性があるが、対応には弁護士倫理の観点から慎重な判断が必要と思われる[35]。

35）元成年後見人が相続人の一部から遺産分割の代理人を受任した事例（結論は非行に該当せず）につき、日本弁護士連合会弁護士倫理委員会『解説 弁護士職務基本規程〔第3版〕』（日本弁護士連合会、2017年）97頁以下。

3 任意後見制度の課題

(1) 任意後見制度の利用促進

　任意後見契約の締結件数は、法務省が公表している登記の統計データを独立行政法人統計センターが運用管理している「政府統計の総合窓口　e-Stat」で知ることができる。これによれば、同制度導入以来、おおよそ漸増を続け、平成29年には年1万2045件の任意後見契約締結の登記がされており、一応、同制度も市民の中に浸透しつつあると評価できる。しかし、最高裁判所事務総局が提供する統計資料「成年後見事件の概要」によると、平成29年の成年後見関係事件（後見開始、保佐開始、補助開始事件）の申立件数は合計で3万4933件であるから、法定後見制度と比較すると利用は少ないと言わざるをえない。

　この理由としては、まだまだ任意後見制度が市民によく知られていないことや、日本においては自己の身上監護や財産管理を他人に委ねるという習慣がそもそもなく、家人の自助努力によって支え合うことを基本とし、他人をできる限り私生活の問題に関わらせたくないという意識が根強いという点にあると思われる。

　しかし、時代の変化に伴い、考え方や家族のあり方も変わり、市民の意識も変化する。任意後見契約は、法定後見と異なり、委任者本人が元気で判断能力も確かなうちに、自らの意思で、自身の将来に備え、自分が選んだ最も信頼できる人に身上監護や財産管理を委ねることができるという点で大きなメリットがあるものであるから、任意後見制度の利用促進に向け、リスクも含めた正確な知識の普及を続けていくことが大切である。

(2) 任意後見制度の問題点

❶ 適切な任意後見人候補者の不在

　任意後見契約は、判断能力が低下したときに、自己の身上監護や財産管理を任意後見人に委ねるというものであるから、委任者にとって、当然信頼できる

者でなければならない。

　周囲に信頼できる任意後見人候補者を見つけられないでいる者のために、専門職等、正確な知識と意欲を持った適切な候補者の育成と、そうした候補者の情報提供や紹介システムの整備が必要である。

❷　複雑な制度内容

　任意後見契約は、将来、判断能力が低下したとき、任意後見監督人選任の申立てを家裁に行い、それが認められてはじめて発効するという、監督付きの特殊な財産管理委任契約である。また、将来の生活全般に備えてしておくものであることから、万全を期そうとすればおのずと委任事項も多くなり、契約内容は増大し、複雑さも増す。契約文言を、一般人、特に判断能力が低下しはじめた高齢者にも親しみやすいものにすることも考えられるが、そうすると、法的にはあいまいなものとなるおそれがある。

　そのため、任意後見契約締結時には、条文や委任事項の一つひとつについて委任者にわかる言葉で具体例を示すなどして丁寧に説明し、質問を求め、理解されているかどうかを確認することを怠ってはならない。また、その際は、重要であるが誤解が少なくなく、見過ごされがちな、①契約発効の時期、②契約発効のために必要な手続と申立権者およびそのために必要となる費用、③任意後見人の報酬発生時期、④任意後見監督人の報酬が任意後見人とは別に必要となること、⑤任意後見業務は委任事項の範囲に限られること、⑥身上監護といっても、任意後見人が自ら委任者の介護や買物等の世話をするわけではないこと、⑦保証人にはなれないこと、⑧取消権はないこと、⑨医療契約の締結権は付与できても医療行為の同意権はないこと、⑩本人の利益のため特に必要があると認めるときは法定後見に移行する場合もあること、⑪解除が可能であること等について、特に注意を払う必要がある。

❸　後見監督人報酬の存在

　任意後見契約は、発効の際、必ず任意後見監督人の選任が必要となる。そのため、委任者は、契約発効後、任意後見人の報酬に加えて、この任意後見監督人の報酬も負担しなければならないことになる（任意後見7条4項、民862条）。たとえ任意後見人が無報酬であっても、原則として後見監督人には報酬が発生するのである。

　しかし、任意後見人の報酬については、その有無や額が任意後見契約に記載

されるため、委任者も契約内容確認時におのずと注意が向くが、発効後に選任される任意後見監督人の報酬は、監督人の報酬付与の申立てにより、遂行業務の内容に応じて家裁が決め、委任者本人の財産から支払われることになるため、任意後見契約の中にはどこにも記載がされない。

それゆえ、任意後見契約を利用する際は、将来の自己の財産や生活状況のほか、後見監督人報酬の支払も見込んだ上で、同制度利用の可否や任意後見人報酬を決める必要がある。

❹ 本人が意図しない任意後見契約の締結

判断能力が低下しはじめた段階で作成される任意後見契約の場合には、委任者本人に契約を締結することができるだけの意思能力と契約締結意思の存在に注意が必要である。特に、即効型の場合には、任意後見受任者や家族等の不当な誘導により、本人が意図しない任意後見契約が締結されてしまう可能性がある。

こうした意思能力および意思の存在については、本章2■(1)❸のとおり、公証人にも十分な注意を払うことが求められているが、任意後見受任者となる者も同様である。

❺ 移行型任意後見契約における財産管理権限の濫用

移行型の任意後見契約の場合、委任者本人の判断能力が低下し、任意後見監督人選任の必要があるにもかかわらずその申立てをせず、任意後見契約を発効させることなく、監督を受けない任意の財産管理者の立場のまま財産管理を続け、不適切な財産管理を行ったり、はては本人の財産を使い込んでしまう等の問題事例も生じている。制度上、任意後見受任者の申立ては、あくまで権利であって、義務とはされていないためである[1]。それゆえ、このような事例は、特に委任者の心身の状態や生活状況を身近で確認できる身寄り等が任意後見受任者以外に存在しない委任者におこりやすい。

こうした任意後見制度の濫用等を防止するためには、公証人による受任候補者の資質・適格性の確認（平成12年3月13日法務省民一第634号法務局長・地方法務局長宛民事局長通達）もさることながら、委任者本人の見守りが必要不可欠である。それゆえ、任意後見契約を締結した場合には、その事実を、任意後見受任者以外の任意後見監督人選任審判の申立権を持つ配偶者や四親等内の親族

1）任意後見制度の本質から導かれる信義則上の義務として任意後見受任者には任意後見監督人選任申立義務があると解する説もある（本章2■(1)参照）。

には伝えておくようにするとよいであろう。そのような者がいない場合でも、福祉関係者等に伝えておけば、委任者本人の判断能力が低下し、任意後見監督人選任の必要が生じていても、任意後見受任者が適切に監督人選任の申立てをしないようなときには、そのような不適切な状態が継続しないよう、福祉関係者等から事実上任意後見受任者に任意後見監督人選任申立ての必要性を働きかけていくことが期待できる。

日本公証人連合会では、「公正証書作成に当たっての実務上の留意点」において、委任者が精神上の障害により事理を弁識する能力が不十分になったときは、受任者は、家裁に対し、任意後見監督人選任の申立て義務を負う旨を任意後見契約に明記することの重要性について注意喚起を行い、その前提として、受任者が委任者の事理弁識能力の低下を認識できるようにするために受任者に委任者の日常生活の見守り義務を課すなどの文例も示している。

❻ 銀行実務

任意後見においては、契約発効後も、委任者本人が財産管理能力等を奪われることはないため、任意後見人の関与なく自身の判断で財産の管理や取引を行うことが可能である。それにもかかわらず、金融機関の中には、任意後見監督人が選任されると、本人用のキャッシュカードの利用を認めないところもある。

それゆえ、任意後見監督人選任の審判を金融機関に届ける際には注意が必要である。

❼ 取消権の不存在

任意後見の場合、委任者本人の行為能力は制限されないため、取消しが必要なときには、委任者自ら取り消せばよいので、後見人に「取消権」を与えることは認められていない。

しかし、委任者の判断能力が低下し、自ら取消権を行使できないような状況になった場合において、悪質商法の餌食になる等、取消権を行使しなければならないような事態が生じたとき、または生じる蓋然性が高いときには、家裁に法定後見（後見・保佐・補助）開始の申立てをして、取消権を持つ法定後見人に変えることができる。

❽ 事情変更への対応

任意後見契約は、原則として、契約締結後、相当期間をおいて発効し（即効型以外）、発効後も長期間にわたり継続するものであるから、その間に、委任

者本人の心身や生活状況、財産の内容や額が変わり、委任事項や管理すべき財産の内容、さらには任意後見人の報酬を変更したいという事態も生じうる。

このような場合には、任意後見契約の一部を変更することができるが（本章2**2**(4)参照）、変更後の契約を公正証書にしてその内容を登記しなければならない。また、委任事項や管理すべき財産の範囲を拡大する場合には、拡大したい部分についてのみ、新しい契約を締結して登記することも可能である。もちろん、当初の任意後見契約を解除して、新たな任意後見契約を締結することもできる。ただし、任意後見人受任者や任意後見契約発効後の任意後見人の変更は、契約当事者の変更であるため、当初の契約を解除した上で、新たに任意後見契約を締結する必要がある。

とはいえ、本人の判断能力が低下したために任意後見契約が発効した後は、委任者が新たな契約を結ぶことが困難であることが少なくないため、そのような場合には、法定後見を利用せざるをえない。

特に、任意後見契約発効後に任意後見人が死亡したり、任意後見人自身について法定後見が開始されたりしたような場合において、委任者自ら法定後見開始の申立てをできないようなときは、本人保護のため、速やかに他の法定後見の申立権者につなぐ必要がある。このような事態に備えるためにも、四親等内の親族や福祉関係者等の見守りが重要である（本章2**2**(2)参照）。

❾　十分とはいえない任意後見監督人の監督権限

法定後見の監督人には、一定の範囲ではあるが、後見人等に対する同意権が与えられている（民864条、865条）のに対し、任意後見監督人にはそのような同意権や取消権は存在せず、任意後見人に不正な行為や著しい不行跡その他その任務に適しない事由があるときにのみ、家庭裁判所に任意後見人の解任を請求することができる（任意後見8条）にすぎない。そのため、任意後見監督人に実効性のある監督を期待することは難しい。

また、家庭裁判所も、法定後見の場合には、後見人等に対して直接の監督権限を持っている（民863条）のに対し、任意後見の場合には、任意後見監督人、本人、その親族または検察官の請求に基づく解任権（任意後見8条）のほかは、必要があると認めるときに、任意後見監督人に対し、任意後見人の事務に関する報告を求め、任意後見人の事務もしくは本人の財産の状況の調査を命じ、その他任意後見監督人の職務について必要な処分を命ずることができるといった

間接的な監督権限を有するにすぎない（任意後見7条3項）。

　任意後見は、委任者の自己決定権に基づく監督付きの特殊な財産管理委任契約であると宣伝され、多くの期待が寄せられた制度であるが、任意後見人に対する監督権限はこの程度でしかない。それゆえ、任意後見契約を利用する委任者は、任意後見監督人や家裁の監督に期待することなく、自己の責任において、慎重に任意後見受任者を選択する必要がある。

⑩　自宅住所問題

　任意後見契約の公正証書を作成する場合には、任意後見受任者の住所を記載しなければならないが（公証36条2号）、民事局長通達によって、任意後見受任者の住所は住民票上の住所地であって、公証人は住民票の写しを提出させてこれを確認するものとされている（平成12年3月13日法務省民一第634号）。

　しかし、弁護士等の専門職が任意後見受任者となる場合、自宅住所が任意後見契約書に記載されるために、郵便物が事務所ではなく自宅に届くなど、円滑な事務処理に支障が生じるだけでなく、特に紛争性の高い案件では、関係者に自宅住所を知られたくないがために任意後見受任者となることを躊躇する事態も起こりうる。これでは任意後見の利用促進の妨げとなってしまう。

　よって、弁護士等の専門職においては、自宅住所ではなく、事務所の所在地を任意後見契約書に記載する途を開くよう検討すべきである。

事項索引

執筆者紹介

■編著者

遠藤 常二郎（えんどう つねじろう）
　　弁護士（遠藤綜合法律事務所）
　　主な著作：『改訂2版　弁護士の業務に役立つ相続税』（三協法規・2019年）
　　　　　　　『改訂版　遺言実務入門』（三協法規・2015年）
　　執筆担当：第4編第1章（8を除く）

冨永 忠祐（とみなが ただひろ）
　　弁護士（冨永法律事務所）
　　主な著作：『改正相続法ハンドブック（東弁協叢書）』（三協法規・2019年）
　　　　　　　『家事事件の全容と申立書等記載例集』（三協法規・2014年）
　　執筆担当：総説、第2章1、第3章1**2**〜**4**、2**1**(4)、**2**(1)(2)

■執筆者〔五十音順〕

飯塚 順子（いいづか じゅんこ）
　　弁護士（遠藤綜合法律事務所）　執筆担当：第1章（8を除く）
石黒 清子（いしぐろ きよこ）
　　弁護士（野田記念法律事務所）　執筆担当：第3章2**1**(1)、3
佐野 みゆき（さの みゆき）
　　弁護士（野田記念法律事務所）　執筆担当：第1章8、第3章1**1**
長瀬 恵利子（ながせ えりこ）
　　弁護士（遠藤綜合法律事務所）　執筆担当：第1章（8を除く）
古田 幸大（ふるた ゆきひろ）
　　弁護士（宇多法律事務所）　執筆担当：第3章2**2**(4)、**5**
宮田 洋志（みやた ひろし）
　　弁護士（宇多法律事務所）　執筆担当：第3章2**1**(3)、**2**(3)
諸岡 亜衣子（もろおか あいこ）
　　弁護士（遠藤綜合法律事務所）　執筆担当：第3章2**2**(5)、**4**
吉川　愛（よしかわ あい）
　　弁護士（赤坂見附総合法律会計事務所）　執筆担当：第2章2、第3章2**1**(2)、**3**

遺言と任意後見の実務

令和 2 年 7 月 5 日　印刷　　　　　　　　　定価本体 2,900 円（税別）
令和 2 年 7 月 15 日　発行

編著者　　　　遠藤常二郎
　　　　　　　冨永　忠祐
発行者　　　　野村哲彦
発行所　　　　三協法規出版株式会社
　　　　　　　〒 500-8082　岐阜県岐阜市矢島町 1-61
　　　　　　　TEL：058-215-6370（代表）　FAX：058-215-6377
　　　　　　　URL　http://www.sankyohoki.co.jp/
　　　　　　　E-mail　info@sankyohoki.co.jp
企画・製作　　有限会社 木精舎
　　　　　　　〒 112-0002　東京都文京区小石川 2-23-12-501
印刷・製本　　萩原印刷株式会社

©2020 Printed in Japan
ISBN978-4-88260-287-3 C2032
落丁・乱丁本はお取り替えいたします。